三维设计模式下架空线路工程智能计价方法

吕　科　主编

中国建材工业出版社

图书在版编目（CIP）数据

三维设计模式下架空线路工程智能计价方法 / 吕科主编．--北京：中国建材工业出版社，2020.9

ISBN 978-7-5160-3003-5

Ⅰ．①三… Ⅱ．①吕… Ⅲ．①架空线路—电力工程—工程造价 Ⅳ．①F407.61

中国版本图书馆 CIP 数据核字（2020）第 127363 号

三维设计模式下架空线路工程智能计价方法

Sanwei Sheji Moshi xia Jiakong Xianlu Gongcheng Zhineng Jijia Fangfa

吕科　主编

出版发行：中国建材工业出版社
地　　址：北京市海淀区三里河路 1 号
邮　　编：100044
经　　销：全国各地新华书店
印　　刷：北京鑫正大印刷有限公司
开　　本：889mm×1194mm　1/16
印　　张：9.25
字　　数：220 千字
版　　次：2020 年 9 月第 1 版
印　　次：2020 年 9 月第 1 次
定　　价：168.00 元

本社网址：www.jccbs.com，微信公众号：zgjcgycbs

三维设计模式下架空线路工程智能计价方法

编　委　会

主　　编：吕　科

副 主 编：路　妍　杨　萌

参　　编：李红建　张立斌　谢景海　韩　锐

许　颖　高　杨　傅守强　贾祎轲　孙　密

敖翠玲　陈翔宇　张金伟　陈　蕾　肖　巍

隗　刚　吴　鹏　韩念遐　甘海波　王廉茹

马红媛　王维军

主编单位：国网冀北电力有限公司经济技术研究院

参编单位：北京京研电力工程设计有限公司

北京道亨时代科技有限公司

华北电力大学（保定）

前　言

工程造价管理是项目管理的重要内容，是投资控制的主要手段，随着计算机技术的应用，信息化在项目管理中的作用日益加强。项目概预算软件可以辅助工程造价人员完成工程算量和组价，很大程度上提高了工程计价的工作效率。随着BIM技术在我国的推广，三维设计在电网工程中的应用不断扩大，使输电线路工程三维设计模型提取工程造价成为可能。为了使现阶段三维设计模型及其属性信息更有效利用，提高工作效率，本书阐述输电线路三维设计与造价一体化理论方法、平台的开发和应用，提出了三维设计模式下设计与计价工作一体化的新模式，有利于进一步提高工程造价的标准化和准确性，提高工程计价的工作效率。

基于BIM的工程信息化管理是全生命周期、全参与方、全目标和全要素管理的全面信息化管理，三维设计软件可以动态的存储和表达更为丰富和准确的工程信息。传统预算软件在识读图纸及套用规范两个操作上均需要预算人员依据专业知识进行人工操作，利用BIM技术可以打通建设工程各个阶段的信息流，减少识读图纸和重复建模工作。基于三维设计的工程造价一体化系统平台针对传统成本预算的信息处理流程存在的问题，从信息来源和知识表达两个方面做出了改进，通过计算机程序解析三维设计中的工程量信息，免去人工识读图纸的工作，同时通过计算机程序解析定额组价规则和取费标准，实现自动组价。本书介绍的系统平台主要的功能包括输电线路工程标准模型库的建立、自动计价流程的设计、工程量自动计量与生成、定额自动套用、自动取费链接功能，最终实现一体化计价功能。

本书主编单位为国网冀北电力有限公司经济技术研究院，参编单位有北京京研电力工程设计有限公司、北京道亨时代科技有限公司和华北电力大学（保定）。通过编写组成员的辛勤努力，历经多次集中编写和校审，多方征求意见，历时一年，完成编制和出版。

本书的编写得到了各方大力支持，但由于时间紧、任务重，疏漏和不足之处在所难免，恳请广大读者批评指正。

本书编委会

前 言

目　录

第一章　电力工程造价基础

第一节　工程造价概论

一、工程造价的定义

建设项目总投资是为完成工程项目建设并达到使用要求的生产条件，在建设期内预计或实际投入的全部费用的总和。生产性建设项目总投资包括建设投资、建设期利息和流动资金三部分；非生产性建设项目总投资包括建设投资和建设期利息两部分。其中建设投资和建设期利息之和对应于固定资产投资，固定资产投资与建设项目的工程造价在量上相等。《工程造价术语标准》（GB/T 50875—2013）给出的工程造价定义为：工程项目在建设期预计或实际支出的建设费用。

工程造价是从投资者或者业主的角度来看，建设工程造价是指有计划地建设某项工程，完成建造实现竣工验收，预期开支或实际开支的工程投资。从工程承建商，包括建设产地供应单位、工程咨询、工程设计、施工承包、设备与材料供应商、工程监理等市场供给主体的角度，工程造价则属于价格范畴，是由一系列合同构成的委托价格，预计或实际在土地市场、设备市场、技术劳务市场、承包市场等交易活动中，形成的工程承发包（交易）价格，工程价格是参加建设的各类承包商为完成特定的工程产品预计或实际支出的全部费用总和，该特定产品是承包商通过建筑市场与业主的交易，经承发包关系确定的为业主定制的产品。

二、工程造价的构成

建设项目总投资包括固定资产投资和流动资产投资。固定资产投资（工程造价）由建设投资、建设期利息组成。其中建设投资，由工程费用（建筑工程费、设备购置费、安装工程费）、工程建设其他费用、预备费（基本预备费和价差预备费）组成。

工程费用是指建设期内直接用于工程建造、设备购置及其安装的建设投资，可以分为建筑安装工程费和设备及工器具购置费。工程建设其他费用是指建设期发生为项目建设或运营必须发生的但不包括在工程费用中的费用。预备费指在建设期内因各种不可预见因素的变化而预备的可能增加的费用，包括基本预备费和价差预备费。

价差预备费是因时间和市场价格变化所引起价格上涨，建设期利息是资金在时间上的成本增加，都属于动态费用。工程费用、工程建设其他费用和基本预备费构成工程静态投资，静态投资与动态费用一起构成动态投资。

工程造价基本构成包括用于购买工程项目所含各种设备的费用，用于建筑施工和安装施工所需支出的费用，用于委托工程勘察设计应支付的费用，用于购置租赁土地所需的费用，也包括用于建设单位自身进行项目筹建和项目管理所需的费用等。建设项目总投资的具体构成内容如图 1-1 所示。

（一）设备及工器具购置费

设备购置费、工器具购置费是指为工程建设项目购置或自制的达到固定资产标准的设备、工具、器具的费用。计算方法如下：

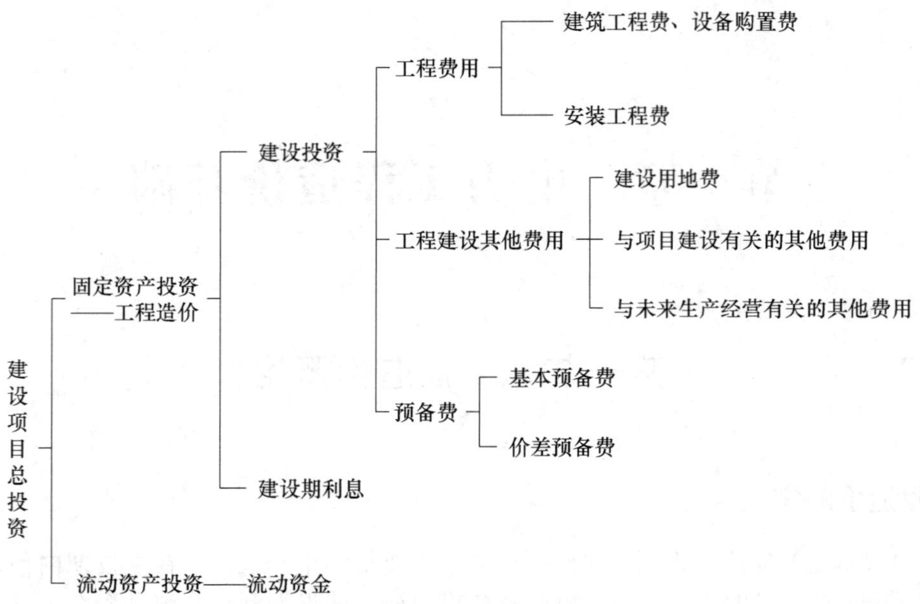

图 1-1　我国现行建设项目总投资构成

设备购置费＝设备原价（含备品备件费）＋设备运杂费

式中，设备原价系指国产标准设备、非标准设备、进口设备的原价。设备运杂费系指设备供销部门手续费，设备原价中未包括的包装和包装材料费、运输费、装卸费、采购费及仓库保管费之和。如果设备是由设备成套公司供应的，成套公司的服务费也应计入设备运杂费之中。

工器具及生产家具购置费是指新建项目或扩建项目初步设计规定所必须购置的不够固定资产标准的设备、仪器、工卡模具、器具、生产家具和备品备件的费用，计算方法如下：

工器具及生产家具购置费＝设备购置费×定额费率

（二）建筑安装工程费

建筑工程是指构成建设项目的各类建筑物、构筑物等设施工程。安装工程是指构成建设项目生产工艺系统的各类设备、管道、线缆及辅助装置的组合、装配和调试工程。在工程建设中，建筑安装工程是创造价值的生产活动。建筑安装工程费由建筑工程费用和安装工程费用两部分组成。根据住房城乡建设部、财政部颁布的“关于印发《建筑安装工程费用项目组成》的通知”（建标〔2013〕44 号），我国现行建筑安装工程费可以按照两种不同的方式划分，按费用构成要素划分和按造价形成划分，其具体构成如图 1-2 所示。

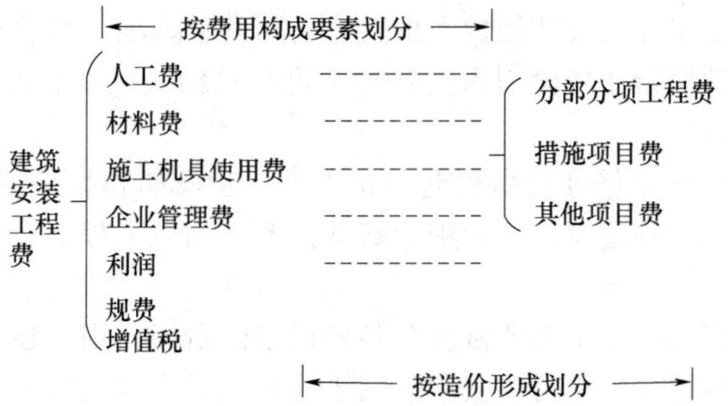

图 1-2　按费用构成要素划分和按造价形成划分的建筑安装工程费构成

1. 按费用构成要素划分建筑安装工程费用构成

建筑安装工程费包括：人工费、材料费、施工机具使用费、企业管理费、利润、规费和增值税。

(1) 人工费

人工费是指支付给直接从事建筑安装工程施工作业的生产工人的各项费用。人工工日消耗量和人工日工资单价是计算人工费的两个基本要素。

人工费的基本计算公式为：

$$人工费=\sum(工日消耗量\times日工资单价)$$

(2) 材料费

材料费是指工程施工过程中耗费的各种原材料、构配件、半成品、工程设备等的费用，以及施工过程中一次性消耗材料及周转材料摊销、租赁的费用。

材料费的基本计算公式为：

$$材料费=\sum(材料消耗量\times材料单价)$$

(3) 施工机具使用费

施工机具使用费是指施工作业所发生的施工机械、仪器仪表使用费或其租赁费。

1) 施工机械使用费，是指施工机械作业发生的使用费或租赁费。构成施工机械使用费的基本要素是施工机械台班消耗量和机械台班单价。施工机械台班消耗量是指在正常施工生产条件下，完成规定计量单位的建筑安装产品所消耗的施工机械台班数量，施工机械台班单价是指折合到每台班的施工机械使用费，施工机械台班单价通常由折旧费、检修费、维护费、安拆费及场外运费、人工费、燃料动力费和其他费用组成。

$$施工机械使用费=\sum(施工机械台班消耗量\times机械台班单价)$$

2) 仪器仪表使用费，指工程施工所需使用的仪器仪表的摊销及维护费用。仪器仪表台班单价通常由折旧费、维护费、校验费和动力费组成。

$$仪器仪表使用费=\sum(仪器仪表台班消耗量\times仪器仪表台班单价)$$

当采用一般计税方法时，施工机械台班单价和仪器仪表台班单价中的相关子项均需扣除增值税和进项税额。

(4) 企业管理费

企业管理费是指建筑安装企业为组织施工生产和经营管理所需费用。一般采用取费基数乘以费率的方法计算，计算方法如下：

$$企业管理费=取费基数\times费率$$

取费基数有三种，分别是以直接费为计算基础、以人工费和施工机具使用费合计为计算基础及以人工费为计算基础。企业管理费费率计算方法如下：

1) 以直接费为计算基础

$$企业管理费费率(\%)=\frac{生产工人年平均管理费}{年有效施工天数\times人工单价}\times人工费占直接费比例$$

2) 以人工费和施工机具使用费合计为计算基础

$$企业管理费费率(\%)=\frac{生产工人年平均管理费}{年有效施工天数\times(人工单价+每台班施工机具使用费)}\times100\%$$

3) 以人工费为计算基础

$$企业管理费费率(\%)=\frac{生产工人年平均管理费}{年有效施工天数\times人工单价}\times100\%$$

(5) 利润

利润是指施工单位从事建筑安装工程施工所获得的盈利，由施工企业根据企业自身需求并结合建筑市场实际自主确定。工程造价管理机构在确定计价定额中的利润时，应以定额人工费、材料费和施工机具使用费之和，或以定额人工费、定额人工费与施工机具使用费之和作为计算基数，其费率根据历年积累的工程造价资料，并结合建筑市场实际、项目竞争情况、项目规模与难易程度等确定，以单位（单项）工程测算，利润在税前建筑安装工程费的比重可按不低于5%且不高于7%的费率计算。

（6）规费

规费是按照国家法律、法规规定，由省级政府和省级行政主管部门规定必须缴纳并计入建筑安装工程造价的费用，包括社会保险费和住房公积金。其他应列而未列入的规费，按实际发生计取。社会保险费和住房公积金应以定额人工费为计算基础，根据工程所在地省、自治区、直辖市或行业建设主管部门规定费率计算。

（7）增值税

增值税是指按照国家税法规定应计入建筑安装工程造价内增值税的销项税额。建筑安装工程费用中的增值税按税前造价乘以增值税销项税率确定。

增值税＝税前造价×增值税销项税率

税前造价为人工费、材料费、施工机具使用费、企业管理费、利润和规费之和，均以不包括增值税可抵扣进项税额的价格计算；增值税销项税率按照国家税务相关政策规定执行。

2. 按造价形成划分建筑安装工程费用构成

建筑安装工程费按照工程造价形成由分部分项工程费、措施项目费、其他项目费、规费和增值税组成。

（1）分部分项工程费

分部分项工程费是指各专业工程的分部分项工程应予列支的各项费用。各类专业工程的分部分项工程划分遵循国家或行业工程量计算规范的规定，分部分项工程费通常用分部分项工程量乘以综合单价进行计算。

分部分项工程费＝$\sum$（分部分项工程量×综合单价）

综合单价包括人工费、材料费、施工机具使用费、企业管理费和利润，以及一定范围的风险费用。

（2）措施项目费

1）措施项目费的构成

措施项目费是指为完成建设工程施工，发生于该工程施工准备和施工过程中的技术、生活、安全、环境保护等方面的费用。措施项目及其包含的内容应遵循各类专业工程的现行国家或行业工程量计算规范。以《房屋建筑与装饰工程工程量计算规范》（GB 50854—2013）中的规定为例，措施项目费可以归纳为以下几项：

① 安全文明施工费。安全文明施工费是指工程项目施工期间，施工单位为保证安全施工、文明施工和保护现场内外环境等所发生的措施项目费用。通常由环境保护费、文明施工费、安全施工费、临时设施费组成。

② 夜间施工增加费。夜间施工增加费是指因夜间施工所发生的夜班补助费、夜间施工降效、夜间施工照明设备摊销及照明用电等措施费用。

③ 非夜间施工照明费。非夜间施工照明费是指为保证工程施工正常进行，在地下室等特殊施工部位施工时所采用的照明设备的安拆、维护及照明用电等费用。

④ 二次搬运费。二次搬运费是指因施工管理需要或因场地狭小等原因，导致建筑材料、设备等不能一次搬运到位，必须发生的二次或以上搬运所需的费用。

⑤ 冬雨期施工增加费。冬雨期施工增加费是指因冬雨期天气原因导致施工效率降低加大投入而增加的费用，以及为确保冬雨期施工质量和安全而采取的保温、防雨等措施所需的费用。

⑥ 地上、地下设施、建筑物的临时保护设施费。在工程施工过程中，对已建成的地上、地下设施和建筑物进行的遮盖、封闭、隔离等必要保护措施所发生的费用。

⑦ 已完工程及设备保护费。竣工验收前，对已完工程及设备采取的覆盖、包裹、封闭、隔离等必要保护措施所发生的费用。

⑧ 脚手架费。脚手架费是指施工需要的各种脚手架搭、拆、运输费用以及脚手架购置费的摊销（或租赁）费用。

⑨ 混凝土模板及支架（撑）费。混凝土施工过程中需要的各种模板、支架的安拆、运输费用及模板、支架的摊销（或租赁）费用。

⑩ 垂直运输费。垂直运输费是指现场所用材料、机具从地面运至相应高度以及工作人员上下工作面等所发生的运输费用。

⑪ 超高施工增加费。当单层建筑物檐口高度超过 20m，多层建筑物超过 6 层时，可计算超高施工增加费。

⑫ 大型机械设备进出场及安拆费。机械整体或分体自停放场地运至施工现场或由一个施工地点运至另一个施工地点，所发生的机械进出场运输和转移费用及机械在施工现场进行安装、拆卸所需的人工费、材料费、机具费、试运转费和安装所需的辅助设施的费用。

⑬ 施工排水、降水费。施工排水、降水费是指将施工期间有碍施工作业和影响工程质量的水排到施工场地以外，以及防止在地下水位较高的地区开挖深基坑出现基坑浸水，地基承载力下降，在动水压力作用下还可能引起流砂、管涌和边坡失稳等现象而必须采取有效的降水和排水措施费用。

⑭ 其他。根据项目的专业特点或所在地区不同，可能会出现其他的措施项目。比如工程定位复测费和特殊地区施工增加费等。

2）措施项目费的计算

按照有关专业工程量计算规范规定，措施项目分为应予计量的措施项目和不宜计量的措施项目两类。

① 应予计量的措施项目。与分部分项工程费的计算方法基本相同，公式为：

措施项目费＝∑（措施项目工程量×综合单价）

② 不宜计量的措施项目。对于不宜计量的措施项目，通常用计算基数乘以费率的方法予以计算。

a. 安全文明施工费。计算公式为：

安全文明施工费＝计算基数×安全文明施工费费率（100%）

计算基数应为定额基价（定额分部分项工程费＋定额中可以计量的措施项目费）、定额人工费或定额人工费与施工机具使用费之和，其费率由工程造价管理机构根据各专业工程的特点综合确定。

b. 其余不宜计量的措施项目。包括夜间施工增加费，非夜间施工照明费，二次搬运费，冬雨期施工增加费，地上、地下设施、建筑物的临时保护设施费，已完工程及设备保护费等，计算公式为：

措施项目费＝计算基数×措施项目费费率（100%）

计算基数应为定额人工费或定额人工费与定额施工机具使用费之和，其费率由工程造价管理机构根据各专业工程特点和调查资料综合分析后确定。

（3）其他项目费

1）暂列金额

暂列金额是指建设单位在工程量清单中暂定并包括在工程合同价款中的一笔款项。用于施工合同签订时尚未确定或者不可预见的所需材料、工程设备、服务的采购，施工中可能发生的工程变更、合同约定调整因素出现时的工程价款调整以及发生的索赔、现场签证确认等的费用。

2）暂估价

暂估价是指招标人在工程量清单中提供的用于支付必然发生但暂时不能确定价格的材料、工程设备的单价以及专业工程的金额。

暂估价中的材料、工程设备暂估单价根据工程造价信息或参照市场价格估算，计入综合单价；专业工程暂估价分不同专业，按有关计价规定估算。暂估价在施工中按照合同约定再加以调整。

3）计日工

计日工是指在施工过程中，施工单位完成建设单位提出的工程合同范围以外的零星项目或工作，按照合同中约定的单价计价。计日工形成的费用由建设单位和施工单位按施工过程中形成的有效签证来计价。

4）总承包服务费

总承包服务费是指总承包人为配合、协调建设单位进行的专业工程发包，对建设单位自行采购的材料、工程设备等进行保管以及施工现场管理、竣工资料汇总整理等服务所需要的费用。

总承包服务费由建设单位在招标控制价中根据总包范围和有关计价规定编制，施工单位投标时自主报价，施工过程中按签约合同价执行。

（4）规费和增值税

规费和增值税的构成和计算与按费用构成要素划分建筑安装工程费用组成部分是相同的。

（三）工程建设其他费用

工程建设其他费用是指建设期发生的与土地使用权取得、全部工程项目建设以及未来生产经营有关的，除工程费用、预备费、增值税、建设期融资费用、流动资金以外的费用。

政府有关部门对建设项目管理监督所发生的，并由其部门财政支出的费用，不得列入相应建设项目的工程造价。

1. 建设单位管理费

建设单位管理费是指项目建设单位从项目筹建之日起至办理竣工财务决算之日止发生的管理性质的支出。包括工作人员薪酬及相关费用、办公费、办公场地租用费、差旅交通费、劳动保护费、工具用具使用费、固定资产使用费、招募生产工人费、技术图书资料费（含软件）、业务招待费、竣工验收费和其他管理性质开支。

2. 用地与工程准备费

用地与工程准备费是指取得土地与工程建设施工准备所发生的费用。包括土地征用费和补偿费、场地准备费、临时设施费等。

3. 市政公用配套设施费

市政公用配套设施费是指使用市政公用设施的工程项目，按照项目所在地政府有关规定建设或者缴纳的市政公用设施建设配套费用。

市政公用配套设施可以是界区外配套的水、电、路、气，以及绿化、人防等配套设施。

4. 技术服务费

技术服务费是指在项目建设全部过程中委托第三方提供项目策划、技术咨询、勘察设计、项目管理和跟踪验收评估等技术服务发生的费用。技术服务费包括可行性研究费、专项评价费、勘察设计费、监理费、研究试验费、特殊设备安全监督检验费、监造费、招标费、设计评审费、技术经济标准使用费、工程造价咨询费及其他咨询费。按照国家发展改革委关于《进一步放开建设项目专业服务价格的通知》（发改价格〔2015〕299号）的规定，技术服务费应实行市场调节价。

5. 建设期计列的生产经营费

建设期计列的生产经营费是指为达到生产经营条件在建设期发生或将要发生的费用。包括专利及专有技术使用费、联合试运转费、生产准备费等。

6. 工程保险费

工程保险费是指为转移工程项目建设的意外风险，在建设期内对建筑工程、安装工程、机械设备和人身安全进行投保而发生的费用。包括建筑安装工程一切险、引进设备财产保险和人身意外伤害险等。

7. 税费

按财政部《基本建设项目建设成本管理规定》（财建〔2016〕504号）工程其他费中的有关规定，税费统一归纳计列，是指耕地占用税、城镇土地使用税、印花税、车船使用税等和行政性收费，不包括增值税。

（四）预备费和建设期利息

1. 预备费

预备费是指在建设期内因各种不可预见因素的变化而预留的可能增加的费用，包括基本预备费和价差预备费。

（1）基本预备费

1）基本预备费的内容

基本预备费是指投资估算或工程概算阶段预留的，由于工程实施中不可预见的工程变更及洽商、一般自然灾害处理、地下障碍物处理、超规超限设备运输等而可能增加的费用，亦可称为工程建设不可预见费。

2）基本预备费的计算

基本预备费是按工程费用和工程建设其他费用二者之和为计取基础，乘以基本预备费费率进行计算。基本预备费费率的取值应执行国家及有关部门的规定。

基本预备费＝（工程费用＋工程建设其他费用）×基本预备费费率

（2）价差预备费

1）价差预备费的内容

价差预备费是指为在建设期内利率、汇率或价格等因素的变化而预留的可能增加的费用，亦称为价格变动不可预见费。价差预备费的内容包括：人工、设备、材料、施工机具的价差费，建筑安装工程费及工程建设其他费用调整，利率、汇率调整等增加的费用。

2）价差预备费的计算

价差预备费一般根据国家规定的投资综合价格指数，按估算年份价格水平的投资额为基数，采用复利方法计算，计算公式为：

$$PF = \sum_{i=1}^{n} I_t[(1+f)^m(1+f)^{0.5}(1+f)^{t-1}-1]$$

式中　PF——价差预备费；

n——建设期年份数；

I_t——建设期中第 t 年的静态投资计划额，包括工程费用、工程建设其他费用及基本预备费；

f——年涨价率；

m——建设前期年限（从编制估算到开工建设，单位：年）。

2. 建设期利息

建设期利息主要是指在建设期内发生的为工程项目筹措资金的融资费用及债务资金利息。

建设期利息的计算，根据建设期资金用款计划，在总贷款分年均衡发放前提下，可按当年借款在年中支用考虑，即当年借款按半年计息，上年借款按全年计息。计算公式为：

$$q_j = \left(P_{j-1} + \frac{1}{2}A_j\right)i$$

式中　q_j——建设期第 j 年应计利息；

P_{j-1}——建设期第（$j-1$）年末累计贷款本金与利息之和；

A_j——建设期第 j 年贷款金额；

i——年利率。

利用国外贷款的利息计算中，年利率应综合考虑贷款协议中向贷款方加收的手续费、管理费、承诺费，以及国内代理机构向贷款方收取的转贷费、担保费和管理费等。

（五）流动资产投资

流动资金指为进行正常生产运营，用于购买原材料、燃料、支付工资及其他运营费用等所需的周转资金，在可行性研究阶段用于财务分析时计为全部流动资金，在初步设计及以后阶段用于计算“项目报批总投资”或“项目概算总投资”时计为铺底流动资金。铺底流动资金是指生产经营性建设项目为保证投产后正常的生产运营所得，并在项目资本金中筹措的自有流动资金，一般按项目建成后所需全部流动资金的 30％计算。

流动资产合计＝货币资金＋交易性金融资产＋应收票据＋应收账款＋预付账款＋应收利息＋应收股利＋其他应收款＋存货＋一年内到期的非流动资产＋其他流动资产

流动资金＝流动资产－流动负债

其中：

流动资产＝应收账款＋预付账款＋存货＋库存现金

流动负债＝应付账款＋预付账款

1. 周转次数

周转次数是指流动资金的各个构成项目在一年内完成多少个生产过程，可用一年天数（通常按360天计算）除以流动资金的最低周转天数计算，即：

$$周转次数=\frac{360}{流动资金最低周转天数}$$

各类流动资产和流动负债的最低周转天数，可以参照同类企业的平均周转天数并结合项目特点确定，或者按照部门（行业）的规定。在确定最低周转天数时应考虑储存天数、在途天数，并考虑适当的保险系数。

各项流动资金年平均占用额度为流动资金的年周转额度除以流动资金的年周转次数。

2. 应收账款

应收账款是指企业对外赊销商品、提供劳务尚未收回的资金等，其计算公式为：

$$应收账款=\frac{年经营成本}{应收账款周转次数}$$

3. 预付账款

预付账款是指企业为购买各类材料、半成品或服务所预先支付的款项，其公式为：

$$预付账款=\frac{外购商品或服务年费用金额}{预付账款周转次数}$$

4. 存货

存货是指企业为销售或者生产耗用而储备的各种物资，主要有原材料、辅助材料、包装物、低值易耗品、自制半成品、在产品等，为简化计算，仅考虑外购原材料、燃料、其他材料、在产品和产成品，并分项进行计算，计算公式如下：

存货＝外购原材料、燃料＋其他燃料＋在产品＋产成品

$$外购原材料、燃料=\frac{年外购原材料、燃料费用}{分项周转次数}$$

$$其他材料=\frac{年其他材料费用}{其他材料周转次数}$$

$$在产品=\frac{年外购原材料、燃料费用+年工资及福利费+年修理费+年其他制造费用}{在产品周转次数}$$

$$产成品=\frac{年经营成本-年其他营业费用}{产成品周转次数}$$

5. 现金

项目流动资金中的现金是指货币资金，即企业生产运营活动中停留于货币形态的资金，包括企业库存现金和银行存款，计算公式为：

$$现金=\frac{年工资及福利费+年其他费用}{现金周转次数}$$

年其他费用＝制造费用＋管理费用＋营业费用－（以上三项费用中所含的工资及福利费、折旧费、摊销费、修理费）

6. 流动负债

流动负债是指在一年或者超过一年的一个营业周期内，需要偿还的各种债务，包括短期借款、应

付票据、应付账款、预收账款、应付工资、应付福利费、应付股利、应交税金（增值税）、其他暂收应付款、预提费用和一年内到期的长期借款等。其中：

$$应付账款=\frac{外购原材料、燃料动力费及其他材料年费用}{应付账款周转次数}$$

$$预收账款=\frac{预收的营业收入年金额}{预收账款周转次数}$$

三、工程造价特征

由工程项目的特点决定，工程计价具有以下特征。

（一）计价的单件性

单件性是指建设工程都是固定在一定地点的，其结构、造型必须适应工程所在地的气候、地质、水文等自然客观条件，在建设这些不同的实物形态的工程时，必须采取不同的工艺、设备和建筑材料，因而所消耗物化劳动和活劳动也必定是不同的，再加上不同地区的社会发展不同，致使构成价格和费用的各种价值要素的差异，最终导致工程造价各不相同。建筑产品的单件性特点决定了每项工程都必须单独计算造价。

（二）计价的多次性

工程项目需要按程序进行策划决策和建设实施，工程计价也需要在不同阶段多次进行，以保证工程造价计算的准确性和控制的有效性。多次计价是一个逐步深入和细化，不断接近实际造价的过程。

（三）计价的组合性

工程造价的计算与建设项目的组合性有关，一个建设项目是一个工程联合体，可按单项工程、单位工程、分部工程、分项工程等不同层次分解为许多有内在联系的组成部分，建设项目的组合性决定了工程计价的逐步组合过程。工程造价的组合过程是：首先，计算分部分项工程造价，其次，由分部分项工程造价汇总形成单位工程造价，再次，由单位工程造价汇总形成单项工程造价，最后，由单项工程造价汇总形成建设项目总造价。

（四）计价方法的多样性

工程项目的多次计价有其各不相同的计价依据，每次计价的精确度要求也各不相同，由此决定了计价方法的多样性。例如，投资估算方法有设备系数法、生产能力指数估算法等，概预算方法有单价法和实物法等。不同方法有不同的适用条件，计价时应根据具体情况加以选择。

四、工程造价管理

工程造价管理是以建设项目为对象，为在目标工程造价计划值以内实现项目而对工程建设活动中的造价所进行的确定、控制和管理。主要包括工程造价合理确定和有效控制两个方面。

（一）工程造价的合理确定

工程造价的确定主要是计算或确定工程建设各个阶段工程造价的费用目标，即工程造价目标值的确定。要合理确定和有效控制工程造价，提高投资效益，就必须在整个建设过程中，由宏观到微观、由粗到细分阶段预先定价，上阶段控制下阶段，层层控制，才能充分有效地使用有限的人力、物力和财力资源。这也是由工程建设客观规律和建筑业生产方式特殊性决定的。

（二）工程造价有效控制

1. 工程建设各阶段工程造价的控制

所谓工程造价控制，就是在优化建设方案、设计方案的基础上，在建设程序的各个阶段，采用一定的方法和措施把工程造价控制在合理的范围和核定的造价限额以内。具体说，要用投资估算价控制设计方案的选择和初步设计概算造价；用概算造价控制技术设计和修正概算造价；用概算造价或修正概算造价控制施工图设计和预算造价。以求合理使用人力、物力和财力，取得较好的投资效益，控制造价在这里强调的是控制项目投资。工程建设各阶段工程造价控制见图 1-3。

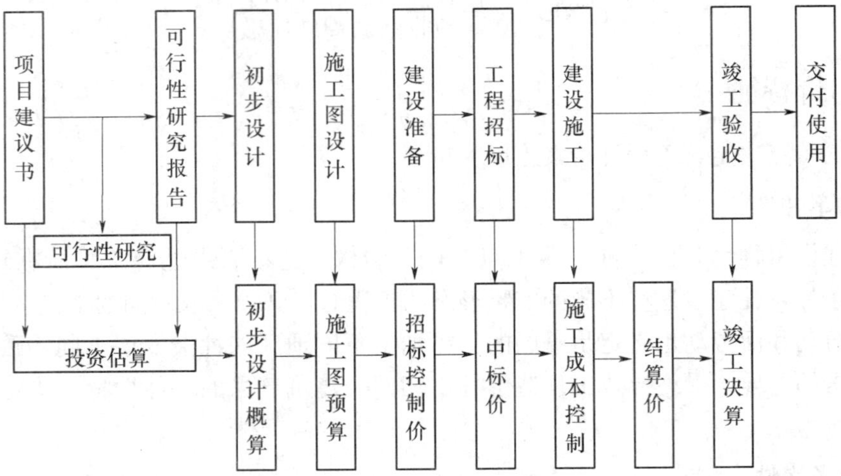

图 1-3　工程建设各阶段工程造价控制示意图

有效控制工程造价应体现以下原则：

（1）以设计阶段为重点的建设全过程造价控制

工程造价控制贯穿于项目建设全过程，但是必须重点突出。很显然，工程造价控制的关键在于施工前的投资决策和设计阶段，而在项目做出投资决策后，控制工程造价的关键就在于设计。建设工程全寿命费用包括工程造价和工程交付使用后的经常开支费用（含经营费用、日常维护修理费用、使用期内大修理和局部更新费用）以及该项目使用期满后的报废拆除费用等。据西方一些国家分析，设计费一般只相当于建设工程全寿命费用的1%以下，但正是这少于1%的费用对工程造价的影响度占75%以上。由此可见，设计质量的好坏对整个工程建设的效益是至关重要的。

长期以来，我国普遍忽视工程建设项目前期工作阶段的造价控制，而往往把控制工程造价的主要精力放在施工阶段审核施工图预算或竣工结算上，这样做尽管也有效果，但毕竟是“亡羊补牢”“事倍功半”。要有效地控制工程造价，就要坚决地把控制重点转到建设前期阶段上来，尤其应抓住设计这个关键阶段，以取得事半功倍的效果。

（2）主动控制，以取得令人满意的结果

一般说来，造价工程师的基本任务是对建设项目的建设工期、工程造价和工程质量进行有效的控制，为此，应根据业主的要求及建设的客观条件进行综合研究，实事求是地确定一套切合实际的衡量准则。只要造价控制的方案符合这套衡量准则，取得令人满意的结果，就应该说造价控制达到了预期的目标。

长期以来，人们一直把控制理解为目标值与实际值的比较，当实际值偏离目标值时，分析产生偏差的原因，并确定下一步的对策。在工程项目建设全过程进行这样的工程造价控制当然是有意义的，但问题在于，这种立足于调查—分析—决策基础之上的偏离—纠偏—再偏离—再纠偏的控制方法，只能发现偏离，不能使已产生的偏离消失，不能预防可能发生的偏离，因而只能说是被动控制。自20世纪70年代初开始，人们将系统论和控制论研究成果用于项目管理后，将控制立足于事先主动地采取决策措施，以尽可能地减少和避免目标值与实际值的偏离，这是主动的、积极的控制方法，因此被称为主动控制。也就是说，我们的工程造价控制，不仅要反映投资决策，反映设计、发包和施工，更要能动地影响投资决策，影响设计、发包和施工，主动地控制工程造价。

（3）技术与经济相结合是控制工程造价最有效的手段

要有效地控制工程造价，应从组织、技术、经济等多方面采取措施。从组织上采取的措施，包括明确项目组织结构，明确造价控制者及其任务，明确管理职能分工；从技术上采取措施，包括重视设计多方案选择，严格审查监督初步设计、技术设计、施工图设计、施工组织设计，深入技术领域研究节约投资的可能；从经济上采取措施，包括动态地比较造价的计划值和实际值，严格审核各项费用支出，采取对节约投资的有力奖励措施等。

应该看到，技术与经济相结合是控制工程造价最有效的手段。长期以来，在我国工程建设领域，技术与经济相分离。我国工程技术人员的技术水平、工作能力、知识面，跟外国同行相比几乎不分上下，但缺乏经济观念，设计思想保守。国外的技术人员时刻考虑如何降低工程造价，而我国技术人员则把它看成与己无关，是财会人员的职责。而财会人员的主要责任是根据财务制度办事，他们往往不熟悉工程知识，也较少了解工程进展中的各种关系和问题，往往单纯地从财务制度角度审核费用开支，难以有效地控制工程造价。为此，迫切需要解决以提高工程投资效益为目的，在工程建设过程中把技术与经济有机结合，通过技术比较、经济分析和效果评价，正确处理技术先进与经济合理两者之间的对立统一关系，力求在技术先进条件下的经济合理，在经济合理基础上的技术先进，把控制工程造价观念渗透到各项设计和施工技术措施之中。

工程造价的确定和控制之间，存在相互依存、相互制约的辩证关系。首先，工程造价的确定是工程造价控制的基础和载体。没有造价的确定，就没有造价的控制；没有造价的合理确定，也就没有造价的有效控制。其次，造价的控制属于工程造价确定的全过程，造价的确定过程也就是造价的控制过程，只有通过逐项控制、层层控制才能最终合理确定造价。最后，确定造价和控制造价的最终目的是统一的，即合理使用建设资金，提高投资效益，遵守价值规律和市场运行机制，维护有关各方合理的经济利益，可见二者相辅相成。

2. 工程造价控制的关键环节

要有效控制工程造价，关键应把握以下四个环节：

（1）决策阶段做好投资估算

投资估算对工程造价起到指导性和总体控制的作用。在投资决策过程中，特别是从工程规划阶段开始，预先对工程投资额度进行估算，有助于业主对工程建设各项技术经济方案做出正确决策，从而对今后工程造价的控制起到决定性的作用。

（2）设计阶段强调限额设计

设计阶段是仅次于决策阶段影响投资的关键。为了避免浪费，采取限额设计是控制工程造价的有力措施。强调限额设计并不是意味着一味追求节约资金，而是体现了尊重科学，实事求是，保证设计科学合理，确保投资估算真正起到工程造价控制的作用。经批准的投资估算作为工程造价控制的最高限额，是限额设计控制工程造价的主要依据。

（3）招标投标阶段重视施工招标

业主通过施工招标这一经济手段，择优选定承包商，不仅有利于确保工程质量和缩短工期，更有利于降低工程造价，是工程造价控制的重要手段。施工招标应根据工程建设的具体情况和条件，采用合适的招标形式，编制招标文件应符合法律法规，内容齐全，前后一致，避免出错和遗漏。评标前要明确评标原则，招标工作最终结果，是实现工程承发包双方签订施工合同。

（4）施工阶段加强合同管理与事前控制

施工阶段是工程造价的执行和完成阶段。在施工中通过跟踪管理，对承发包双方的实际履约行为掌握第一手资料，经过动态纠偏，及时发现和解决施工中的问题，有效地控制工程质量、进度和造价。事前控制工作重点是控制工程变更和防止发生索赔，施工过程中要搞好工程计量与结算，做好与工程造价相统一的质量、进度等各方面的事前、事中、事后控制。

第二节　电网工程造价基础

一、电网工程的特点

电网工程主要由输电网和配电网构成，其中输电网包含输电工程和变电工程，其功能是将发电厂发出的电力输送到消费电能的地区，或进行相邻电网间的电力互送，使其形成互联电网或统一电网，保持发电和用电或两电网间供需平衡；配电网的功能是在消费电能的地区接收输电网端的电力进行分配，输送到城市、区、乡镇和农村，进一步分配和供给工业、农业、商业、居民及特殊需要的用电部门。

电力工程项目本身具有资本高度密集、建设投资额巨大等特点，并具有网络产业特征。电网项目是电力工程项目中的重要部分，不仅具有电力项目的一般特征，还有其自身特点。电网工程的特点具体体现在：

1. 工程投资额巨大

电网工程投资额巨大，投资中设备费用占比重较大，工程中的设备烦琐而且费用高。输电网由输电和变电设备构成，是电网工程的主要部分。输电设备主要有输电线、杆塔、绝缘子串、架空线路等；变电设备有变压器、电抗器、电容器、断路器、接地开关、隔离开关、避雷器、电压互感器、电流互感器、母线等一次设备和确保安全、可靠输电的继电保护、监视、控制和电力通信系统等二次设备。因此，电网工程造价受设备费影响较大。目前电网工程的设备价格往往随市场调整波动较大，很难确定，随着输变电工程项目建设数量不断增加，主要设备价格随之上涨。此外，设备材料价格整体上涨，导致输变电工程主要设备材料上涨，引起输变电工程设备价格上涨，对输变电工程造价造成较大影响。

2. 工程前期准备时间长

在目前建设节约型、环保型社会的形势下，土地、环保政策成为影响电网发展的重要因素。国家对电网建设很重视，尤其是在项目决策期，在国家加大对电网建设投入的同时，国家计委对电网建设可行性研究报告的批复严格慎重，对电网项目由审批制转变为核准制，拉长了项目前期的工作周期，导致成本上升，特别是城市土地以及走廊问题，已经成为制约城市电网发展的关键因素。有些输变电工程涉及部队、民航、港航、风景区、湿地保护等，需要进行专题评估，并由相关单位出具评估报告，程序复杂。

3. 工程建设项目投资回收期长、投资效益低

电网工程的资金由电网企业以自有资金、贷款或其他方式筹集，最终以电网企业经营利润补偿。由于电网企业的主要经营利润由售电业务形成，因此电价成为电网建设资金回收的决定性因素。电价涉及国民经济和居民生活，其制定标准需要考虑居民和企业的接受能力并维持长期稳定，而且终端销售电价和上网电价由国家统一规定，电网企业可调控余地很小，导致电网建设的投资回收期较长，且投资收益较低。

4. 受技术方案影响大

输变电工程技术方案对造价影响较大，具体表现在：变电总容量、建筑面积及站址处理等因素导致建筑工程费变动，出线规模、电缆工程量、主变压器数量、断路器数量等因素导致安装工程费变动，复杂地貌比例、路径曲折系数、耐张转角塔比例、复杂基础形式应用比例等对于基础钢材、土石方以及混凝土的用量影响较大，暗挖隧道比例等因素导致土建工程本体费用变动等。在电网工程中，由于不确定性因素较多，对技术方案也需要经常性进行调整，技术方案的变化直接导致人工、材料、设备用量的变化，进而导致电网工程造价发生变化。

5. 工程参与主体多

电网工程建设过程中，工程参与主体多，组织关系复杂。工程参与主体包括：建设单位、设计单位、监理单位、土建施工单位、电气安装单位、运行单位、质量监督单位等。各单位间工作的衔接和

交叉，组织关系复杂。变电项目大多在市区或者郊区，需要和相应的电信、园林、交通、消防等部门沟通；送电线路更复杂，由于线路长，大部分送电项目在野外施工，施工现场比较分散，作业点较多，有时需要跨越很多建筑物、设施、河流等障碍物，除了需要和园林、电信、交通、消防等部门沟通，还涉及铁路、水运、海港码头以及地方政府等。

6. 其他费用较高

输变电工程占地面积较大，工程其他费用的主要组成部分是建设场地征用及清理费，即建场费。建设场地征用及清理费是指为获得工程建设所必需的场地所发生的费用，主要包括土地征用费、施工场地租用费、迁移补偿费、余物清理费、送电线路走廊赔偿费和通信设施防送电线路干扰措施费。为满足建设需要，对建设场地范围内的建筑物、构筑物及其他设施进行拆除、迁移、改造、封闭或采取限制措施所发生的费用较高，相比于其他工程建设项目电网工程中其他费用所占比率较高，对于电网工程造价产生影响。

二、电网工程造价的构成

项目建设总费用由建筑、安装工程费、设备购置费、其他费用、基本预备费和动态费用构成，如图 1-4 所示。其中，建筑、安装工程费、设备购置费、其他费用、基本预备费之和称为静态投资。工程造价构成明细见表 1-1。

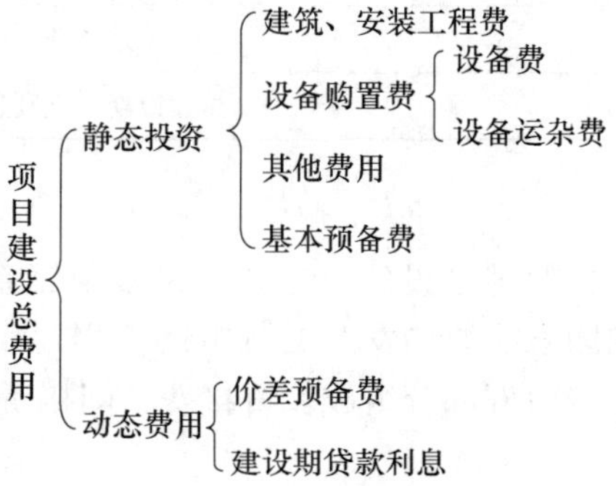

图 1-4　电网工程项目建设总费用

表 1-1　工程造价构成明细

<table>
<tr><th>造价构成</th><th colspan="3">费用项目</th></tr>
<tr><td rowspan="14">（一）
建筑安装工程费</td><td rowspan="10">直接费</td><td rowspan="3">直接工程费</td><td>人工费</td></tr>
<tr><td>材料费</td></tr>
<tr><td>施工机械使用费</td></tr>
<tr><td rowspan="7">措施费</td><td>冬雨期施工增加费</td></tr>
<tr><td>夜间施工增加费</td></tr>
<tr><td>施工工具用具使用费</td></tr>
<tr><td>特殊地区施工增加费</td></tr>
<tr><td>施工机构迁移费</td></tr>
<tr><td>临时设施费</td></tr>
<tr><td>安全文明施工费</td></tr>
<tr><td rowspan="4">间接费</td><td rowspan="2">规费</td><td>社会保险费</td></tr>
<tr><td>住房公积金</td></tr>
<tr><td colspan="2">企业管理费</td></tr>
<tr><td colspan="2">施工企业配合调试费</td></tr>
</table>

续表

造价构成	费用项目
（一） 建筑安装工程费	利润
	大型土石方综合费率
	编制基准期价差
	税金
（二）设备购置费	设备费
	设备运杂费
（三）其他费用	建设场地征用及清理费
	项目建设管理费
	项目建设技术服务费
	生产准备费
	大件运输措施费
	专业爆破服务费
（四）基本预备费	基本预备费
（五）动态费用	价差预备费
	建设期贷款利息

（一）建筑安装工程费

建筑安装工程费是指对构成项目的基础设施、工艺系统及附属系统进行施工、安装、调试，使之具备生产功能所支出的费用。根据国家能源局发布的《电网工程建设预算编制与计算规定》现行电网工程概预算编制中的建筑安装工程费由五部分组成：直接费、间接费、利润、编制基准期价差和税金。计算公式：

建筑安装工程费＝直接费＋间接费＋利润＋编制基准期价差＋税金

1. 直接费

直接费是指施工过程中直接耗用于建筑、安装工程产品的各项费用的总和，包括直接工程费和措施费。

（1）直接工程费

直接工程费是指按照正常的施工条件，在施工过程中耗费的构成工程实体的各项费用，包括人工费、材料费和施工机械使用费。其中人工费、材料费中已进入定额基价的消耗性材料费和施工机械使用费之和称为定额直接费。计算公式：

直接工程费＝人工费＋材料费＋施工机械使用费

定额直接费＝人工费＋计价材料费＋施工机械使用费

1）人工费

人工费是指电网工程中直接从事建筑安装工程施工的生产工人开支的各项费用，包括基本工资、工资性补贴、辅助工资、职工福利费、生产人员劳动保护费等。人工费的计算方法执行电力行业定额中的规定。各地区、年度人工费的调整按照电力行业定额（造价）管理机构的规定执行。

2）材料费

材料费是指电网工程施工过程中耗费的主要材料、辅助材料、构配件、半成品、零星材料，以及施工过程中一次性消耗材料及摊销材料的费用。预规中的材料包括装置性（主要、未计价）材料和消耗性（辅助、计价）材料两大类，其价格均为预算价格。

① 装置性材料

装置性材料是指建设工程中构成工艺系统实体的工艺性材料，也称主要材料。装置性材料在概算或预算定额中未计价，也称未计价材料。

装置性材料费＝装置性材料用量×装置性材料预算价格

装置性材料预算价格按照电力行业定额（造价）管理机构公布的装置型材料预算价格或综合预算价格计算。

② 消耗性材料

消耗性材料是指施工过程中所消耗的、在建设成品中不体现其原有形态的材料，以及因施工工艺及措施要求需要进行摊销的施工工艺材料，也称辅助材料。消耗性材料通常在概算或预算定额中已经计价，也称计价材料。

3）施工机械使用费

施工机械使用费是指施工机械作业所发生的机械使用费以及机械的安拆费和场外运费，施工机械使用费内容包括：折旧费、检修费、维护费、安装及拆卸费、场外运费、操作人员人工费、燃料动力费、其他费等。

① 施工机械费按照定额规定的原则计算。其中，定额中未包括车船税、保险费、年检费，应根据各省（自治区、直辖市）规定标准在材机调整中予以考虑。

② 关于过路过桥费：变电工程施工机械均在站内运行、工作，不发生过路过桥费用，因此不予考虑；输电线路工程中运输车辆的过路过桥费用在材机调整系数中考虑。

③“大型施工机械”指起重量 40t 以上的吊装机械。

④ 大型机具的进出场费：按照机械台班定额的规定执行，机械台班单价中未包括且不属于“施工机构迁移费”范围的，应套用机械台班定额计算，在临时工程项目中单独列项。

（2）措施费

措施费是指为完成工程项目施工而进行施工准备、克服自然条件的不利影响和辅助施工所发生的不构成工程实体的各项费用。包含冬雨期施工增加费、夜间施工增加费、施工工具用具使用费、特殊地区施工增加费、临时设施费、施工机构迁移费、安全文明施工费等。

1）冬雨期施工增加费

冬雨期施工增加费是指按照正常的施工组织计划安排及合理工期要求，建筑、安装工程必须在冬季、雨季期间连续施工而需要增加的费用，其内容包括：在冬期施工期间，为确保工程质量而采取的养护、采暖措施所发生的费用；雨期施工期间，采取防雨、防潮措施所增加的费用；以及因冬季、雨季施工增加施工工序、降低工效而发生的补偿费用。冬雨期施工增加费计算公式：

冬雨期施工增加费＝取费基数×费率

冬雨期施工增加费的费率见表 1-2。

表 1-2　冬雨期施工增加费费率

工程类别		取费基数	地区及费率（%）				
			Ⅰ	Ⅱ	Ⅲ	Ⅳ	Ⅴ
变电站、换流站	建筑	直接工程费	0.62	0.87	1.32	1.88	2.34
	安装	人工费	5.39	6.18	9.94	13.02	14.28
架空输电线路		人工费	3.57	4.59	5.05	7.85	9.58
电缆输电线路	安装	人工费	2.76	3.53	4.58	6.02	6.58
通信工程	通信站建筑	直接工程费	1.06	1.50	2.26	3.25	4.05
	通信站安装	人工费	5.66	7.60	11.68	15.31	16.74
	光缆线路	人工费	4.89	6.92	10.31	13.47	15.06

实际工作中根据表 1-3 确定地区分类。

表 1-3　地区分类

地区分类	省、自治区、直辖市名称
Ⅰ	上海、江苏、安徽、浙江、福建、江西、湖南、湖北、广东、广西
Ⅱ	北京、天津、山东、河南、河北（张家口、承德以南地区）、重庆、四川（甘孜、阿坝州除外）、云南（迪庆藏族自治州除外）、贵州、海南
Ⅲ	辽宁（盖县及以南地区）、陕西（不含榆林地区）、山西、河北（张家口、承德及以北地区）
Ⅳ	辽宁（盖县以北）、陕西（榆林地区）、内蒙古（锡林郭勒盟锡林浩特市以南各盟、市、旗，不含阿拉善盟）、新疆（伊犁、哈密地区以南）、吉林、甘肃、宁夏、四川（（甘孜、阿坝州）、云南（迪庆藏族自治州）
Ⅴ	黑龙江、青海、新疆（伊犁、哈密及以北地区）、内蒙古除四类地区以外的其他地区

2）夜间施工增加费

夜间施工增加费是指按照规程要求，工程必须在夜间连续施工所发生的夜间补助、夜间施工降效、夜间施工照明设备摊销及照明用电等费用。计算公式：

夜间施工增加费＝取费基数×费率

夜间施工增加费的费率见表 1-4。

表 1-4　夜间施工增加费费率

工程类别	变电站、换流站		架空输电线路大跨越	电缆输电线路
	建筑	安装		安装
取费基数	直接工程费	人工费	人工费	定额直接费
费率（%）	0.10	0.85	0.91	0.61

3）施工工具用具使用费

施工工具用具使用费是指施工企业生产、检验、试验部门使用的不属于固定资产的工具用具、仪器仪表的购置、摊销和维护费用。计算公式：

施工工具用具使用费＝取费基数×费率

施工工具用具使用费的费率见表 1-5。

表 1-5　施工工具用具使用费的费率

工程类别	变电站、换流站		架空输电线路	电缆输电线路	通信工程		
	建筑	安装		安装	通信站建筑	通信站安装	光缆线路
取费基数	直接工程费	人工费	人工费	人工费	直接工程费	人工费	人工费
费率（%）	0.56	5.33	3.82	3.72	0.68	5.81	4.02

4）特殊地区施工增加费

特殊地区施工增加费是指在高海拔、酷热、严寒等地区施工，因特殊自然条件影响而需额外增加的施工费用。特殊地区施工增加费与冬雨期施工增加费重复取费。计算公式：

特殊地区施工增加费＝取费基数×费率

特殊地区施工增加费的费率见表 1-6。

表 1-6　特殊地区施工增加费的费率

工程类别	高海拔地区		高纬度严寒地区		酷热地区	
	建筑	安装	建筑	安装	建筑	安装
取费基数	直接工程费	人工费	直接工程费	人工费	直接工程费	人工费
费率（%）	1.29	6.48	1.07	5.45	0.95	4.73

5）临时设施费

临时设施费是指施工企业为满足现场正常生产、生活需要，在现场必须搭设的生活、生产用临时建筑物、构筑物和其他临时设施所发生的费用，以及维修、拆除、折旧及摊销费，或临时设施的租赁费等。计算公式：

临时设施费＝取费基数×费率

① 电网工程临时设施包括：职工宿舍，办公、生活、文化、福利等公用房屋，仓库、加工厂、工棚、围墙等建（构）筑物，站区围墙范围内的临时施工道路及水、电（含380V降压变压器）、通信的分支管线，以及建设期间的临时隔墙等，但不包括下列内容：

a. 施工电源：施工、生活用380V变压器高压侧以外的装置及线路。

b. 水源：场外供水管道及装置，水源泵房，施工、生活区供水母管。

c. 施工道路：场外道路，施工、生活区的建筑、安装共用主干道路。

d. 通信：场外接至施工、生活区总机的通信线路。

② 临时设施费中不包括现场人员生活所用的水电费及物业管理、卫生清理等费用，该费用在企业管理费统筹考虑。

③ 临时设施费中已经包括工程完工后施工临时设施的拆除、清理费用。

④ 临时设施费中已经综合考虑了现场临时建筑及构筑物建设标准化并可多次使用、施工企业机械化水平和管理水平提高使现场人员大幅减少以及工期缩短等因素。

⑤ 对于永临结合的工程，其费用应列入建筑安装工程费用中。

临时设施费的费率见表1-7。

表1-7　临时设施费费率

工程类别		取费基数	地区及费率（%）				
			Ⅰ	Ⅱ	Ⅲ	Ⅳ	Ⅴ
变电站、换流站	建筑	直接工程费	1.70	2.05	2.35	2.48	2.65
	安装	定额直接费	4.97	5.67	5.89	7.25	7.81
架空输电线路		定额直接费	6.35	6.60	6.92	7.48	8.63
陆上电缆	安装	定额直接费	11.96	13.33	14.81	16.10	17.55
海底电缆	安装	定额直接费	0.50				
通信工程	通信站建筑	直接工程费	1.92	2.31	2.65	2.81	2.94
	通信站安装	定额直接费	3.36	3.85	4.17	4.85	5.28
	光缆线路	定额直接费	5.59	6.45	6.87	7.35	8.21

6）施工机构迁移费

施工机构迁移费是指施工企业派遣施工队伍到所承建工程现场所发生的搬迁费用，其内容包括：职工调遣差旅费和调遣期间的工资，以及办公设备、工器具、家具、材料用品和施工机械等的搬迁费等。计算公式：

施工机构迁移费＝取费基数×费率

施工机构迁移费的费率见表1-8。

表1-8　施工机构迁移费费率

工程类别		取费基数	电压等级（kV）及费率（%）								
			110及以下	220	330	500	±750	1000	±500	±800	±1100
变电站、换流站	建筑	直接工程费	0.35	0.34	0.30	0.29	0.28	0.27	0.28	0.27	0.26
	安装	人工费	9.32	9.19	7.62	6.69	6.59	6.11	6.32	5.97	5.93
架空输电线路		人工费	2.36	2.24	1.88	1.70	1.61	1.50	1.78	1.48	1.46

续表

工程类别		取费基数	电压等级（kV）及费率（%）								
			110 及以下	220	330	500	±750	1000	±500	±800	±1100
陆上电缆	安装	人工费	1.64								
海底电缆	安装	定额直接费	2.02								
通信工程	通信站建筑	直接工程费	0.28								
	通信站安装	人工费	5.22								
	光缆线路	人工费	1.89								

7）安全文明施工费

安全文明施工费是指在工程项目施工期间，施工单位为保证安全施工、文明施工和保护现场内外环境等所发生的措施项目费用，其内容主要包括安全生产费用、文明施工费用和环境保护费用。计算公式为：

安全文明施工费＝直接工程费×费率

安全文明施工费的费率见表 1-9。

表 1-9　安全文明施工费费率

工程类别	变电站（kV）		换流站（kV）		架空输电线路（kV）				电缆输电线路	通信工程
	500 及以下	750 及以上	±500	±800、±1100	500 及以下	750 及以上	±500	±800、±1100		
费率（%）	2.93	2.85	2.86	2.83	2.93	2.88	2.95	2.91	3.25	2.93

注意：

① 现场正常的安全文明施工措施应该是在预算定额中包括的，但由于近年来文明施工程度的提高和安全措施的加强，定额中按照一般施工规范要求所考虑的费用已经不能满足实际需要，此处所列“安全文明施工措施补助费”是对定额相关内容的补差。

② 安全文明施工措施的涵盖范围具体见《电网工程建设预算编制规定与计算规定使用指南》（2013 版）。

③ 扩建工程施工时的停电措施费及施工安全特殊措施费用，应按照实际采取的措施项目，作为工程项目在“临时工程”项下计列。

2. 间接费

间接费是指建筑安装产品的生产过程中，为全工程项目服务而不直接消耗在特定产品对象上的费用。包括规费、企业管理费和施工企业配合调试费。

（1）规费

规费是指按照国家行政主管部门或省级有关权力部门规定必须缴纳并计入建筑安装工程造价的费用。包括社会保险费和住房公积金。其他应列入而未列入的规费，按实际发生计取。

1）社会保险费

社会保险费是指按照国家建立社会保障体系的有关要求，施工企业必须为职工缴纳的保险、保障费用，有养老保险费、失业保险费、医疗保险费、工伤保险费和生育保险费。计算公式为：

建筑工程社会保险费＝直接工程费×0.18×缴费费率

安装工程社会保险费＝人工费×1.30×缴费费率

架空输电线路工程社会保险费＝人工费×1.05×缴费费率

电缆输电线路及光缆线路工程社会保险费＝人工费×1.07×缴费费率

2）住房公积金

住房公积金是指企业按规定标准为职工缴纳的住房公积金，计算公式如下：

建筑工程住房公积金＝直接工程费×0.18×缴费费率

安装工程住房公积金＝人工费×1.30×缴费费率

架空输电线路工程住房公积金＝人工费×1.05×缴费费率

电缆输电线路及光缆线路工程住房公积金＝人工费×1.07×缴费费率

（2）企业管理费

企业管理费是指建筑安装施工企业组织施工生产和经营管理所发生的费用。其费用内容包括：

1）管理人员工资。包括管理人员的基本工资、工资性补贴、辅助工资、职工福利费、劳动保护费等。

2）办公经费。企业管理办公用品的文具、纸张、账表、印刷、邮电、通信、书报、会议、水电、燃气、集体取暖（包括现场临时宿舍取暖）、卫生保洁等费用。

3）差旅交通费。职工因公出差、调动工作的差旅费、住勤补助费，市内交通费和误餐补助费，职工探亲路费，劳动力招募费，职工离退休、退职一次性路费，工伤人员就医路费，管理用交通工具的租赁或使用费等。

4）固定资产使用费。管理和试验部门及附属生产单位使用的属于固定资产的房屋、设备仪器等的折旧、大修、维修或租赁费。

5）工具用具使用费。管理机构和人员使用的不属于固定资产的办公家具、工器具、交通工具和检验、试验、测绘、消防用具等的购置、维修、维护和摊销费。

6）劳动补贴费。由企业支付离退休职工的易地安家补助费、职工退职金，六个月以上的病假人员工资，按规定支付给离休干部的各项经费。

7）工会经费。根据国家行政主管部门有关规定，企业按照职工工资总额计提的工会经费。

8）职工教育经费。为保证职工学习先进技术和提高文化水平，根据国家行政主管部门有关规定，施工企业按照职工工资总额计提的职工教育培训费用。

9）危险作业意外伤害保险费。按照建筑法规定，施工企业从事危险作业的建筑安装施工人员缴纳的意外伤害保险费。

10）财产保险费。施工管理用财产、车辆的保险费用。

11）财务费。企业为施工生产筹集资金或提供预付款担保、履约担保、职工工资支付担保等所发生的费用。

12）税金。企业按规定缴纳的城市维护建设税、教育费附加、地方教育附加、房产税、土地使用税、印花税和办公车辆的车船税费等。

13）其他。投标费、技术开发费、技术转让费、工程排污费，建筑工程定点复测、施工期间沉降观测、施工期间工程二级测量网维护、工程点交、场地清理费，材料检验试验费，业务招待费，施工场地绿化，广告费，公证费，法律顾问费，咨询费，未移交的工程看护费及竣工清理费等。企业管理费的费率见表1-10。

表1-10　企业管理费费率

工程类别	变电站、换流站		架空输电线路	电缆输电线路	通信工程		
	建筑	安装		安装	通信站建筑	通信站安装	光缆线路
取费基数	直接工程费	人工费	人工费	人工费	直接工程费	人工费	人工费
费率（%）	7.75	59.69	35.76	38.25	7.67	56.75	19.63

（3）施工企业配合调试费

施工企业配合调试费是指在工程整套启动试运阶段，施工企业安装专业配合调试所发生的费用。

建筑工程及分系统调试、整套启动调试、特殊调试不计取本费用，亦不作为本费用的取费基数。计算公式如下：

施工企业配合调试费＝定额直接费×费率

施工企业配合调试费的费率见表 1-11。

表 1-11　施工企业配合调试费费率

工程类别	电压等级（kV）及费率（%）								
	110 及以下	220	330	500	750	1000	±500	±800	±1100
变电站、换流站	1.85	2.16	2.97	3.71	4.74	6.12	4.32	5.23	5.12
架空输电线路	1.06			0.78		0.52	0.85	0.55	0.51

注意：

1）35kV 及以下架空线路工程不列此项费用。

2）电缆输电线路工程、通信工程不列此项费用。

3. 利润

利润是指施工企业完成所承包工程所获得的盈利。在施工投标时可作为竞争性费用，由参与投标的施工企业根据自身情况调整其利润率。其公式费：

利润＝（直接费＋间接费）×利润率

利润率见表 1-12。

表 1-12　利润率

工程类别	变电站、换流站		输电线路	通信工程
	建筑	安装		
利润率（%）	5	6	5	5

4. 大型土石方综合费率

电网工程的大型土石方工程取费实行综合费率（含措施费、间接费、利润）。大型土石方工程是指土石方开挖与回填量大于 1 万 m^3 的独立土石方工程。计算公式如下：

变电工程综合取费费用额＝直接工程费×16.59%

输电线路工程综合取费费用额＝直接工程费×17.79%

5. 编制基准期价差

编制基准期价差是指建设预算编制基准期价格水平与电力行业定额（造价）管理部门规定的价格水平之间的差额。根据电力行业定额（造价）管理机构规定计算。

6. 税金

计算公式：

税金＝（直接费＋间接费＋利润＋编制基准期价差）×税率

税率按照国家税务相关政策规定执行。

（二）设备购置费

设备购置费是指电网工程中，为项目建设而购置或自制各种设备，并将设备运至施工现场指定位置所支出的费用。设备购置费包括设备费和设备运杂费。

1. 设备费

设备费是指按照设备供货价格购买设备所支付的费用（包括包装费）。自制设备按照供货价格购买此设备计算。

2. 设备运杂费

设备运杂费是指设备自供货地点（生产厂家、交货货站或供货商的储备仓库）运至施工现场指定位置所发生的费用，其内容包括：设备的上、下站费，运输费、运输保险费、采购费、供应服务费、仓储费及保管费。计算公式为：

设备运杂费＝设备费×设备运杂费率

设备运杂费率＝铁路、水路运杂费率＋公路运杂费率

（1）铁路、水路运杂费率

1）主设备（主变压器、换流变压器、高压电抗器及平波电抗器、组合电器）铁路、水路运杂费率：运距100km以内费率为1.5%；超过100km时，每增加50km费率增加0.08%；不足50km按50km计取。

2）其他设备铁路、水路运杂费费率具体见《预规》。

（2）公路运杂费费率

公路运输的运距在50km以内费率为1.06%；运距超过50km时，每增加50km费率增加0.35%；运距不足50km按50km计取。

（3）其他说明

供货商直接供货到现场的，计取卸车费及保管费时，主设备按设备费的0.5%计算，其他设备按设备费的0.7%计算。

（三）工程建设其他费用

其他费用是指为完成工程项目建设所必需的不属于建筑工程费、安装工程费、设备购置费、基本预备费的其他相关费用。包含建设场地征用及清理费、项目建设管理费、项目建设技术服务费、生产准备费、大件运输措施费、专业爆破服务费等。

1. 建设场地征用及清理费

建设场地征用及清理费是指为获得工程建设所必需的场地，并使之达到施工所需的正常条件和环境而发生的有关费用。包含土地征用费、施工场地租用费、迁移补偿费、余物清理费、输电线路走廊清理费、输电线路跨越补偿费、通信设施防送电线路干扰措施费、水土保持补偿费。

2. 项目建设管理费

项目建设管理费是指建设项目经国家行政主管部门核准后，自核准至竣工验收合格并移交生产的合理建设期内对工程进行组织、管理、协调、监督等工作所发生的费用。包含项目法人管理费、招标费、工程监理费、设备材料监造费、施工过程造价咨询及竣工结算审核费和工程保险费。

（1）项目法人管理费

项目法人管理费是指项目管理机构在项目管理工作中发生的机构开办费及日常管理性费用。其内容包括：

① 项目管理机构开办费：包括相关手续的申办费，项目管理人员临时办公场所建设、维护、拆除、清理或租赁费用，必要办公家具、生活家具、办公用品和交通工具的购置或租赁费用。

② 项目管理工作经费：包括工作人员的基本工资、工资性补贴、辅助工资、职工福利费、劳动保护费、社会保险费、住房公积金；采暖及防暑降温费、日常办公费用、差旅交通费、技术图书资料费、教育及工会经费；固定资产使用费、工具用具使用费、水电费；工程档案管理费；合同订立与公证费、法律顾问费、咨询费、工程信息化管理费、工程审计费；工程会议费、业务接待费；消防治安费、设备材料的催交、验货费，印花税、房产税、车船税费、车辆保险费；建设项目劳动安全验收评价费、工程竣工交付使用的清理费及验收费等。

计算公式为：

项目法人管理费＝取费基数×费率

项目法人管理费的费率见表1-13。

表 1-13 项目法人管理费费率

工程类别	取费基数	电压等级（kV）及费率（%）							
		220 及以下	330	500	750	1000	±500	±800	±1100
变电站、换流站	建筑工程费＋安装工程费	3.73	3.24	2.63	2.36	2.19	2.56	2.15	1.98
架空输电线路	安装工程费	1.17		0.95		0.81	1.05	0.94	0.92
电缆输电线路	建筑工程费＋安装工程费	3.35							
通信工程	建筑工程费＋安装工程费＋设备购置费	1.43							

注意：

① 关于工程审计，按照谁委托谁付费的原则处理。如果是国家审计，费用由国家审计部门负担；如果是项目上级主管部门委托，费用由上级主管部门负担；如果是项目法人委托审计，其费用在项目法人管理费中考虑。

② 在电网工程项目中，设备材料的合同签订、催交验货、现场开箱检查等工作一般由项目法人单位的物资部门负责管理服务，其费用应视其工作内容在相应费用项目下支付。设备材料的招标、订货、合同签订服务费用由招标费用中考虑；催交验货服务费用由项目管理费用中考虑；现场开箱检查费用由采购保管费用（包括在材料预算价格中）中考虑。但如果是项目法人与物资部门签订的是供货合同，物资部门作为供货代理商赚取设备材料差价时，其所有费用均包括在设备材料价格中，不应另行计费。

③ 关于工程的达标评优费用：按照正常的施工验收规程、规范，竣工工程必须为达标工程，不另计费用。如果需要评优，按照谁主张谁负担的原则，如果是施工企业主张的，费用在施工企业管理费中列支；如果是建设项目法人主张的，费用在项目法人管理费中列支。

（2）招标费

招标费是指按招标投标法及有关规定开展招标工作，自行组织或委托具有资格的机构编制审查技术规范书、最高投标限价、标底、工程量清单等招标文件的前置文件，以及委托招标代理机构进行招标所需要的费用。技术规范书、最高投标限价、标底、工程量清单的编制审查费用按照相关计费标准在本费用中支付。招标文件的编制审查费用及招标、评标过程发生的费用包括在招标代理服务费中，招标代理服务费按照相关计费标准在本费用中支付。计算公式为：

招标费＝取费基数×费率

招标费的费率见表 1-14。

表 1-14 招标费费率

工程类别	取费基数	电压等级（kV）及费率（%）						
		220 及以下	330、500	750	1000	±500	±800	±1100
变电站、换流站	建筑工程费＋安装工程费	2.29	1.75	1.55	1.43	1.58	1.39	1.22
架空输电线路	安装工程费	0.28	0.16		0.15	0.21	0.16	0.14
电缆输电线路	建筑工程费＋安装工程费	1.24						
通信工程	建筑工程费＋安装工程费＋设备购置费	0.34						

注：架空交流输电线路长度超过 300km 时，超过部分乘以 0.8 系数；架空直流输电线路长度超过 1500km 时，超过部分乘以 0.8 系数。

（3）工程监理费

工程监理费是指依据国家有关规定和规程规范要求，项目法人委托工程监理机构对建筑项目全过程实施监理所支付的费用，包括环境监理和水土保持监理所发生的费用。计算公式为：

变电站、换流站、电缆输电线路、通信工程监理费=取费基数×费率

工程监理费的费率见表 1-15 和表 1-16。

表 1-15　变电站、换流站、电缆输电线路、通信工程监理费费率

工程类别	取费基数	电压等级（kV）及费率（%）									
		35	110	220	330	500	750	1000	±500	±800	±1100
变电站、换流站	建筑工程费+安装工程费	7.75	6.15	4.46	4.10	3.32	2.83	2.53	2.92	2.51	2.49
电缆线路	建筑工程费+安装工程费	3.10									
系统通信	建筑工程费+安装工程费+设备购置费	1.54									

注：35kV 及以上箱式变电站按每站 1.5 万～3.5 万元计列。

表 1-16　架空输电线路工程监理费计算规定

工程类别	电压等级（kV）及费用（万元/km）									
	35	110	220	330	500	750	1000	±500	±800	±1100
单回路	0.83	0.92	1.48	1.85	2.32	2.83	3.17	2.12	2.65	2.92
同杆（塔）双回	0.98	1.16	1.85	2.29	3.06	3.72	4.18			

注：1. 线路长度不足 8km 的按 8km 计算；
2. 费用按平地，丘陵地形考虑，河网泥沼、沙漠、一般山地乘以 1.1 系数，高山乘以 1.2 系数，峻岭乘以 1.3 系数；
3. 大跨越工程，按安装工程费的 2.55%计算；
4. 穿越城区的电网工程，可根据施工难度乘以 1.1～1.2 系数；
5. 高海拔地区、酷热地区乘以 1.1～1.3 系数；
6. 架空交流输电线路长度超过 300km 时，超过部分乘以 0.8 系数；架空直流输电线路长度超过 1500km 时，超过部分乘以 0.8 系数。

（4）设备材料监造费

设备材料监造费是为保证工程建设所需设备的质量，按照国家行政主管部门公布的设备材料监造（监制）管理办法的要求，项目法人或委托具有相关资质的机构在主要设备材料的制造、生产期间对原材料质量以及生产、检验环节进行必要的见证、监督所发生的费用。设备材料监造费的费率见表 1-17。计算公式为：

设备材料监造费=设备购置费×费率

表 1-17　设备材料监造费费率

工程类别	电压等级（kV）及费率（%）						
变电站、换流站	220 及以下	330、500	750	1000	±500	±800	±1100
	0.87	0.70	0.46	0.44	0.48	0.40	0.38
电缆输电线路（220kV 及以上）	0.42						

（5）施工过程造价咨询及竣工结算审核费

施工过程造价咨询及竣工结算审核费是指依据国家有关法律、法规，根据工程合同和建设资料，项目法人单位组织工程造价专业人员或委托具有相关资质的工程造价咨询机构，自工程开工至竣工开展的施工过程造价咨询以及工程竣工结算审核所发生的费用。工程结算审核费的费率见表 1-18。计算公式为：

施工过程造价咨询及竣工结算审核费=取费技术×费率

表 1-18　施工过程造价咨询及竣工结算审核费费率

工程类别	取费基数	电压等级（kV）及费率（%）			
		220 及以下	330、500、750 及±500	1000	±800、±1100
变电站、换流站	建筑工程费＋安装工程费	0.88	0.75	0.56	0.41
架空输电线路	安装工程费	0.47	0.40	0.32	0.35
陆上电缆	建筑工程费＋安装工程费	0.46			
海底电缆		0.40			

注：1. 如只开展工程竣工结算审核工作，按本费率乘以 0.75 系数。

2. 架空交流输电线路长度超过 300km 时，超过部分乘以 0.8 系数；架空直流输电线路长度超过 1500km 时，超过部分乘以 0.8 系数。

3. 费用计算低于 3000 元时，按 3000 元计列。

（6）工程保险费

工程保险费是指项目法人对项目建设过程中可能造成工程财产、安全等直接或间接损失的要素进行保险所支付的费用。

3. 项目建设技术服务费

项目建设技术服务费是指委托具有相关资质的机构或企业为工程建设提供技术服务和技术支持所发生的费用。包含项目前期工作费、知识产权转让与研究试验费、勘察设计费、设计文件评审费、项目后评价费、工程建设检测费、电力工程技术经济标准编制费。

（1）项目前期工程费

项目前期工程费是指项目法人在前期阶段进行分析论证、预可行性研究、可行性研究、规划选址或选线、方案设计、评审评价，取得政府行政主管部门核准所发生的费用，以及项目核准后尚未完成的项目前期工作费用。包括进行项目可行性研究设计、规划选址论证、用地预审论证、环境影响评价、劳动安全卫生预评价、地质灾害评价、地震灾害评价、水土保持方案编审、矿产压覆评估、林业规划勘测、文物普探、社会稳定风险评估、生态环境专题评估、防洪影响评价、航道通航条件评估等各项工作所发生的费用，分摊在本工程中的电力系统规划设计咨询费与文件评审费，以及开展项目前期工作所发生的管理费用等。

（2）知识产权转让与研究试验费

知识产权转让费是指项目法人在本工程中使用专项研究成果、先进技术所支付的一次性转让费用；研究试验费是指为本建设项目提供或验证设计数据进行必要的研究试验所发生的费用，以及设计规定的施工过程中必须进行的研究试验所发生的费用。不包括以下费用：

① 应该由科技三项费用（即新产品试制费、中间试验费和重要科学研究补助费）开支的项目。

② 应该由管理费开支的鉴定、检查和试验费。

③ 应该由勘察设计费开支的项目。

（3）勘察设计费

勘察设计费是指对工程建设项目进行勘察设计所发生的费用，包括项目的各项勘探、勘察费用，初步设计费、施工图设计费、竣工图文件编制费，施工图预算编制费，以及设计代表的现场技术服务费。按其内容分为勘察费和设计费。

1）勘察费

工程勘察是指项目法人委托有资质的勘察机构按照勘察设计规范要求，对项目进行工程勘察作业以及编制相关勘察文件和岩土工程设计文件等所支付的费用。

2）设计费

设计费是指项目法人委托有资质的设计机构按照工程设计规范要求，编制建设项目初步设计文件、施工图设计文件、施工图预算、非标准设备设计文件、竣工图文件等，以及设计代表进行现场技术服务所支付的费用。

(4) 设计文件评审费

设计文件评审费是指项目法人根据国家及行业有关规定，对工程项目的设计文件进行评审所发生的费用。包括可行性研究设计文件评审费、初步设计文件评审费和施工图文件审查费。

1) 可行性研究文件评审费

可行性研究文件评审费是指项目法人委托有资质的评审机构，依据法律、法规和相关规定，从政策、规划、技术和经济等方面对工程项目的必要性和可行性进行全面评审并提出可行性评审报告所发生的费用。具体计算见《电网工程建设预算编制与计算规定使用指南》(2013 版)。

2) 初步设计文件评审费

初步设计文件评审费是指项目法人委托有资质的咨询机构依据法律、法规和相关标准，对初步设计方案的安全性、可靠性、先进性和经济性进行全面评审并提出评审报告所发生的费用。具体计算见《电网工程建设预算编制与计算规定使用指南》(2013 版)。

3) 施工图文件审查费

施工图文件评审费是项目法人委托有资质的咨询机构依据法律、法规和标准，对施工图涉及公共利益、公众安全和工程建设强制性标准的内容进行审查，以及对初步设计原则落实情况、项目法人相关规定执行情况、施工图图纸检查、施工图预算文件等方面进行评审并提出评审报告所发生的费用。具体计算见《电网工程建设预算编制与计算规定使用指南》(2013 版)。

(5) 项目后评价费

项目后评价费是指根据国家行政主管部门的有关规定，项目法人为了对项目决策提供科学、可靠的依据，指导、改进项目管理，提高投资效益，同时为投资决策提供参考依据，完善相关政策，在建设项目竣工交付生产一段时间后，对项目立项决策、实施准备、建设实施和生产运营全过程的技术经济水平和产生的相关效益、效果、影响等进行系统性评价所支出的费用。项目后评价费的费率见表 1-19。

表 1-19 项目后评价费费率

工程类别	取费基数	电压等级 (kV) 及费率 (%)						
		220 及以下	330、500	750	1000	±500	±800	±1100
输变电	建筑工程费+安装工程费	0.5	0.35	0.20	0.18	0.15	0.11	0.10

注：1. 架空交流输电线路长度超过 300km 时，超过部分乘以 0.8 系数；架空直流输电线路长度超过 1500km 时，超过部分乘以 0.8 系数。

2. 单项输变电工程，建筑工程费+安装工程费低于 2000 万元，取费基数取 2000 万元。

(6) 工程建设检测费

工程建设检测费是指根据国家行政主管部门及电力行业的有关规定，对工程质量、环境保护、水土保持设施、特种设备（消防、电梯、压力容器等）安装进行监测、检验、检测所发生的费用。包括电力工程质量检测费、特种设备安全监测费、环境监测及环境保护验收费、水土保持监测及验收费、桩基检测费等。

1) 电力工程质量检测费

电力工程质量检测费是指根据电力行业有关规定，由国家行政主管部门授权的电力工程质量监督检测机构对工程建设质量进行抽查验证和质量检测、检验所发生的费用。

2) 特种设备安全监测费

特种设备安全监测费是指根据国务院《特种设备安全监察条例》规定，委托特种设备检验检测机构对工程所安装的特种设备（包括消防、电梯、压力容器等）进行检验、检测所发生的费用。

3）环境监测及环境保护验收费

环境监测及环境保护验收费是指依据环境保护有关法律、法规、规章、标准和规范性文件，以及环境影响报告书等，对环境进行监测、分析和评价，以及对项目配套的环境保护设施、措施进行验收，编制监测及验收报告，公开相关信息所发生的费用。

4）水土保持监测及验收费

水土保持监测及验收费是依据水土保持有关法律、法规和规章、标准和规范性文件，以及水土保持方案等，对建设项目扰动土地情况、取土（石、料）弃土（石渣）情况、水土流失情况进行监测，以及对建设项目水土保持设施、措施进行验收，编制监测及验收报告，公开相关信息所发生的费用。

5）桩基检测费

桩基检测费是指项目法人根据工程需要，对特殊地质条件下使用的桩基进行检测所发生的费用。

（7）电力工程技术经济标准编制费

电力工程技术经济标准编制费是指根据国家行政主管部门授权编制电力工程计价依据、标准、规范和规程等所发生的费用。

4. 生产准备费

生产准备费是指为保证工程竣工验收合格后能够正常投产运行提供技术保证和资源配备所发生的费用。包括管理车辆购置费、工器具及办公家具购置费、生产职工培训及提前进场费。计算公式为：

生产准备费＝管理车辆购置费＋工器具及办公家具购置费＋生产职工培训及提前进场费

（1）管理车辆购置费

管理车辆购置费是指生产运行单位进行生产管理必须配备车辆的购置费用，费用内容包括：车辆原价、购置税费、运杂费、车辆附加费等。管理车辆购置费的费率见表1-20。

表1-20　管理车辆购置费费率

<table>
<tr><th rowspan="2">工程类别</th><th rowspan="2">取费基数</th><th colspan="9">电压等级（kV）及费率（%）</th></tr>
<tr><th>110及以下</th><th>220</th><th>330</th><th>500</th><th>750</th><th>1000</th><th>±500</th><th>±800</th><th>±1100</th></tr>
<tr><td>变电站、换流站</td><td>设备购置费</td><td>0.45</td><td>0.37</td><td>0.3</td><td>0.22</td><td>0.16</td><td>0.11</td><td>0.15</td><td>0.10</td><td>0.09</td></tr>
<tr><td>架空输电线路</td><td>安装工程费</td><td colspan="2">0.25</td><td colspan="3">0.20</td><td>0.14</td><td>0.17</td><td>0.15</td><td>0.13</td></tr>
<tr><td>电缆输电线路</td><td>设备购置费</td><td colspan="9">0.75</td></tr>
<tr><td>通信工程</td><td>安装工程费＋设备购置费</td><td colspan="9">0.32</td></tr>
</table>

注：如果管理车辆有项目法人单位统一配置，并且不在工程项目中分摊相关费用时，本项费用不计。

（2）工器具及办公家具购置费

工器具及办公家具购置费是指为满足电力工程投资初期生产、生活和管理需要，购置必要的家具、用具、标志牌、警示牌、标志桩等发生的费用。工器具及办公家具购置费的费率见表1-21。

表1-21　工器具及办公家具购置费的费率

<table>
<tr><th colspan="2" rowspan="2">工程类别</th><th rowspan="2">取费基数</th><th colspan="9">电压等级（kV）及费率（%）</th></tr>
<tr><th>110及以下</th><th>220</th><th>330</th><th>500</th><th>750</th><th>1000</th><th>±500</th><th>±800</th><th>±1100</th></tr>
<tr><td rowspan="2">变电站、换流站</td><td>新建</td><td rowspan="2">建筑工程费＋安装工程费</td><td>1.35</td><td>1.20</td><td>1.18</td><td>1.05</td><td>0.85</td><td>0.78</td><td>0.91</td><td>0.72</td><td>0.7</td></tr>
<tr><td>扩建</td><td>1.14</td><td>1.02</td><td>1.01</td><td>0.89</td><td>0.72</td><td>0.65</td><td>0.76</td><td>0.60</td><td>0.58</td></tr>
<tr><td colspan="2">架空输电线路</td><td>安装工程费</td><td colspan="2">0.21</td><td colspan="2">0.15</td><td>0.11</td><td>0.07</td><td>0.12</td><td>0.08</td><td>0.07</td></tr>
<tr><td colspan="2">电缆输电线路</td><td>建筑工程费＋安装工程费</td><td colspan="9">1.07</td></tr>
<tr><td colspan="2">通信工程</td><td>安装工程费＋设备购置费</td><td colspan="9">0.40</td></tr>
</table>

注：无人值守变电站费率乘以0.8系数。

（3）生产职工培训及提前进场费

生产职工培训及提前进场费是指为保证电力工程正常投产运行，对生产和管理人员进行培训以及提前进场进行生产准备所发生的费用。生产职工培训及提前进场费的费率见表 1-22。

表 1-22　生产职工培训及提前进场费的费率

工程类别	取费基数	电压等级（kV）及费率（%）								
		110 及以下	220	330	500	750	1000	±500	±800	±1100
变电工程	建筑工程费＋安装工程费	0.70	0.60	0.50	0.43	0.37	0.31	0.39	0.29	0.28
架空线路工程	安装工程费	0.1		0.08		0.06	0.04	0.07	0.05	0.04

注：无人值守变电站、变电站扩建工程、通信工程用变电站费率乘以 0.5 系数，电缆输电线路用架空输电线路费率乘以 0.5 系数。

5. 大件运输措施费

大件运输措施费是指超限的大型电力设备在运输过程中发生的路、桥加固、改造，以及障碍物迁移等措施费用。按照实际运输条件及运输方案计算。

6. 基本预备费

基本预备费是指为因设计变更（含施工过程中工程量增减、设备改型、材料代用）而增加的费用，一般自然灾害可能造成的损失和预防自然灾害所采取的临时措施费用，以及其他不确定因素可能造成的损失而预留的工程建设资金。基本预备费费率见表 1-23，计算公式为：

基本预备费＝（建筑工程费＋安装工程费＋设备购置费＋其他费用）×费率

表 1-23　基本预备费的费率

设计阶段	可行性研究投资估算	初步设计概算	施工图预算
费率（%）	2	1.5	1

（四）动态费用

动态费用是指对构成工程造价的各要素在建设预算编制基准期至竣工验收期间，因时间和市场价格变化所引起价格增长和资金成本增加所发生的费用，主要包括价差预备费和建设期贷款利息。

1. 价差预备费

价差预备费是指建设工程项目在建设期间由于价格等变化引起工程造价变化的预测预留费用。计算公式为：

$$C=\sum_{i=1}^{n_2}F_i[(1+\mathrm{e})^{n_1+i-1}-1]$$

式中　C——价差预备费；

e——年度造价上涨指数；

n_1——建设预算编制年至工程开工年时间间隔（年）；

n_2——工程建设周期（年）；

i——从开工年开始的第 i 年；

F_i——第 i 年投入的工程建设资金。

年度造价上涨指数依据国务院综合管理部门及电力行业主管部门颁布的有关规定执行。

2. 建设期贷款利息

建设期贷款利息是指筹措债务资金时在建设期内发生并按照规定允许在投产后计入固定资产原值的利息。计算公式为：

建设期贷款利息＝（年初借款本息累计＋本年贷款/2）×年利率

三、电网工程计价模式

目前我国电网工程计价模式有定额计价模式和工程量清单计价模式。

（一）定额计价

定额计价模式即采用经国家有关主管部门批准颁布实施的工程定额（估算指标、概算定额、预算定额）进行分部组合计价的方法，也就是通常所说的“定额计价法”。定额计价法是将一个单位工程的各分部分项工程按所采用的施工定额、预算定额的定额子项进行分解，计算出人、材、机消耗量，再按单价估算表或市场价或有关部门公布信息价计算出施工图预算。定额计价模式是根据定额中规定的工程量计算规则、定额单价计算直接工程费（即人、材、机费用），再根据电力行业《电网工程建设预算编制及计算标准》的有关规定，分别计算措施费、企业管理费、规费、税金等费用，最后汇总得出总工程造价。这是我国传统的工程造价计价方法，也是相对于工程量清单计价的一种工程造价计价模式。架空线路工程的主要定额计量工程有工地运输、土石方工程、基础工程、杆塔工程、架线工程、附件安装、电缆工程及电缆排管工程等。

工程定额计价是我国长期以来在工程价格形成中采用的主要计价模式，是国家通过颁布统一的估价指标、概算定额、预算定额和相应的费用定额，对建筑安全产品价格有计划进行管理的一种方式。定额是科学管理的基础，也是现代管理科学中的重要内容和基本环节。定额为生产者和经营管理者提供了评价劳动成果和经济效益的标准尺度，对实现生产要素的合理配置，降低劳动消耗、提高劳动生产率起到重要的作用。

所谓定额计价模式即采用经国家有关主管部门批准颁布实施的工程定额（估算指标、概算定额、预算定额）进行分部组合计价的方法，也就是通常所说的“定额计价法”。

（1）直接工程费单价。如果分部分项工程单位价格仅考虑人工、材料、机械生产要素的消耗量和价格形式，即单位价格＝∑（分部分项工程的单位生产要素消耗量×生产要素价格），该单位价格是直接工程费单价。

分部分项工程的单位生产要素消耗量的数据经过长期的收集、整理和积累形成了工程建设定额，它是工程造价计价的重要依据。工程建设定额消耗量包括人工消耗量、各种材料消耗量、各类机械台班消耗量，与劳动生产率、社会生产水平、技术和管理水平密切相关。一般业主工程造价计价的定额反映的是社会平均生产力水平，而工程项目承包方进行计价的定额反映的是该企业技术和管理水平。生产要素的价格是某一时间点上的人、材、机单价，是影响工程造价的关键因素，反映出不同的管理水平。在同一时期内，人工、材料、机械台班单价高，则表明该企业的管理技术水平低；人工、材料、机械台班单价低，则表明该企业的管理技术水平高。在市场经济体制下，工程计价时采用的生产要素的价格应该是市场价格。

（2）原理。定额计价是在计价中以定额为依据，按定额规定的分部分项子目，逐项计算工程量，套用定额单价确定直接费，然后按规定取费标准确定构成工程价格的其他费用和利税，获得建筑安装工程造价。建设工程概预算书就是根据不同设计阶段设计图纸和国家规定的定额、指标及各项费用取费标准等资料，预先计算的工程的投资额的技术经济文件。由建设工程概预算书确定每一个建设项目的建设费用。电网工程造价定额计价程序如图 1-5 所示。

从上述定额计价的程序示意图中可以看出，编制建设工程造价最基本的程序有两个：工程量计算和工程计价。为统一尺度，工程量的计算均按照统一的项目划分和工程量计算规则计算。工程量确定以后，就可以按照一定的方法计算出工程的成本和盈利，最终确定出工程概预算造价（或投标报价）。定额计价方法的特点就是量与价的结合问题。概预算单位价格的形成过程，就是依据概预算定额所确定的消耗量乘以定额单价或市场价，经过不同层次的计算达到量与价的最优结合过程。

可以用公式来进一步表明确定建筑产品价格定额计价的基本方法和程序。

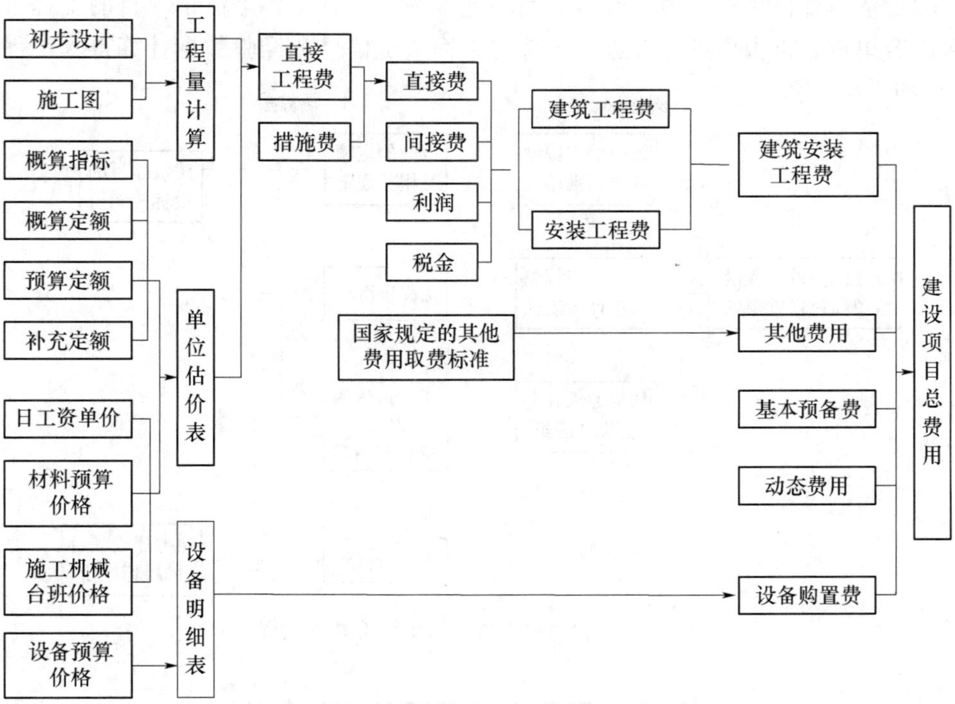

图 1-5　工程造价定额计价程序

1）每一计量单位建筑产品的基本构造要素（假定建筑产品）直接工程费＝人工费＋材料费＋施工机械使用费

其中：人工费＝∑（人工工日天数×人工日工资标准）

材料费＝∑（材料消耗量×材料预算单价）

机械使用费＝∑（机械台班用量×台班单价）

2）单位工程直接费＝∑（单位工程工程量×直接工程费单价）＋措施费

3）单位工程概预算造价＝直接费＋间接费＋利润＋编制基准期价差＋税金

其中：间接费＝规费＋企业管理费＋施工企业配合调试费

4）单项工程概预算造价＝∑单位工程造价＋设备购置费

5）建设项目概预算造价＝∑单项工程造价＋其他费用＋动态费用

其中，措施费、间接费、利润与税金按照规定的标准，一般以计费的方式计算。取费基数可以是直接工程费或人工费。

（二）工程量清单计价

工程量清单计价方法，亦称综合单价法，是在建设工程招投标中，招标人自行或委托具有资质的中介机构编制反映工程实体消耗和措施性消耗的工程量清单，并作为招标文件的一部分提供给投标人，由投标人依据工程量清单采用自主报价的计价方式。在工程招标中采用工程量清单计价是国际上较为通行的做法。根据我国现行有关规定，综合单价又可分为清单综合单价（不完全综合单价）与全费用综合单价（完全综合单价）两种。清单综合单价中除包括人、材、机外，还包括企业管理费、利润和风险因素；全费用综合单价中除包括人、材、机外，还包括企业管理费、利润、措施费、规费和税金。《电力建设工程工程量清单计价规范》（DL/T 5745—2016）中规定，分部分项工程、措施项目和其他项目清单必须采用全费用综合单价计价。

（1）全费用综合单价。是指完成一个规定清单项目所需的人工费、材料费（不含甲供材）、施工机械使用费和措施费、企业管理费、规费、利润、税金以及约定范围内的风险费用。

（2）原理。电力工程工程量清单计价的基本过程可以描述为：在统一的工程量清单项目设置的基础上，制定工程量清单计价规则，根据具体工程的施工图纸计算出各个清单项目的工程量，根据现行计价规范计算综合单价，再根据各种渠道所获得的工程造价信息和经验数据计算得到工程造价，基本过程如图 1-6～图 1-8 所示。

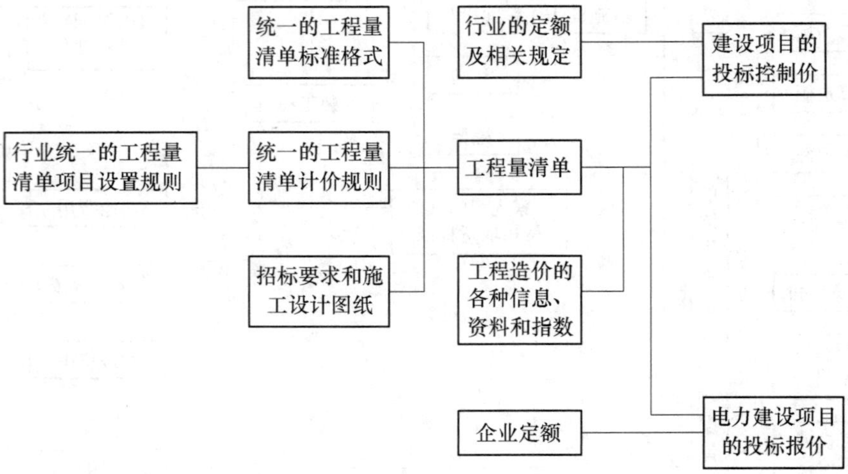

图 1-6　工程造价工程量清单计价基本过程

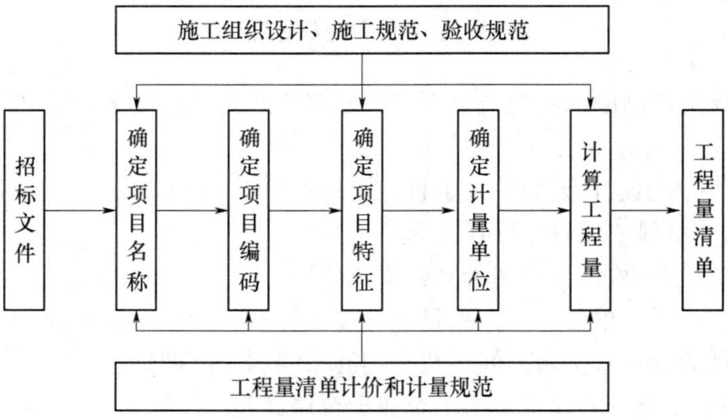

图 1-7　工程量清单编制程序

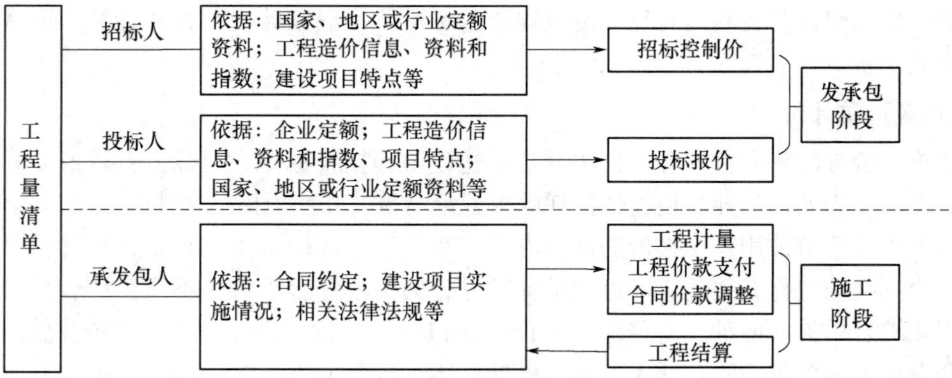

图 1-8　工程量清单的应用程序

从工程量清单编制和计价程序中可以看出，其编制过程可以分为两个阶段：工程量清单的编制和利用工程量清单来编制投标报价（或招标控制价）。可以利用公式表明确定电力建设工程价格清单计价的基本方法和程序：

1）分部分项工程费＝∑分部分项工程量×相应分部分项综合单价

2）措施项目费＝∑各措施项目费

其中每项措施项目费均为合价，可以用综合单价形式计算时，其构成与分部分项工程单价构成类似。

3）电力单位工程报价＝分部分项工程费＋措施项目费＋其他项目费＋规费项目＋税金项目

其他项目费包括暂列金额、暂估价、计日工、总承包服务费等。

4）电力单项工程报价＝∑单位工程报价

5）电力建设项目总报价＝∑单项工程报价

四、电网工程计价依据

工程造价的计价依据是指用以计算工程造价的基础资料的总称，是进行工程造价科学管理的基础。主要包括：

1. 行业定额

（1）电力工程建设预算定额（2018）

（2）电力工程建设概算定额（2018）

（3）20kV 及以下配电网工程预算定额（2016 版）

（4）电网技术改造工程预（概）算定额（2015 版）

（5）电网拆除工程预算定额（2015 版）

（6）电网检修工程预算定额（2015 版）

（7）2015 版技改、检修、拆除预（概）算定额估价表（2016.11）

（8）西藏地区电网工程计价体系（概算、预算定额、预规及材料）（2013 版）及 2016 估价表

2. 电力行业预算编制与管理规定

（1）《电网工程建设预算编制与计算规定（2018）》

（2）《20kV 及以下配电网工程定额和费用计算规定（2016）》

（3）《电网技术改造工程预算编制与计算规定（2015 年版）》

（4）《电网检修工程预算编制与计算规定（2015 年版）》

3. 电力行业工程量清单规范

（1）《变电工程工程量计算规范》（Q/GDW 11338—2014）

（2）《输变电工程工程量清单计价规范》（Q/GDW 11337—2014）

（3）《输电线路工程工程量计算规范》（Q/GDW 11339—2014）

（4）《电力建设工程工程量清单计价规范》（DL/T 5745—2016）

（5）《电力建设工程工程量清单计算规范 变电工程》（DL/T 5341—2016）

（6）《电力建设工程量清单计算规范 输电线路工程》（DL/T5205—2016）

4. 电力行业材料价格

（1）《电力建设工程装置性材料预算价格（2018 年版）》

（2）《电力建设工程装置性材料综合预算价格（2018 年版）》

五、电网工程预算文件编制

（一）工程建设预算文件编制流程及要求

1. 编制流程

电力工程建设预算是项目管理的重要内容，也是各阶段设计文件的重要组成部分，它包括可行性研究阶段编制投资估算和财务评价，初步设计阶段编制初步设计概算，施工图设计阶段编制施工图预算。无论是概算还是预算，其编制的工程单元起点都是单位工程。然后由单位工程预算表组成为本体工程预算，最终汇总为总预算书，预算文件形成流程如图 1-9 所示。

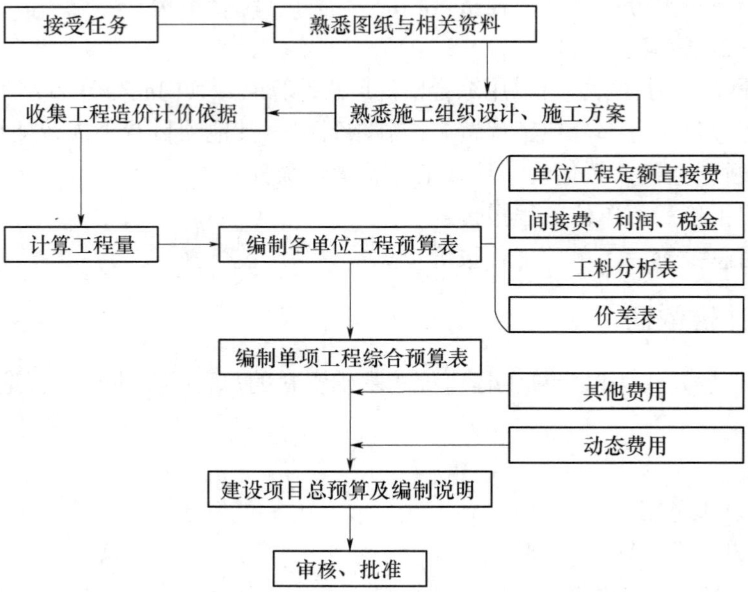

图 1-9　预算文件编制流程

2. 编制要求

电力工程建设预算必须履行编制、校核、审核和批准程序，各级编制、校核、审核和批准人员必须在正式的建设预算书上签字并加盖电力工程造价师专用章。

如果一个建设项目的建设预算由两个或两个以上单位编制时，主体编制单位应负责协调编制范围、价格水平，并负责编制总建设预算书，各编制单位应及时协调，避免漏项和重复编制。

编制建设预算时，工程量的计算应根据定额（指标）所规定的工程量计算规则，按照设计图纸标示数据计算。如果图纸的设备材料汇总统计表中的数据与图示数据不一致时，应以图示数据为准。

建设预算的取费计算标准应该与所采用的定额或指标相匹配。涉及铁路、公路、邮电通信及航运的，应按照相关行业部门颁发的规定计算。在编制建设预算时，根据具体工程情况或应项目法人要求对其中部分费用进行调整或作补充的，编制单位应编写具体说明，并提供调整的充分依据。

输电线路工程建设预算的取费计算可以采用单位工程逐项取费方式。

（二）电网工程概预算内容

1. 组成

电网工程概预算书组成应按《预算标准》中预算编制办法规定，采用统一格式，由下列表式组成：

（1）工程概况及主要技术经济指标（表五乙、丙、丁）

（2）总预算表（表一甲）

（3）安装工程专业汇总预算表（表二甲）

（4）建筑工程专业汇总预算表（表二乙）

（5）安装工程预算表（表三甲）

（6）安装工程预算表（表三乙）

（7）其他费用预算表（表四）

（8）建设场地征用及清理费用预算表（表七）

（9）附表

以上表格见《电网工程建设预算编制与计算规定（2013）》附录 K。

2. 编制说明

编制说明用来说明建设预算编制的情况，包括编制依据和有关需要说明的问题，为阅读和审核提供依据和方便条件，其内容一般应包括以下部分。

（1）工程概况。工程概况应包括：设计依据，本期建设规模，规划容量；造价水平年、静态投资及单位投资，动态总投资及单位投资；资金来源；计划投产日期；外委设计项目名称及分工界限；项目地址特点及交通运输状况；自然地理条件（如地震烈度、地耐力、地形、地质、地下水位等）和对投资有较大影响的情况。

（2）改、扩建工程的建设范围、过渡措施方案及其费用，可利用或需拆除的设备、材料、建（构）筑物等工程情况。

（3）编制原则及依据。编制范围、工程计量依据、定额（指标）和《电网工程建设预算编制与计算规定》选定、装置性材料价格选用、设备价格获取方式，编制基准期确定、编制基准期价差调整依据、编制基准期价格水平等。

（4）工程造价水平分析。电网工程的投资估算及初步设计概算均应与上年度相关工程造价水平进行对比分析。

（5）工程造价控制情况分析。工程预算总投资应控制在批准的初步设计概算总投资范围内；初步设计概算总投资应控制在可行性研究估算总投资范围内，如果后一阶段总投资超出前一阶段已批准的总投资，编制单位应修改设计或重新申报前一阶段的设计及总投资；如因外部条件变化使得后一阶段总投资超出已批准的总投资，应作具体分析，并重点叙述总投资超出的原因及合理性，报原审批单位批准。

（6）其他有关重大问题的说明。

3. 编制原则及依据

我国现行电网工程概预算编制一般性依据包含但不限于：

（1）国家和上级主管部门以及省、自治区、直辖市颁发的有关法令、制度、规程。

（2）电网工程项目划分及费用构成。

（3）电网工程概预算定额和有关行业主管部门颁发的定额。

（4）现行的取费文件包括预规、工程所在地的人工、材料、机械费调整文件，工程所在地的规费调整文件。

（5）电网工程设计工程量计算规定。

（6）可行性研究报告、设计文件及图纸。

（7）有关合同协议书及资金筹措方案。

具体电网工程项目建设过程中会根据项目类型的不同以及项目所在地的相关地方性文件对概预算编制依据做相应的调整，我国某电网工程概算编制依据如表 1-24 所示。

表 1-24 我国某电网工程概算编制依据

1	《电网工程建设预算编制与计算规定（2018 年版）》
2	《电力建设工程概算定额（2018 年版）》
3	《电力建设工程预算定额（2018 年版）》
4	《电力建设工程装置性材料预算价格（2018 年版）》
5	《电力建设工程装置性材料综合预算价格（2018 年版）》
6	电力工程造价与定额管理总站《关于发布 2018 版电力建设工程概预算定额价格水平调整的通知》
7	《国家电网公司关于印发加强输变电工程其他费用管理意见的通知》
8	工程所在地建筑建材业市场管理总站发布的市场价格信息
9	本阶段的设计工程量、施工组织设计、设计图纸等资料
10	项目所在地电价、公路运价文件规定及调研资料
11	其他相关资料

4. 编制步骤

（1）收集编制依据

（2）计算工程量

1）工程量计算是一项细致的工作，需要合理安排工程量计算的顺序，防止重复计算或漏算。为了提高工作效率，应留有完整的工程量计算书。工程量计算书通常采用表 1-25 的格式，在实际工作中，可根据个人的使用习惯进行适当的调整。

2）以初步设计图纸和说明或审批后的施工图为依据，按照现行预规的规定做好项目划分。一般情况下，工程量计算项目的内容、排列顺序和计量单位，均应与概预算定额一致，这样可以避免漏项、重复。

3）根据图纸分册情况，以各单位工程的初步设计图纸和说明或审批后施工图为依据，按照现行定额的工程量计算规则计算工程量。

4）将相关数据填入表 1-25 中。

表 1-25　工程量计算表

序号	定额编号	项目名称及规范	工程量计算式	单位	数量

（3）将工程量代入建筑工程概预算表计算费用

1）按照预规中电网建筑工程项目划分表，将各项目的编号、项目名称填入表 1-26 建筑工程概预算表（表三乙）。

2）在各项目下，依据工程量计算表的计算结果，将所采用的定额编号填入“编制依据”栏，将定额的项目填入“项目名称及规范”栏，将工程量及单位填入“单位”及“数量”栏，将定额基价及其中的人工费填入“单价”栏中。

3）逐条计算合价。

4）计算单位工程的定额直接费。

表 1-26　建筑工程概预算表（表三乙）

序号	编制依据	项目名称及规范	单位	数量	单价（元）		合价（元）	
					金额	其中工资	金额	其中工资

（4）计算单位工程的概算费用

1）根据预规及相关费用文件，计算相关费用。

2）将相关费用汇总，得出单位工程的概预算费用。

3）该费用可以在表 1-26 表三乙中各项目下计算，也可以采用表 1-27 取费汇总表（表二乙补）计算。

表 1-27　建筑工程取费汇总表（表二乙补）

序号	项目名称	直接工程费		措施费	间接费	利润	税金	合计
		小计	其中人工费					

（5）汇总各单位工程的建设费用

依据预规建筑工程项目划分表，按单位工程将表三乙中各项目的编号、项目名称填入表 1-28 专业汇总概预算表（表二甲）。

表 1-28　专业汇总概预算表（表二甲）

序号	项目或费用名称	建筑 工程费	设备 购置费	安装工程费			其他费用	合计	技术经济指标		
				装置性材料	安装	小计			单位	数量	指标

（6）计算工程的价差

1）根据要求，可以按整个工程计列编制年价差，也可以按单位工程计列编制年价差。

2）将定额含量与对应的工程量相乘，可以得出材料用量、机械台班用量、人工工日用量。材料、机械、人工的数量可以人工统计，也可以借助相关的软件进行统计。

3）建筑工程材料价差的说明

① 建筑工程材料价差分为主要材料价差、材料选用标准价差。

② 依据设计的装修标准，装修材料因选用标准、材质等原因与定额中的材料费不同时，应根据工程量调整定额基价中的主材费，人工费、机械费及主材之外的材料费不调整。主材费应依据市场行情取定。

4）机械台班费用的调整按电力定额站颁布的相关文件执行。

5）人工费的调整按电力定额站颁布的相关文件执行价差计算表见表 1-29。

表 1-29　价差计算表

序号	材料或机械名称	单位	数量	单价			价差合计
				定额价	市场价	价差	

（7）汇总概预算表

将以上全部信息转入总概预算表（表一甲），得出与工程概预算相关的完整造价数据。见表 1-30。

表 1-30　总概预算表（表一甲）

序号	工程或费用名称	建筑工程费	设备购置费	安装工程费	其他费用	合计	各项占静态投资（%）	单位投资

第二章 架空线路工程计价

第一节 架空线路工程基础

一、架空线路基本知识

输电线路是用变压器将发电机发出的电能升压后，再经断路器等控制设备接入输电线路来实现。输电线路分为架空输电线路和电缆线路。架空输电线路由线路杆塔、导线、绝缘子、线路金具、拉线、杆塔基础、接地装置等构成，架设在地面之上。

按照输送电流的性质，输电分为交流输电和直流输电。19 世纪 80 年代首先成功实现了直流输电，但由于直流输电的电压在当时技术条件下难以继续提高，以致输电能力和效益受到限制。19 世纪末，直流输电逐步为交流输电所代替，交流输电的成功，迎来了 20 世纪电气化社会的新时代，20 世纪 60 年代以来直流输电与交流输电相配合，组成交直流混合的电力系统。

电力线路在功能用途上有输电线路（送电线路）和配电线路之分，输电线路按照电压等级分为低压、高压、超高压、特高压线路。我国目前输电线路的电压等级有：特高压输电电压（Ultra High Voltage，UHV）：交流 1000kV、直流±800kV、直流±1100kV；超高压输电电压（Extra High Voltage EHV）：交流 330kV、交流 500kV、交流 660kV、直流±500kV、交流 750kV；高压输电电压（High voltage，HV）：交流 35kV、交流 66kV、交流 110kV、交流 220kV。

根据《城市配电网规划设计规范》（GB 50613—2010）的分类，城市配电网分为高压配电网、中压配电网和低压配电网，分别对应电压等级 35kV、66kV、110kV，10kV、20kV 和 380/220V。

二、架空线路主要构成

（一）架空导线

导线是架空送电线路中的主要组成部分，其作用主要是传导电能。导线的种类、性能和截面的大小，对杆塔、避雷线、绝缘子、金具都有所影响，除此之外，导线还直接关系到线路的输送能力、运行的可靠性和建设费用的大小等。

导线作为电能传导的承载体必须具有良好的导电性能。此外，由于架空线路导线架设在空中，要承受自重、风压、冰雪荷载等机械力的作用和空气中有害气体的侵蚀，故导线还要有较高的力学强度和较好的抗腐蚀性能。

在高压输电线路中经常采用分裂导线，即每相采用截面、型号均相同的两根或两根以上的导线，在提高线路送电容量、减少电晕损耗和对无线电的干扰方面发挥了很大作用。

（二）防雷与接地

架空输电线路的防雷装置由避雷线和接地装置组成。

1. 避雷线

避雷线作用主要是防止雷电直接击于导线上，并把雷电流引入大地。避雷线设置于杆塔顶部，并在每基杆塔上通过接地线而与接地体相连接，当雷云放电雷击线路时，雷首先击中避雷线，并将雷电流通过接地体导入大地，从而减少雷击导线的概率，起到防雷保护作用。

一般35kV线路只在进、出发电厂和变电站两端架设避雷线，110kV及以上线路沿全线架设避雷线。另外，根据电压等级及线路地理位置的不同，避雷线可设一根或两根。避雷线常用镀锌钢绞线，根据需要也可采用良导体（如铝包钢绞线、钢芯铝绞线）、绝缘架空避雷线、屏蔽架空避雷线及光纤复合地线等。

2. 接地装置

接地装置是指从埋设在地下的接地体至杆塔本身或者架空避雷线的总称，传统的防雷装置由接闪器、接地引下线和接地装置组成，接地装置包括接地体和接地线。输电线路的杆塔接地主要是为了导引雷电流入大地，以保持线路有一定的耐雷水平。杆塔接地电阻值与接地体自身形状、土壤电阻率和气候环境都有关，接地电阻值越小，其耐雷水平就越高。

（1）接闪器。接闪器是拦截雷电闪击的金属导体，经过引下线与接地装置相连。

（2）接地引下线。接地引下线是指电气装置、设施的接地端子与接地体连接用的金属导电部分。

（3）接地装置。是接地体和接地线的总称。接地体指埋入地中并直接与大地接触的金属导体，称为接地体。兼作接地极用的直接与大地接触的各种金属构件、金属井管、钢筋混凝土建（构）筑物的基础、金属管道和设备等称为自然接地。当利用自然体接地而接地电阻不能满足要求时，则采用人工接地体。接地体和接地线之间合理组合并连接，形成布局均匀的接地网。

（三）绝缘子串及跳线

1. 绝缘子串

绝缘子串是指两个或两个以上的绝缘子元件通过金具组合在一起，柔性悬挂导线的组件。绝缘子串用于悬挂导线并使导线与杆塔和大地绝缘。

输电线路上用的绝缘子串，由于杆塔结构、绝缘子形式、导线型号、每相导线的根数及电压等级的不同，有很多不同的组装形式，但归纳起来可分为悬垂组装及耐张组装两大类型，无论是悬垂组装或是耐张组装，绝缘子串都是由几个分支组成，整个组装称为“串”，其中的分支称为“联”。绝缘子串按照串型的不同分为悬垂，耐张、跳线。

2. 跳线

在非直线杆塔上导线需断线，就需用跳线将耐张塔两侧导线连接起来，从而形成电流通道。所以跳线是指连接输电线路非直线杆塔两侧导线的引导线及其固定金具。

跳线从其形式上可分为直跳和绕跳两种；而从其所用材质上又可分为软跳和硬跳（加跳担）两种。

（四）杆塔

杆塔是指支承架空输电线路导线和架空地线并使它们之间以及与大地之间保持一定距离的杆形或塔形构筑物。杆塔多采用钢质或钢筋混凝土结构。通常对钢筋混凝土的杆型结构称为杆；对钢质的塔型结构称为塔。

杆塔用来支持导地线及其他附件，使导线、地线、杆塔彼此保持一定的安全距离，并使导线对地面、交叉跨越物或其他建筑物等设施保持允许的安全距离。

（五）杆塔基础

杆塔基础是架空线路的重要组成部分，其作用是保证杆塔不发生下沉或在外力作用时不发生倾倒或变形。架空线路基础类型较多，其类型通常与杆塔的类型有关。按杆塔类型不同有混凝土电杆基础和铁塔基础，按照施工环境和施工方式不同，基础分现浇混凝土基础、预制装配式基础、挖孔基础、锚杆岩石基础、钻孔灌注桩基础以及其他类型。

（六）安装附属设施

为了保障输电线路的安全运行，线路上往往装有一些辅助设施，比如在线监测装置、防鸟害装置、防坠落装置、防雷装置等。

三、架空线路主要材料

输电线路工程主要材料有架空导线、避雷线、绝缘子、金具、钢材、混凝土及混凝土制品等。

（一）架空导线

输电线路架空导线是一种用于传输电流的材料，由多根非绝缘单线绞合在一起制成。

架空线路中用到的导线主要有钢芯铝绞线、防腐型钢芯铝绞线、铝合金绞线、硬铝线、铝包钢绞线、扩径钢芯铝绞线、镀锌钢绞线、倍容导线等。

导线规定用型号、标称截面、单线根数及采用标准编号来表示。导线型号一般是由导线的结构、材料及性能等组成。导线的标称截面积是指该导线的导电能力折合成铝的截面积的数值。我国常用的标称截面积系列主要有 16mm^2、25mm^2、35mm^2、50mm^2、70mm^2、95mm^2、120mm^2、150mm^2、185mm^2、210mm^2、240mm^2、300mm^2、400mm^2、500mm^2、630mm^2、800mm^2 等。

（二）避雷线及光纤复合架空地线（OPGW）

避雷线常用镀锌钢绞线，根据需要也可采用良导体（如铝包钢绞线、钢芯铝绞线）、绝缘架空避雷线、屏蔽架空避雷线及光纤复合地线等。

常见的 OPGW 结构主要有三大类，分别是铝管型、铝骨架型和（不锈）钢管型。但它们的基本组成不外乎两个部分：即光纤部分及金属部分，OPGW 分层截面图如图 2-1 所示。

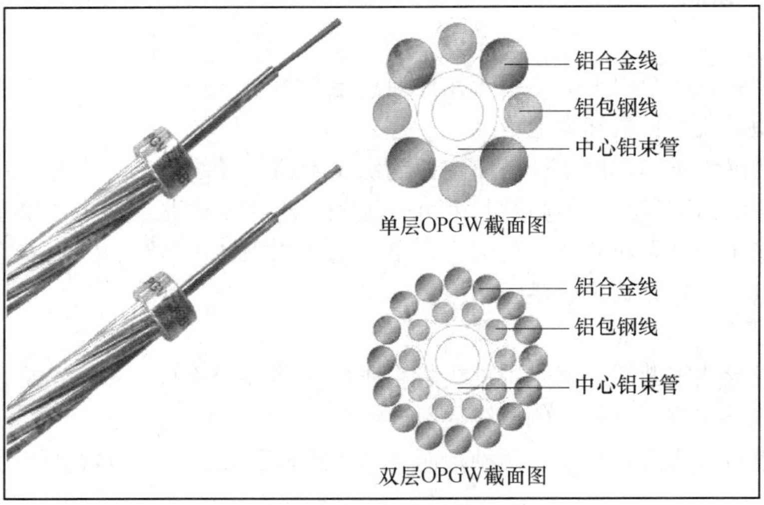

图 2-1　OPGW 分层截面图

（1）光纤部分。光纤起着系统通信及传送信号等作用。它的外面通常都包有一层或几层由隔热性能良好的材料制成的护套，以免在线路发生单相接地故障时，光纤的温度过高。根据不同需要，光纤的数量可由几根到几十根不等，它们一般分成一束或几束放在 OPGW 的轴心处。

（2）金属部分。金属部分除具有普通地线的作用外，还具有保护光纤，使之不受轴向及法向应力，以及防止光纤受水分侵蚀等作用。通常用来制造 OPGW 的金属材料包括铝合金线、铝包钢线、镀锌钢线、铝管、铝合金管、铝合金骨架等。

（三）绝缘子

绝缘子是一种特殊的绝缘控件，是架空输电线路中的重要组成部分，用于支持或悬挂导线并使导线与杆塔和大地绝缘，它在运行中不仅承受导线垂直方向的荷重和水平方向的拉力，还受日晒、雨淋、气候变化及化学物质的腐蚀。因此，绝缘子既要有良好的电气性能，又要有足够的机械强度。合理选择线路的绝缘子，对保证架空线路的安全可靠运行起着重要作用。绝缘子主要是依据它的绝缘强度、导线规格、档距大小及杆塔类型等进行选择。

输电线路用绝缘子的种类很多，可以根据绝缘子的结构形式、绝缘介质、连接方式和承载能力大小进行分类。按结构形式分为柱形绝缘子、棒形绝缘子和盘形绝缘子。按绝缘介质分有瓷质绝缘子、玻璃绝缘子、半导体釉和复合绝缘子（有机硅人工合成）四种。按连接方式分有球型和槽型两种。按承载能力大可分为40kN、60kN、70kN、100kN、150kN、210kN、300kN、420kN、550kN等多个等级。按适应的电压性质可分为直流型和交流型两类。每种绝缘子又有普通型、耐污型、空气动力型和球面型等多种类型。架空输电线路常用的绝缘子有针（挂）式绝缘子、悬式绝缘子、瓷横担绝缘子、复合绝缘子等。

（四）金具

金具泛指连接和组合电力系统的各类装置，以传递机械、电气负荷以及起到某种防护作用的铁制或铝制的金属附件。金具种类繁多，用途各异，例如，安装导线用的各种线夹，组成绝缘子串的各种挂环，连接导线的各种压接管、补修管，分裂导线上的各种类型的间隔棒等，此外还有杆塔用的各类拉线金具等。大部分金具在运行中需要承受较大的拉力，还要同时保证电气方面接触良好，它关系着导线或杆塔的安全，即使某一只金具损坏，也可能对线路造成故障。

按金具的主要性能和用途，大致可分为悬吊金具、锚固金具、连接金具、接续金具、保护金具、拉线金具、跳线金具、电缆金具等。

（五）钢材

钢是含碳量在0.04%～2.3%之间的铁碳合金。为了保证其韧性和塑性，含碳量一般不超过1.7%。钢的主要元素除铁、碳外，还有硅、锰、硫、磷等元素。

按品质可分为普通钢、优质钢及高级优质钢，输电线路工程中主要用普通钢。

按化学成分可分为碳素钢和合金钢。碳钢也叫碳素钢，含碳量小于2%的铁碳合金；合金钢是指钢中除含硅和锰作为合金元素或脱氧元素外，还含有其他合金元素如铬、镍、钼、钒、钛、铜、钨、铝、钴、铌、锆等，有的还含有某些非金属元素（如硼、氮等）的钢。

按其成型方法可分为锻钢、铸钢、热轧钢及冷拉钢。输电线路工程中的钢材主要用热轧钢，只有钢筋钢有时会用冷拉钢。

按外形分类可分为型材、板材、管材和金属制品四大类。

（六）混凝土、砂浆及砖

混凝土、砂浆及砖是线路基础、电缆构筑物等中的主要材料，混凝土、砂浆属于半成品材料，它们是水泥、砂子、石子等原材料按一定的配合比拌制而成。砖一般以黏土、页岩以及工业废渣为主要原料制成的小型建筑砌块。

（七）预制品

架空线路工程使用的预制品主要有预制基础的底盘、拉线盘、卡盘、混凝土电杆及钢管杆等。

四、架空线路施工

架空线路施工可分为准备工作、施工安装和启动验收三大部分，如图2-2所示。

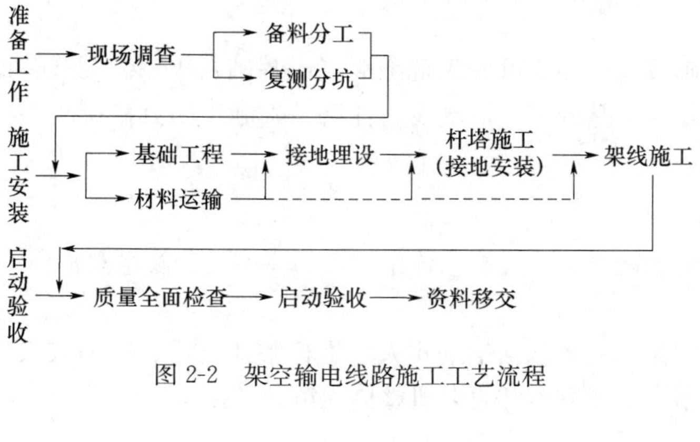

图2-2　架空输电线路施工工艺流程

准备工作包括现场调查、备料加工、复测分坑三道工序。这三道工序虽不属于直接施工安装，但准备工作充分与否对工程进度、质量起着关键作用。

施工安装包括材料运输、基础施工、接地、杆塔组立、架线、线路工程防护等工序，除了材料运输外，其他工序一环扣一环，相互影响，直接关系到施工成本、安全、质量。

启动验收包括质量全面检查、启动检验和资料移送三项工作。

（一）线路施工准备阶段

1. 现场调查与运输路径

施工企业在接受输电线路施工任务后，应了解有关设计的图纸及工程概算，并进行现场调查。现场调查内容包括：沿线自然状况、地形、地貌、地物、自然村的分布，居民风俗习惯及劳动力情况；沿线运输道路及通过的桥梁结构、交叉跨越结构；材料集散转运的地点及仓库；生活医疗设施及地方病情况；指挥中心及施工驻地的选择等。然后填写表格，编写调查报告。

2. 物资计划与备料加工

现在施工企业都以效益为中心，人工费用所占比例也较大，如果工器具、材料跟不上而造成窝工，就会造成损失。同理需要加工的部件，要及早落实材料，整理好图纸，落实好加工单位。

制定好物资供应计划，按各施工阶段及时将材料加工统一平衡分配到施工队，应规定出物资、材料和加工供应时间表。

3. 复测分坑

输电线路的设计工作，由设计单位承担，设计中的现场选线定位工作，通常邀请施工单位及运行单位共同参加，以便对线路走向等重要问题共同研究，选择合理的线路方案。施工人员从施工角度提出具体意见。

4. 材料运输

材料运输是指将杆塔、线材、金具、绝缘子及砂石水泥等材料从仓库运到施工杆位的运输。此项任务工作量大、运输条件差、使用人力多，运输顺利完成与否，对整个工程施工进展有很大关系，如果运输调度不当，甚至发错、遗漏，就会发生停工待料等情况。

依据运输方式的不同分为人力运输、拖拉机运输、汽车运输、船舶运输及索道运输。架空线路施工的工地运输根据材料供应方式不同分为大运输、中运输、小运输。

物资运输应根据施工进度合理安排供应时间和地点，根据工程实际情况选择分批供应物资数量，以免在施工地点过早堆放后续工序需要的材料。

（二）基础施工

杆塔埋入地下的部分称为杆塔基础。基础作用是承受杆塔、导线和地线的质量，保证杆塔在运行中不发生下沉或在外力作用时不发生倾倒和变形。在架空线路部件之间故障顺序中，直线杆塔基础故障要重于直塔杆塔故障，故要求基础的安全因素要高于杆塔安全因素。因此，严格按设计要求进行基础施工，保证基础施工质量是非常重要的。位于山坡或河边的杆塔基础，当有冲刷可能时，还应按设计要求采取防护措施。

架空线路的杆塔基础按施工方式可分为现浇混凝土基础、预制装配式基础、挖孔基础、锚杆岩石基础、钻孔灌注桩基础及其他基础等。输电线路杆塔基础施工因其基础类型的不同，其施工方法和工艺也有所不同。

（三）杆塔工程施工

铁塔组立方法大致分为两类，一类是整体组立，另一类是分解组立。

1. 整体组立铁塔

整体组立铁塔施工方法，主要包括倒落式人字抱杆整体立塔、座腿式人字抱杆整体立塔、倒落式单抱杆整体立塔、大型吊车整体立塔和直升机整体立塔。

2. 分解组立铁塔

分解组塔施工方法包括外拉线内悬浮抱杆分解组塔、内拉线内悬浮抱杆分解组塔、外拉线抱杆分解组塔、通天抱杆分解组塔、摇臂抱杆分解组塔、倒装组塔、起重机（或吊车）分解组塔、小抱杆分解吊装组塔、混合分解组塔、直升机分段组塔等。

（四）接地装置施工

1. 接地装置敷设的施工方法

接地装置的施工有两种方式：一种是在材料站集中焊接，每基接地装置为一组，分组运往塔位；另一种是现场焊接接头，即根据设计要求量出接地长度，分基运往塔位。

2. 接地装置敷设的施工程序

第一种安装接地体方式的施工顺序如图 2-3 所示。

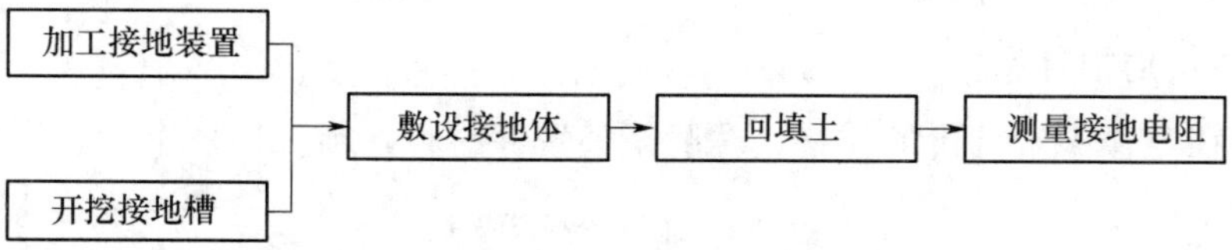

图 2-3　集中焊接接地体工艺流程

第二种安装接地体方式的施工顺序如图 2-4 所示。

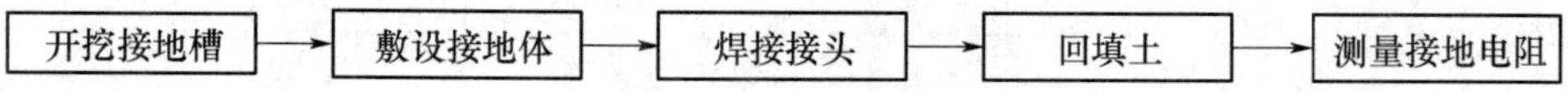

图 2-4　现场焊接接地体工艺流程

（五）架线工程施工

架线施工是架空输电线路的重要工序之一，它是整个线路施工中技术最强、高空作业最多的一个工序。它的任务是将导线及地线按设计要求的架线应力（强度）架设于已组立的杆塔上。

架线工程包括一般架设和张力架设两种方式，电压等级为 330kV 及以上线路工程的导线展放必须采用张力放线，电压等级为 330kV 以下的线路工程导线展放及良导体架空地线也应采用张力放线。以铝包钢线、钢芯铝绞线、钢铝混绞线作地线，必须采用张力放线方法展放地线；以钢绞线作地线，也可不使用张力放线方法展放，而要使用人力展放。光缆展放必须采用张力放线法进行展放。

（六）线路防护设施施工

线路防护设施主要包括保护帽的施工、护坡与挡土墙的施工、防水与排水沟的施工、基础施工的环保措施、线路挂牌等。线路牌包括塔位牌、相位牌和警告牌。

第二节　架空线路定额法计价

一、架空线路预算定额

（一）架空线路预算定额组成及内容

《电力建设工程预算定额（2013 年版）》共分七册，包括：第一册建筑工程（上册、下册）、第二册热力设备安装工程、第三册电气设备安装工程、第四册输电线路工程、第五册调试工程、第六册通信工程、第七册加工配制品。架空线路预算定额属于《第四册输电线路工程》预算定额的一部分，输电线路定额分为架空线路工程定额和电缆线路工程定额。输电线路定额由总说明、分部（章）说明、工程量计算规则、分项工程项目表及附录等组成。

（二）架空线路定额适用范围

输电线路的工程范围由送电端变电站（或发电厂）构架的引出线起至受电端变电站（构架或穿墙套管）的引入线止。电压等级为 35～1000kV 交流电力架空线路、±110～±800kV 直流电力架空线路和 35～500kV 交流电力电缆线路工程。

（三）定额编制的施工条件

（1）设备、材料、器械完整无损，符合质量标准和设计要求，并附有制造厂出厂检验合格证书和试验记录。

（2）正常的气候、地理条件和施工环境。

（四）未计价材料的损耗率

未计价材料指在定额中未计价的材料，一般指装置性材料，施工损耗率见表 2-1。

表 2-1 未计价材料损耗表

<table>
<tr><th>序号</th><th colspan="3">材料名称</th><th>损耗率（%）</th><th>序号</th><th colspan="2">材料名称</th><th>损耗率（%）</th></tr>
<tr><td rowspan="3">1</td><td rowspan="3">裸软导线（含良导体地线）</td><td rowspan="2">一般架线</td><td>其他地区</td><td>0.4</td><td>13</td><td colspan="2">金具（包括压接线夹）</td><td>1.5</td></tr>
<tr><td>山地、高山、峻岭</td><td>0.6</td><td>14</td><td colspan="2">螺栓、脚钉、垫片（不包括基础用地脚螺栓）</td><td>3.0</td></tr>
<tr><td colspan="2">张力放、紧线</td><td>0.8</td><td>15</td><td colspan="2">预绞丝</td><td>2.0</td></tr>
<tr><td>2</td><td colspan="3">专用跨接线和引线</td><td>2.5</td><td>16</td><td colspan="2">铝端夹</td><td>3.0</td></tr>
<tr><td>3</td><td colspan="3">电力电缆</td><td>1.0</td><td>17</td><td colspan="2">水泥压力管</td><td>2.0</td></tr>
<tr><td>4</td><td colspan="3">控制电缆</td><td>1.5</td><td>18</td><td colspan="2">混凝土杆（包括底盘、拉盘、卡盘、夹盘）</td><td>0.5</td></tr>
<tr><td>5</td><td colspan="3">镀锌钢绞线（避雷线）</td><td>0.3</td><td>19</td><td colspan="2">混凝土叉梁、盖板（方、矩形）</td><td>3.5</td></tr>
<tr><td>6</td><td colspan="3">镀锌钢绞线（拉线）</td><td>2.0</td><td>20</td><td colspan="2">砖、条石、块石</td><td>2.5</td></tr>
<tr><td>7</td><td colspan="3">电缆终端头瓷套</td><td>0.5</td><td>21</td><td colspan="2">商品混凝土</td><td>1.5</td></tr>
<tr><td>8</td><td colspan="3">绝缘子、瓷横担（不包括出库前实验损耗）</td><td>2.0</td><td>22</td><td colspan="2">钢筋（加工制作）</td><td>6.0</td></tr>
<tr><td rowspan="2">9</td><td rowspan="2" colspan="3">合成绝缘子</td><td rowspan="2">0.5</td><td rowspan="2">23</td><td rowspan="2">水泥、石灰、降阻剂</td><td>山地、高山、峻岭</td><td>7.0</td></tr>
<tr><td>其他地区</td><td>5.0</td></tr>
<tr><td rowspan="2">10</td><td rowspan="2" colspan="3">钢筋、型钢（成品、半成品）</td><td rowspan="2">0.5</td><td rowspan="2">24</td><td rowspan="2">石子</td><td>山地、高山、峻岭</td><td>15.0</td></tr>
<tr><td>其他地区</td><td>10.0</td></tr>
<tr><td>11</td><td colspan="3">钢管</td><td>1.5</td><td rowspan="2">25</td><td rowspan="2">砂</td><td>山地、高山、峻岭</td><td>18.0</td></tr>
<tr><td>12</td><td colspan="3">塑料制品（管材、板材）</td><td>5.0</td><td>其他地区</td><td>15.0</td></tr>
</table>

1）裸软导线、地线按输电线路设计用量计算，包括线路弛度及跳线等长度。

2）裸软导线损耗率中不包含与电器连接应预留的长度。

3）电力电缆和控制电缆损耗率中不包含备用预留的长度，以及因敷设有弯曲或有弧度而增加的长度，输电用电力电缆不计算施工损耗。

4）拉线的计算长度应以拉线的展开长度（包括制作所需的预留长度）为准。

5）钢管不计算损耗。

（五）地形增加系数。

本定额均按平地施工测算，在其他地形条件下施工时，在无其他规定的情况下，其人工和机械可按表 2-2 调整。

表 2-2 地形增加系数 %

序号	定额名称		项目	丘陵	山地	高山	峻岭	泥沼	河网	沙漠	备注
11	工地运输	人力运输	混凝土杆、混凝土预制品、钢管杆、线材的运输	40	150	300	400	70	——	65	不包括机械
			金具、绝缘子、零星钢材、塔材、砂、石、石灰、土、水泥、降阻剂、水的运输	20	100	150	200	40	—	35	
		拖拉机、汽车运输	运输（不包括装卸）	20	80	—	—	—		40	沙漠地形没有正式公路时使用
2	土石方工程			5	10	20	25	10	5	10	不包括机械
3	基础工程			10	20	40	50	40	10	30	
4	杆塔工程			20	70	110	120	70	20	50	
5	架线工程		一般放、紧线	15	100	150	170	40	10	35	不包括跨越架设、拦河线安装
			张力机械放、紧线	5	40	80	90	20	5	15	
			光缆接续	5	30	60	80	15	5	10	不包括测量
6	附件工程			5	20	50	60	10	5	10	
7	电缆工程		沟槽直埋	10	20	40	—	10	5	—	
8	附属工程	索道站设施	支架、绳索及附件运输	40	150	300	400	—	—		地形选择以架设索道站所处地带地形为准
			索道安装	20	70	110	120	—	—	—	

（1）各种地形定义

1）平地：指地形比较平坦广阔、地面比较干燥的地带。

2）丘陵：指陆地上起伏和缓、连绵不断的矮岗、土丘，水平距离 1km 以内地形起伏在 50m 以下的地带。

3）山地：指一般山岭或沟谷等，水平距离 250m 以内，地形起伏在 50～150m 的地带。

4）高山：指人力、牲畜攀登困难，水平距离 250m 以内，地形起伏在 150～250m 的地带。

5）峻岭：指地势十分险峻，水平距离 250m 以内，地形起伏在 250m 以上的地带。

6）泥沼：指经常积水的田地及泥水淤积的地带。

7）河网：指河流频繁、河道纵横交叉成网，影响正常陆上交通的地带。

8）沙漠：指地面完全被沙所覆盖，植物非常稀少，雨水稀少、空气干燥，在风的作用下地表会变化和移动，昼夜温差大的荒芜地区。

（2）套用说明

1）编制预算时，工程地形按安全线的不同地形划分为若干区段，分别以其工程量所占长度的百分比进行计算。

2）在确定运输地形时，应按运输路径的实际地形来划分，人力运输的路径可以参考工程地形。

3）在高山、峻岭地带进行人力工地运输时，其平均运距的确定，应以山坡垂直高差的平均计算斜长为准，不得按实际的运输距离计算。

4）凡有盘山公路可利用汽车进行工地运输的地形，作为山地论。

5）凡同一地段内，“河网”与“泥沼”并存时，则仅可套用泥沼地形的增加系数，两者不可同时取用。

6）西北高原台地沿线路平台长度 2km 以内的工程地形按“山地”论。工地运输地形则按运输路径的实际情况而定，上台运输按“山地”论；台上运输按“平地”论。

7）人、畜、机械无法通行，必须绕行 5km 以上的冲刷形成的深沟或峡谷，工程地形按“山地”

增加系数。

8）在城市市区架空输电线路除人力运输外参考丘陵地形计算。

二、定额法工程量计量

（一）工地运输

工地运输是指装置性材料自工地集散仓库（材料站）运至沿线各杆、塔位的装卸、运输及空载回程等全部工作。工地运输根据运输方式的不同划分为人力运输、拖拉机运输、汽车运输、船舶运输和索道运输五个定额节。由于人力运输和机械运输（拖拉机运输、汽车运输、船舶运输）的计算极为相似，因此本文将两者放在一起论述；另外索道运输的工作范围包括上料点和下料点材料堆放，场地平整。

工程量计算时各种材料分别代表的含义如下：

1）“混凝土杆”是指以离心式机制的整根及分段混凝土杆、混凝土套筒及混凝土横担等。

2）“混凝土预制品”是指以人工浇制、机械振捣的混凝土制成品或半成品，如混凝土装配式基础、底盘、拉盘、卡盘、叉梁、盖板等。

3）“线材”是指导线、避雷线、耦合屏蔽线、拉线、电缆、光缆。

4）“塔材”是指铁塔钢材。

5）“钢管杆”是指以钢板压制、焊接形成的整根或分段钢管杆。

6）“金具、绝缘子、零星钢材”是指金具、绝缘子、电杆用的横担、地线支架、拉棒、拉杆、抱箍、连接金具、防振锤、间隔棒、铸铁重锤、接地管（带）材、螺栓、垫圈等。

7）“超长合成绝缘子”是指用于电压等级为交流750kV及以上、直流±500kV及以上输电线路的合成绝缘子。

1. 人力运输及机械运输

主要工作内容包括：

人力运输：线路材料外观检查，绑扎及运送、卸至指定地点，运毕返回。

机械运输：线路材料外观检查，材料在10m（拖拉机为10m，汽车、船舶为20m）范围内的输送，装车（船）支垫并绑扎稳固，运送指定地点卸车（船）返回。工地运输的平均运距计量单位为“km”；凡是用汽车、船舶运输时，其平均距离不足1km者，按1km计算。

用人力、拖拉机运输时，其平均运距保留两位小数。人力、机械运输的装卸计量单位为“t”，即为材料的运输重量。其中运输计量单位为“t·km”，即运输平均运距和材料运输重量的乘积。

需要注意的是：

（1）船舶、拖拉机、汽车运输中均已综合考虑了车、船形式，路面、河流级别和一次装、分次卸等因素，使用定额时不得另行换算。

（2）采用张力架线，线材不计人力运输。

（3）计算塔材装卸、运输重量时，铁塔用螺栓、脚钉、垫圈等计入塔材重量。

2. 索道运输

主要工作内容包括：线路材料外观检查，材料在上料点和下料点的100m范围内移运。上料点运送前装货、绑扎，运输，下料点卸货，运毕料斗返回。

需要注意的是：

（1）索道运输按水平运输考虑，索道运输距离为上料点到下料点之间的水平投影距离。弦倾角是指索道承载索上料点、下料点之间连接线与水平面之间的夹角。弦倾角超过10°时，定额人工、机械可按表2-3中系数调整，装卸不做调整，初步设计无法确定弦倾角时，亦可按采用索道运输线路段的相应地形进行调整。

表 2-3　弦倾角增加系数　%

地形（弦倾角）	山地（10°＜弦倾角≤30°）	高山（30°＜弦倾角≤40°）	峻岭（弦倾角＞40°）
增加系数（%）	16	31	56

（2）索道运输中的荷载系指设计索道承载运输物料的单次运输最大重量，定额包括 1t、2t、5t。

（3）索道运输中的“处”是指配有一台索道牵引机，并能够独立运转、运输物料的一处索道。

（二）土石方工程

土石方工程包括线路复测及分坑，电杆坑、塔坑、拉线坑人工和机械挖方（或爆破）及回填，挖孔基础挖方（或爆破），接地槽挖方（或爆破）及回填，排水沟挖方，尖峰及施工基面挖方七个定额节。在土石方定额运用时注意：

若冻土厚度≥300mm，冻土层的挖方量，按坚土挖方定额乘 2.5 系数，其他土层仍按地质规定套用原定额；如若采用井点施工措施时，井点降水定额套用第一册建筑工程，按普通土计算工程量并套用定额。

1. 线路复测及分坑

主要工作内容包括：复测桩位及档距，测定坑位、坑界及施工基面，主桩或辅助桩遗失或变动后的恢复，平、断面的校核，工器具移运等。

需要注意的是：

（1）各类土、石质按设计地质资料确定，不作分层计算。同一坑、槽、沟内出现两种或两种以上不同土、石质时，则一般选用含量较大的一种确定其类型。出现流砂层时，不论其上层土质占多少，全坑均按流砂坑计算。

（2）泥水、流砂、干砂坑的挖填方，定额已分别考虑了必要的排水和挡土板的装拆工作量，套用定额时，不再另计。

（3）在线路复测分坑中遇到高低腿杆、塔按相应定额的人工乘 1.5 的系数。

（4）对各种土壤及岩石进行分类如下：

1）普通土：指种植土、黏砂土、黄土和盐碱土等，主要用锹、铲、锄头挖掘，少许用镐翻松后即能挖掘的土质。

2）坚土：指土质坚硬难挖的红土、板状黏土、重块土、高岭土，必须用铁镐、条锄挖松，部分须用撬棍，再用锹、铲挖出的土质。

3）松砂石：指碎石、卵石和土的混合体，各种不坚实砾岩、页岩、风化岩，节理和裂缝较多的岩石等（不需要用爆破方法开挖），需要镐、撬棍、大锤、楔子等工具配合才能挖掘。

4）岩石：指不能用一般挖掘工具进行开挖的各类岩石，必须采用打眼、爆破或打凿才能开挖者。

5）泥水：指坑的周围经常积水，坑的土质松散，如淤泥和沼泽地等，挖掘时因水渗入和浸润而成泥浆，容量坍塌，需用挡土板和适量排水才能施工者。

6）流砂：指坑的土质为砂质或分层砂质，挖掘过程中砂层有上涌现象并容易坍塌的土质，挖掘时需排水和采用挡土板才能施工者。

7）干砂：指土质为含水量低的砂质或分层砂质，挖掘时不需排水，但需采用挡土板挖掘的土质。

8）水坑：指土质较密实，开挖中坑壁不易坍塌，但有地下水涌出，挖掘过程中需用机械排水才能施工者。

2. 电杆坑、塔坑、拉线坑人工挖方（或爆破）及回填

主要工作内容包括：基坑挖方或爆破，修正，排水，装拆挡土板，回填，清理现场，工器具转移等。

土石方计算常用的公式及系数：

V——土、石方体积（m^3）；

h——坑深（m）；

h_1——圆柱体部分坑深（m）；

h_2——平截圆锥体部分坑深（m）；

r——半径（m）；

r_1——坑口半径（m）；

r_2——坑底半径（m）；

a（b）——坑底宽（m）[＝基础宽＋2×每边操作裕度]；

a_1（b_1）——坑口宽（m）[＝a（b）＋2×h×边坡系数]。

（1）正方体（不放边坡）（图 2-5）

$$V=a^2\times h \quad (m^3)$$

（2）长方体（不放边坡）（图 2-6）

$$V=a\times b\times h \quad (m^3)$$

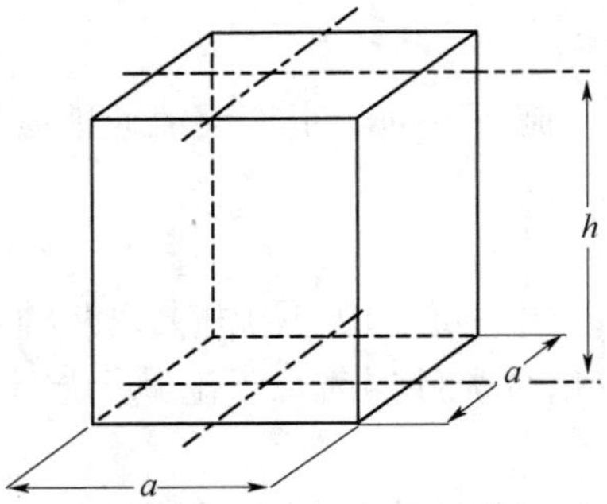

图 2-5　正方体（不放边坡）

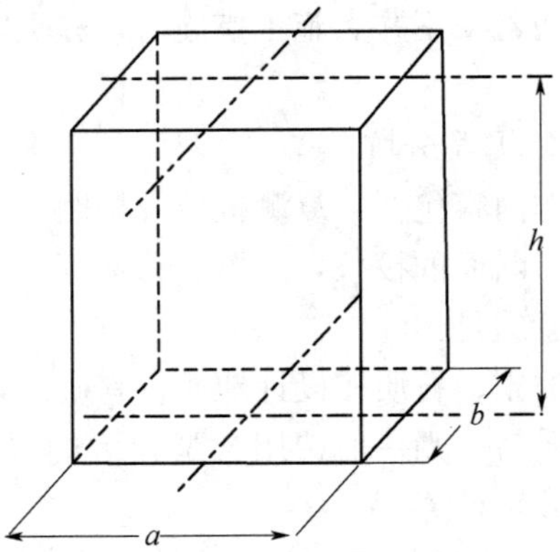

图 2-6　长方体（不放边坡）

（3）平截方尖柱体（放边坡）（图 2-7）

$$V=\frac{h}{3}\times(a^2+aa_1+a_1^2) \quad (m^3)$$

（4）平截长方尖柱体（放边坡）（图 2-8）

$$V=\frac{h}{6}\times[ab+(a+a_1)(b+b_1)+a_1b_1] \quad (m^3)$$

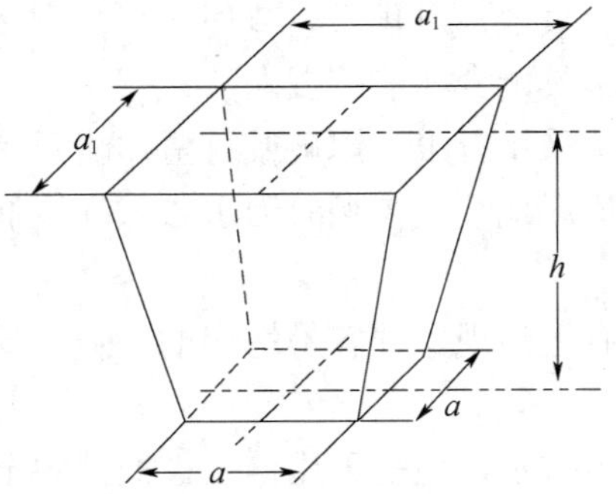

图 2-7　平截方尖柱体（放边坡）

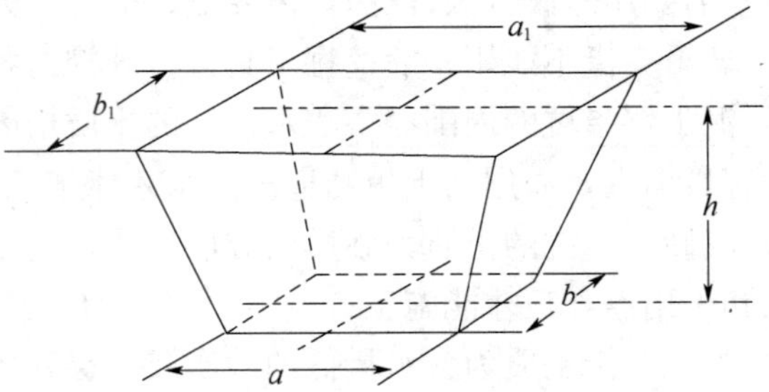

图 2-8　平截长方尖柱体（放边坡）

（5）圆柱体（不放边坡）（图 2-9）

$$V=\pi\times r^2\times h \quad (m^3)$$

（6）圆柱体连平截圆锥体（不放边坡）（图 2-10）

$$V=\pi r_1^2h_1+\frac{\pi h_2(r_1^2+r_2^2+r_1r_2)}{3} \quad (m^3)$$

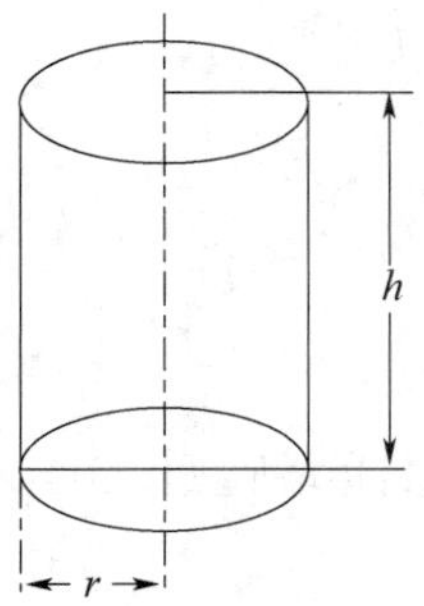

图 2-9　圆柱体（不放边坡）

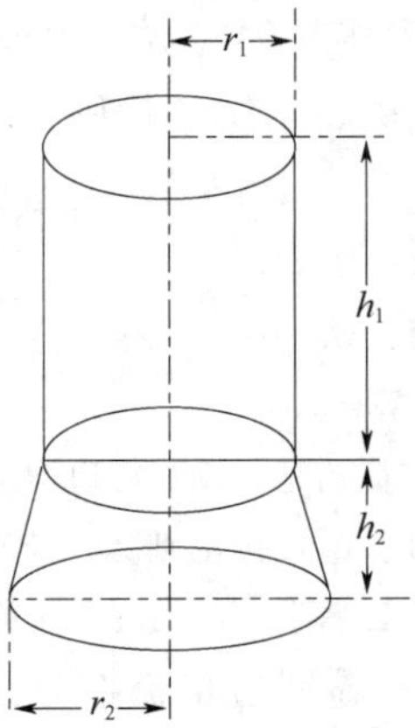

图 2-10　圆柱体连平截圆锥体（不放边坡）

（7）其他土石方量的计算

a. 无底盘、卡盘的电杆坑

$$V=0.8\times0.8\times h \quad (\mathrm{m^3})$$

如果 $h\geqslant1.5$m 时，按放坡计算。

b. 带卡盘的电杆，如原计算坑的尺寸不能满足安装时，因卡盘超长而增加的土、石方量另计；

c. 电杆坑和拉线坑的土、石方量，未包括马路的土、石方量，需要时按每坑 0.6m³ 另行计算；

d. 实际工程中的基坑土石方开挖，一个坑可能有多种几何形状组合在一起，应按各种几何形状分别计算，然后求和。

需要注意的是：

（1）挖掘过程中因少量坍塌而多挖的，或石方爆破过程中因人力不易控制而多爆破的土石方工作量已包括在定额内。

（2）泥水、流砂、干砂坑的挖填方，定额已分别考虑了必要的排水和挡土板的装拆工作量，套用定额时，不再另计。

（3）人力开凿岩石坑是指在变电站、发电厂、通信线、电力线、铁路、居民点以及国家级的风景区等附近受现场地形或客观条件限制，设计要求不能采用爆破施工者。

（4）如冻土厚度不小于 30m，冻土层的挖方量，按坚土挖方定额乘 2.5 的系数，其他土层仍按地质规定套用原定额。

（5）岩石坑如需要排水，可按相应定额的人工乘 1.05 的系数。

（6）各类土、石质的边坡系数见表 2-4 和表 2-5。

表 2-4　人工挖土石方边坡系数

坑深	土质			
	坚土	普通土、水坑	松砂石	泥水、流砂、岩石
2.0m 以下	1∶0.10	1∶0.17	1∶0.22	不放边坡
3.0m 以下	1∶0.22	1∶0.30	1∶0.33	不放边坡
3.0m 以上	1∶0.30	1∶0.45	1∶0.60	不放边坡

表 2-5　机械挖土石方边坡系数

土质	坑深	机械坑内挖	机械坑上挖
普通土	1.2m 以上	1∶0.33	1∶0.75
坚土	1.5m 以上	1∶0.25	1∶0.50
松砂石	1.8m 以上	1∶0.10	1∶0.33

（7）施工操作裕度按基础底宽（不包括垫层）每边的增加量。

1）普通土、坚土坑、水坑、松砂石坑：0.2m

2）泥水坑、流砂坑、干砂坑：0.3m

3）岩石坑有模板：0.2m

4）岩石坑无模板：0.1m

注：施工操作裕度计算：

a. 基础无垫层时，按基础宽（长）每边增加操作裕度；

b. 基础垫层为坑底铺石时，按基础宽（长）每边增加操作裕度；

c. 基础垫层为坑底铺石灌浆、加浇混凝土或混凝土时，按垫层宽（长）每边增加操作裕度。

3. 电杆坑、塔坑、拉线坑机械挖方（或爆破）及回填

主要工作内容包括：挖土、堆土、推土、修整、工作面排水，回填，清理现场，工器具移动等。

土石方计算的常用公式及系数见［2. 电杆坑、塔坑、拉线坑人工挖方（或爆破）及回填］。

需要注意的是：

（1）挖掘过程中因少量坍塌而多挖的，或石方爆破过程中因人力不易控制而多爆破的土石方工作量已包括在定额内。

（2）泥水、流砂、干砂坑的挖填方，定额已分别考虑了必要的排水和挡土板的装拆工作量，套用定额时，不再另计。

（3）机械挖土石方适用于电杆、拉线塔、拉线坑、铁塔坑挖方及回填，不适用接地槽开挖。

（4）如冻土厚度不小于30m，冻土层的挖方量，按坚土挖方定额乘2.5的系数，其他土层仍按地质规定套用原定额。

（5）岩石坑如需要排水，可按相应定额的人工乘1.05的系数。

（6）机械挖湿土时，定额乘1.15的系数。湿土是指含水量在25％以上的土方，当含水量超过50％以上时，排水费另计。

（7）机械挖方中，挖掘机在整板上作业时，定额乘1.25的系数，垫板铺设费用另计。

4. 挖孔基础坑的挖方（或爆破）

主要工作内容包括：基坑挖方或爆破、修整，排水，送风，照明及安拆安全设施，清理现场，工器具移动等。

需要注意的是：

（1）挖孔基础是指掏挖基础、岩石嵌固式基础、挖孔桩基础。挖孔基础和灌注桩基础，同一孔中不同土质，按地质资料分层计算工程量，套用子目时坑深为分层土质的底部至孔口地面的高度。挖孔基础最底层土石方量为基坑总土石方量减去分层土石方量。

（2）挖掘过程中因少量坍塌而多挖的，或石方爆破过程中因人力不易控制而多爆破的土石方工作量已包括在定额内。

（3）泥水、流砂、干砂坑的挖填方，定额已分别考虑了必要的排水和挡土板的装拆工作量，套用定额时，不再另计。

（4）如冻土厚度不小于30m，冻土层的挖方量，按坚土挖方定额乘2.5的系数，其他土层仍按地质规定套用原定额。

（5）岩石坑如需要排水，可按相应定额的人工乘1.05的系数。

5. 接地槽挖方（或爆破）及回填

主要工作内容包括：接地槽挖方或爆破，换土，填土，夯实，清理现场，工器具移运等。

槽土、石方量常用计算公式：

$$V = 槽宽 \times 长度 \times 槽深；$$

槽宽一般按0.4m计算，如遇接地装置需加降阻剂时，槽宽按0.6m计算。长度为水平接地体敷设

长度。槽深按设计规定埋深。

需要注意的是：

(1) 接地槽土石方量计算中，如遇接地装置需加降阻剂时，当设计无规定时，槽宽可按 0.6m 计算。

(2) 回填土均按原挖原填和余土就地平整考虑，不包括 100m 以上的取（换）土回填和余土外运。必要时可按设计规定的换土比例和平均运距，另行套用尖峰挖方和工地运输定额。

(3) 余土处理，一般工程不予考虑，需要时，可考虑余土运至允许堆弃地，其运距超过 100m 以上部分可列入工地运输。余土运输量的计算：

1）灌注桩钻孔渣土按桩设计零米以下部分体积（m^3）$\times 1.7t/m^3$（其中 $1.7t/m^3$ 中包含 $0.2t/m^3$ 的含水量）计算。

2）现浇、预制和挖孔基础基坑余土运输量按混凝土设计零米以下部分体积（m^3）$\times 1.5t/m^3$ 计算。

3）基础土质为湿陷性黄土，按混凝土设计零米以下部分体积（m^3）$\times 1.5t/m^3 \times 30\%$ 计算。

(4) 泥水、流砂、干砂坑的挖填方，定额已分别考虑了必要的排水和挡土板的装拆工作量，套用定额时，不再另计。

(5) 如冻土厚度不小于 30m，冻土层的挖方量，按坚土挖方定额乘 2.5 的系数，其他土层仍按地质规定套用原定额。

(6) 岩石坑如需要排水，可按相应定额的人工乘 1.05 的系数。

6. 排水沟、尖峰及施工基面挖方

主要工作内容包括：挖方或爆破，开凿及土、石方的清理，工器具转移。

需要注意的是：

各类土、石质按设计地质资料确定，除挖孔基础和灌注桩基础外，不作分层计算。同一坑、槽、沟内出现两种或两种以上不同土、石质时，则一般选用含量较大的一种土、石质确定其类型。出现流砂层时，不论其上层土质占多少，全坑均按流砂坑计算。

（三）基础工程

基础工程的内容包括：定额按基础或附属构筑物类型及施工内容划分有预制基础，现浇基础，岩石锚杆基础钻孔浇灌，钻孔灌注桩基础，树根桩基础，预制桩基础，钢管桩基础，人工挖孔桩基础护壁，护坡、挡土墙及排洪沟砌筑，喷射混凝土护坡，混凝土基础防护，拉线棒防腐、接地安装及测量十三个。

1. 预制基础

主要工作内容包括：底盘安装、套筒安装、卡盘安装、拉线盘和混凝土装配式基础安装等。

需要注意的是：

(1) “底盘安装”定额中，如遇有铰接连接的底盘，每基应增加技工工日：单杆为 0.37 工日，双杆为 0.74 工日。

(2) “底盘安装”“拉线盘安装”中的“每块重量”，取每组各块重量加权平均的原则计算。三联杆的预制基础安装定额，套相应的单杆定额乘 2.5 的系数。

(3) “底盘安装”“拉线盘安装”定额中，如组合块数（每组或每基）超过子目的规定时可按单块同重量和相应组合块的倍数调整定额。

(4) “套筒安装”定额中，已包括二次灌浆工作，但未包括基础的底盘安装，如发生，应另外套相应的底盘安装定额。

(5) 未计价材料混凝土底盘、螺栓、混凝土底筒、垫板、砂浆、混凝土卡盘、抱箍、连接螺栓、混凝土拉盘、拉线棒、连接螺栓、连接金具、混凝土预制件、钢材、螺栓等。

2. 现浇基础

主要工作内容包括：钢筋加工及制作、基础垫层、混凝土搅拌及浇制、商品混凝土浇制等。

需要注意的是：

（1）基础钢筋加工及制作不包括热镀锌。

（2）基础垫层“铺石”“铺石灌浆”“铺石加浇混凝土”“灰土垫层”定额中，石灰、砂浆或混凝土的用量应按设计规定计算，如设计未规定时，石灰、砂浆的用量可以按垫层体积的20％计列，混凝土的用量可以按垫层体积的30％计列。

（3）混凝土及垫层砂浆现场浇制中，养护、浇制用水的平均运距按100m计算，如果运距超过时，可按每1cm^{3}混凝土500kg用水量另套“工地运输”定额。

（4）商品混凝土养护用水的平均运距按100m计算，如果运距超过时，可按每1cm^{3}混凝土300kg用水量另套“工地运输”定额。

（5）大体积混凝土是指因混凝土水化热引起的，在设计文件中已明确要求在混凝土中采取温度控制措施的混凝土基础。

（6）“混凝土搅拌及浇制（包括商品混凝土浇制）”定额是按照有筋和有模板基础考虑的。有关系数调整见表2-6。

表2-6　混凝土搅拌及浇制（包括商品混凝土浇制）系数调整

序号	名称	调整系数			说明
		人工	材料	机械	
1	无筋基础	0.95	0.95	0.95	
2	无模板（原状土）基础	0.9	0.9	0.9	
3	高低腿基础	1.15	1	1.15	
4	基础立柱为斜、锥形	1.25	1	1.25	
5	基础是插入式角钢、斜式地脚螺栓	1.05	1	1.05	
6	基础立柱、承台、连梁高出地面1.0m以上，需要搭设平台施工	1.2	1.2	1.2	计算立柱、承台、连梁部分工程量

（7）未计价材料有钢筋、砂、石、水泥、水、灰土、地脚螺栓（插入式角钢）等。

3. 岩石锚杆基础钻孔浇灌

主要工作内容包括：清基定孔，装拆钻机，取水，钻孔，洗孔，安装地脚螺栓及找正，混凝土搅拌，浇灌，凿桩头，捣固，基面抹平，清理现场，工器具移运等。

需要注意的是：

未计价材料地脚螺栓、砂石、水泥、水。

4. 钻孔灌注桩基础

主要工作内容包括：

机械推钻成孔：准备，机具就（退）位，泥浆池挖、填，钻孔，供水，造浆，压泥浆、出渣、清孔、清理现场、工器具移运等。

桩基础混凝土浇灌：凿桩头，吊装入孔找正，钢筋笼安装，地脚螺栓（插入式角钢）安装，导管及漏斗装拆，筛洗砂石，混凝土搅拌及浇制（或混凝土运输浇制），捣固，养护，基面抹平，清理现场，工器具移运等。

需要注意的是：

（1）灌注桩钻孔土质定义。

1）砂土、亚黏土：指亚砂土和中、轻亚黏土。

2）黏土：指重亚黏土、黏土和松散的黄土。

3）砂砾土：指重亚黏土、疆石黏土，并伴有含量不超过20％、粒径不大于15cm的砾石或卵石。

（2）凡一孔中有不同土质时，应按设计提供的地质资料分层计算。

(3) 灌注桩基础定额中，不包括基础防沉台、承台和框梁的浇制工作，如有，另套用“现浇基础”。

(4) 灌注桩基础定额中未包括余土的清理，需要时，另套相应的施工基面挖方和工地运输定额。

(5) 挖孔基础坑深在5m以上套用“桩基础混土浇灌”定额，坑深5m以内按无模板基础套用现浇基础“混凝土搅拌及浇制”或“商品混凝土浇制”定额。

(6) 机械推钻成孔砂砾石定额中成孔机械按卷扬机带冲抓锥（冲击锥）冲孔综合考虑，实际使用时，不用机械可不做调整。

(7) 未计价材料有水、钢筋、地脚螺栓、砂、石、水泥。

5. 树根桩基础

主要工作内容包括：钻机就位，钻孔，钢筋及注浆管安装，清孔，填骨料，压注浆，拔管，清理现场，工器具移运等。

需要注意的是：

(1) 树根桩基础按设计长度乘桩截面积以“m^3”为计量单位计算。

(2) 未计价材料有砂、石、水泥、水。

6. 预制桩基础

主要工作内容包括：打、送桩，接桩及截桩等。

需要注意的是：

(1) 打预制桩的体积，按设计全长乘以桩的截面面积，扣除桩尖的虚体体积。

(2) 送桩按桩截面面积乘以设计桩顶面标高至自然地坪另加0.5m长度计算。

(3) 接桩按接头个数计算，截桩按根数计算。

(4) 未计价材料有混凝土预制桩。

7. 钢管桩基础

主要工作内容包括：测量、放桩位线、准备打桩机械、桩架场地平整、堆放、配合打桩、打桩、清理现场，工器具移运等。

需要注意的是：

(1) 定额只包括钢管桩桩身部分，混凝土、基础垫层及土石方挖填另套现浇基础相应定额。

(2) 未计价材料有钢管桩、桩帽。

8. 人工挖孔桩基础护壁

主要工作内容包括：现浇混凝土护壁和预制护壁安装。现浇混凝土护壁包括：模板安装及拆除，砂石筛洗，混凝土搅拌、浇制，捣固，养护。预制护壁包括预制护壁安装，清理现场，工器具移运等。

需要注意的是：

(1) 各类现浇基础的超灌量应按设计规定执行，如设计未规定时，其超灌量为：

1) 灌注桩基础：其超灌量为设计计算量的17%。

2) 挖孔基础、树根桩基础：其超灌量为设计计算量的7%。

3) 岩石灌浆基础：其超灌量为设计计算量的8%。

4) 现浇护壁：其超灌量为设计计算量的17%。

5) 挖孔基础若采用人工挖孔基础护壁时不计算超灌量。

(2) 未计价材料有砂、石、水泥、水、混凝土预制件。

9. 护坡、挡土墙及排洪沟砌筑

主要工作内容包括：材料移运，选料，砂浆配拌，砌筑，找正，上浆，沟缝，混凝土护坡，挡土墙模板安装及拆除，钢筋组扎及安装，搅拌浇制，养护清理现场，工器具移运等。

需要注意的是：

(1) 护坡、挡土墙及排洪沟砌筑定额未包括挖土工作，需要时另套用土石方工程“排水沟挖方”定额。

(2) 锥形护坡和挡土墙内侧如需要填土时，可套用“土石方工程”中2.0m以内普通土定额。

(3) 浆砌护坡和挡土墙砌筑中的砂浆用量，应按设计规定计算，如设计未规定时，砂浆用量为护坡和挡土墙体积的20%。

(4) 未计价材料有砂、石、水泥、水、钢筋。

10. 喷射混凝土护坡

主要工作内容包括：

挂网：挂网，绑扎，混凝土块支垫，点焊锚杆；

喷混凝土：坡面清理及湿润，脚手架的搭设、移动、拆除，排水孔的设置，混凝土配运料，拌和，运输、喷射，养护，清理现场，工器具移运等。

需要注意的是：

(1) 挂网以网重量“t”为计量单位计算，喷射混凝土按设计图示以体积“m^3”为计量单位计算。

(2) 未计价材料有铁丝网、砂、石、水泥、水。

11. 混凝土基础防护

主要工作内容包括：

混凝土基础防腐：混凝土基础表面除垢、清洗，表面涂刷沥青或涂刷特殊材料，清理现场，工器具移运等。

混凝土基础阴极保护：材料移运，外观检查，埋设镁合金阳极，测试桩，参比电极，接点放热焊接，清理现场，工器具移运等。

需要注意的是：

(1) 一般防腐是表面涂刷两遍沥青，特殊防腐是按设计要求表面涂刷特殊材料，定额中已经综合考虑特殊材料的涂刷次数。

(2) 一般防腐的材料是作为消耗性材料在定额中综合考虑。

(3) 未计价材料有特殊防腐材料、镁合金阳极、测试桩、参比电极。

12. 拉线棒防腐

主要工作内容包括：

沥青喷漆防腐：喷刷两遍沥青清漆，清理现场，工器具移运等；

三油两麻沥青防腐：融化沥青，缠绕两遍麻药包，每层一次涂刷沥青，清理现场，工器具移运等。

需要注意的是：工程量按拉线棒长度以拉线棒“根”为计量单位计算。

13. 接地安装及测量

主要工作内容包括：接地极（钢管或角钢）打入土中，接地体展开敷设，降阻剂拌和，缠包后敷设，接地电阻测定，接地体连接高空引下线的安装，清理现场，工器具移运等。

需要注意的是：

(1) 定额中不包括接地槽的挖方和填方。

(2) 接地极长度按2.5m考虑，如实际长度超过时，定额乘1.25的系数。

(3) 未计价材料钢管、角钢、圆钢、接地钢带、降阻剂、拌和材料、接地引下线、固定抱箍、螺栓、接地模块。

（四）杆塔工程

杆塔工程的内容包括：混凝土杆组立，钢环圈焊接及水泥杆封顶，钢管杆组立，铁塔组立，拉线制作及安装，杆塔刷漆和杆塔标志牌安装等工作。

1. 混凝土杆组立

主要工作内容包括：电杆排列支垫，构件连接，组装，补刷油漆，立杆准备，立杆和调正，装拆临时拉线，工器具移运等。

需要注意的是：

(1) 定额中“每基重量”是指杆身自重与横担、叉梁、脚钉（爬梯）、拉线抱箍等全部杆身组合构件的总重量，不包括底、拉、卡盘的重量。

（2）定额以杆型和组合重量的形式表示，已综合考虑了各种电压等级，结构形式、杆高和施工方法，使用时，不能由于施工方法的不同而调整定额。

（3）使用定额时，如果出现三联杆组立，可按每根单杆重量套用相应单杆定额乘以 2.5 的系数。

（4）钢环连接定额只包括钢环的连接与防腐处理。

（5）该定额不适用于组合杆重在 17t 或单杆在 42m 以上的电杆组立，如果实际发生时，应按批准的施工组织设计另计。

2. 钢环圈焊接及水泥杆封顶

主要工作内容包括：支垫检查，杆身与焊缝间隙的轻微调整，挖焊接操作坑，焊接和焊口清理，钢圈防锈处理，杆顶头封堵，现场清理，工器具转移等工作。

3. 钢管杆组立

主要工作内容包括：地面排列、支垫、组合连接，零星补刷油漆，立杆准备，吊装和调整，清理现场，工器具移运等。

需要注意：

（1）定额中"每基重量"系指钢管杆杆身自重与横担、螺栓等全部杆身组合构件的总重量。

（2）定额中已综合考虑了各种电压等级、结构形式（杆高、杆数等）和施工方法，使用时，不能因为施工方法的不同而调整定额。

4. 铁塔组立

主要工作内容包括：点配料，地面支垫，组合，按施工技术措施进行现场布置，吊装，塔身调整，螺栓紧固及防松防盗，零星补刷油漆，清理现场，工器具移运等。

需要注意：

（1）铁塔组立分为角钢塔组立和钢管塔组立，以"t"为计量单位，铁塔工程量为：

$$铁塔总重量=\sum(铁塔本身所有的型钢+连板+螺栓+脚钉+爬梯等)$$

（2）定额按不同"塔全高"和"每米塔重"设置子目。塔全高指铁塔最长腿基础顶面至塔头顶的总高度，每米塔重指铁塔平均每米的重量，计算公式为：

$$每米塔重=铁塔总重量\div塔全高$$

（3）定额已综合考虑了直线塔与耐张转角塔、自立塔与拉线塔的施工方法，不能因施工方法的不同而调整定额。

（4）紧凑型铁塔按相应的铁塔组立定额的人工、机械乘以 1.1 的系数。

（5）定额中不包括航空标志（航空警示灯、涂刷标志漆等）安装。

5. 拉线制作及安装

主要工作内容包括：拉线长度实测、丈量与裁割，拉线上下端头制作，拉线安装及调整，清理现场，工器具移运等。

其中需要注意：定额已综合考虑了不同材质和规格的拉线制作及安装，适应于单根拉线的制作与安装。比如安装 V 形、Y 形或者双拼拉线时，应按 2 根计算。定额内拉线上把高度按 40m 以内考虑，如超过 40m 时，按每增高 10m 乘以 1.1 的系数，不足 10m 按 10m 计算。

6. 杆塔刷漆

主要工作内容包括：金属表面除垢、清洗，涂刷底漆、面漆，清理现场，工器具移运等。

其中需要注意：杆塔刷漆是指杆、塔铁件上刷油漆，工程量按所需刷漆铁件设计重量计算，定额中油漆按普通调和漆考虑，如采用其他油漆时可相应调整材料费。

7. 杆塔标志牌安装

主要工作内容包括：标志牌安装，清理现场，工器具移运等。

其中需要注意：杆塔标志牌需拆装时，按相应定额人工、机械乘以 1.3 的系数。

（五）架线工程

架线工程的定额架线方式及施工内容划分有导线、避雷线一般架设，导线、避雷线、光纤复合架空地线（以下简称 OPGW）张力架设，导线、避雷线、OPGW 跨越架设，特殊跨越，带电跨越电力线措施，耦合屏蔽线安装，OPGW 接续与测量，拦河线安装八个。

1. 导线、避雷线、OPGW 一般架设

导线、避雷线一般架设的主要工作内容包括：放、紧线准备，人力或机械牵引放线，机械紧挂线，弧垂观测，信号联络，护线及杆塔监护，直线接头连接，清理现场，工器具移运等。其中避雷线的一般架设工作还包括：耐张终端头制作、耐张串组合连接和挂线、附件安装（不含防振锤）。

2. 导线、避雷线、OPGW 张力架设

导线、避雷线、OPGW 张力架设的主要工作内容包括：

① 牵、张场地建设。牵、张场地人工平整和场内铜板、道木的铺设，材料及工器具移运等。

② 引绳展放。主要工作包括引绳展放准备，人工展放引绳，飞行器展放细引绳，工器具移运等。

③ 张力放、紧线。主要工作内容包括导线、避雷线、OPGW 紧线准备及放、紧线，弧垂观测，信号联络，护线及锚线，杆塔监护，直线接头连接，清理现场，工器具移运等。其中避雷线和 OPGW 的张力架设工作还包括：耐张终端头制作、耐张串组合连接和挂线、附件安装（不含防振锤）。

定额中需要注意的内容包括：

（1）未计价材料包括导线、避雷线、OPGW、避雷线绝缘子和金具等。

（2）导线、避雷线、OPGW 架设定额分一般架设和张力架设两种，导线张力架设中的第一根引绳展放需单独计列，分人力展放与飞行器展放两种，使用时应根据施工图设计要求和相关的施工技术规程规范、批准的施工组织设计选取定额。

（3）定额按导线和避雷线截面设置子目，不包括导线的耐张终端头制作、耐张串组合连接、耐张塔挂线、跳线及跳线串安装。

（4）架线工程量以线路亘长为准，且悬挂点高差角在 10°范围以内。

（5）定额中导线是按三相的交流单回线路工程考虑。如果遇到下列情况，按相应定额乘系数调整：

1）两相的直流线路工程可按同型号线材截面的定额乘以 0.7 的系数。

2）同塔架设双回、多回线路工程和邻近有带电线路架线施工，定额按表 2-7 系数调。若不同电压等级线路同塔多回路架设时，不同电压等线路根据各自原回路按表 2-7 系数再乘 0.9 的系数进行调整。

表 2-7　带电线路架线系数调整表

序号	同塔回路数	同时架设			邻近带电线路			序号	同塔二次架设回路数	非同时架设			邻近带电线路		
		人工	材料	机械	人工	材料	机械			人工	材料	机械	人工	材料	机械
1	一回路	1	1	1	1.1	1	1.1	6	一回路	1.1	1	1.1	1.21	1	1.21
2	二回路	1.75	2	1.75	1.98	2	1.98	7	二回路	1.98	2	1.98	2.18	2	2.18
3	三回路	2.5	3	2.5	2.75	3	2.75	8	三回路	2.75	3	2.75	3.03	3	3.03
4	四回路	3.1	4	3.1	3.41	4	3.41	9	四回路	3.41	4	3.41	3.75	4	3.75
5	五回路	4.0	6	4.0	4.40	6	4.40	10	五回路	3.96	5	3.96	4.36	5	4.36

（6）避雷线及 OPGW 架线单独施工临时有带电线路（主要针对改建线路），按表 2-7 参照单回路调整系数。

（7）张力架线定额中已包括牵张设备在施工过程中的装、拆和转移。

3. 导线、避雷线、OPGW 跨越架设

主要工作内容包括：跨越铁路、公路、高速公路、电力线及弱电线时，跨越线路的搭设、拆除，放、紧线时跨越架的监护；跨越河流时，利用船舶将导地线或导（牵）引绳引渡过河，在紧放线时进行分线和监护；材料和工器具移运，清理现场等。

定额中需要注意：

（1）定额计量单位“处”，系指在一个档距内，对一种被跨越物所必须搭设的跨越架而言。如同一档距内跨越多种（或多次）跨越物时，应根据跨越物种类（或次数）分别套用定额。

（2）单根线跨越架设只适用于避雷线、OPGW 单独架设或更换时使用，当带电跨越时，带电跨越措施费按“带电跨越电力线措施”的定额基价的 10%计列。

（3）定额子目中所列电压等级若未做说明，均指待建线路的电压。

（4）定额仅考虑因跨越而多耗的人工、材料和机械台班。在计算架线工程量时，其跨越档的长度不应扣除。

（5）跨越架设定额不包括被跨越物产权部门提出的咨询、监护、路基占用等，如需要时可按政府或有关部门的规定另计。

（6）跨越铁路定额分为一般铁路、电气化铁路，如遇高速铁路时，按施工组织设计另计费用。

（7）跨越“一般公路”与“高速公路”定额均按双向 4 车道及以内的公路考虑，如超出 4 车道时，定额基价乘超宽系数调整：双向 6 车道的超宽系数取 1.2，双向 8 车道的超宽系数取 1.6。

（8）跨越电力线定额是按停电跨越考虑的。如需带电跨越，增加套用带电跨越措施定额。

（9）跨越河流架线定额仅适用于有水的河流、湖泊（水库）的一般跨越。在架线期凡属人能涉水而过的河道，或正值干涸时的河流、湖泊（水库）均不作为跨越河流计。对于必须采取封航手段的通航河道或水流湍急以及施工难度较大的深沟或峡谷，其跨越架设可按审定的施工组织设计，由工程主审部门另行核定。

（10）施工中遇到人车通行的土路、不拆迁的房屋及不砍伐的果园、经济作物等，架线时需采取防护措施，可按下面方法计算：

1）跨越土路，以“处”为计量单位，套用跨越低压弱电线路定额乘以 0.8 的系数。

2）果园、经济作物按 60m 为一处，套用跨越低压弱电线路定额乘以 0.8 的系数。

3）跨越房屋，以独立房屋为一处，套用跨越低压弱电线路定额，房屋高度 10m 以下乘以 0.8 的系数。房屋高度 10m 以上乘以 1.5 的系数。

（11）跨越架设定额按单回路线路建设考虑，当同塔同时架设多回路时，定额按表 2-8 系数调整。

表 2-8　跨越架设定额调整系数表

序号	每侧导线横担水平排列最大相数	人工	材料	机械
1	1 相	1.5	1.1	1.5
2	2 相	1.75	1.3	1.75
3	3 相	2	1.5	2

4. 特殊跨越

特殊跨越有多柱组合式、带羊角横担柱式、无跨越架索道封网式。主要的工作内容包括：跨越架的搭设、拆除，放、紧线时跨越架的监护，材料移运，清理现场，工器具移运等。

定额中需要注意：

（1）特殊跨越是指采用非脚手架形式跨越被跨越物的形式。

（2）定额使用时应根据施工图设计要求使用。

（3）有多柱组合式、带羊角横担柱式跨越架横担上部高度按 30m 以内考虑，如果超过 30m 时，按每增高 5m 乘以 1.15 的系数，不足 5m 按 5m 计算。

（4）带羊角横担柱式跨越架跨度按 40m 以内考虑，如果超过 40m，按每增高 5m 乘以 1.1 的系数，不足 5m 按 5m 计算。

(5) 多柱组合式、无跨越架索道封网式跨越架跨度按 80m 以内考虑，如果超过 80m，按每增高 10m 乘以 1.1 的系数，不足 10m 按 10m 计算。

5. 带电跨越电力线措施。

主要的工作内容包括：跨越线架的搭设、拆除，放、紧线时跨越架的监护，材料移运，清理现场，工器具移运等。

定额中需要注意如果被跨越电力线为多回路时，措施费定额基价乘以如下调整系数：双回路乘以 1.5 的系数，三、四回路乘以 1.75 的系数，五、六回路乘以 2.0 的系数。

6. 耦合屏蔽线安装

主要工作内容包括：放、紧线准备，人力或机械牵引放线，机械紧挂线，弧垂观测，信号联络，护线及杆塔监护，直线接头连接及耐张终端头制作、耐张串组合连接，接地连接线安装，清理现场，工器具移运等。

定额中需要注意屏蔽线按良导体考虑。如果采用钢绞线作屏蔽线时，定额材料费乘以 0.2 的系数。定额中未计价材料有屏蔽线、绝缘子、金具。

7. OPGW 接续与测量

OPGW 单盘测量的主要工作内容包括：测量准备，开缆盘，剥缆，清洗光纤，切缆，测量，记录数据，封缆头，清理现场，工器具移运等。

OPGW 接续主要工作内容包括：接续准备，上（杆）塔放线，临时固定，剥缆，清洗光纤，溶接，测试纤盘盒，复测，封盒，盘缆，上（杆）塔收线及固定，清理现场，工器具移运等。

OPGW 的全程测量主要工作内容包括：测量准备，测量，记录，封盒，清理现场，工器具移运等。

定额中需要注意：

(1) 单盘测量在编制初步设计概算时，如果尚未进行光缆招标工作，可按每轴（盘）4km 计算。

(2) 光缆定额是按双窗口测试条件下考虑的，设计要求单窗口时，“接续”的有关子目乘以 0.85 的系数。

(3) 接续工程量按接头的个数计算，只计算架空部分的连接头，前后两段的光纤进线或出线的架构接线盒至通信机房部分按《电力建设工程预算定额（2013 年版）》第六册通信工程执行。

(4) 全程测量定额是按 100km 为一基本段考虑，超过 100km，每增加 50km，其人工、机械乘以 1.4 的系数，不足 50km 的按 50km 计算。

8. 拦河线安装

主要工作内容包括：测量定位，杆坑、拉线坑挖填，底、拉、卡盘安装，组立杆，拉线安装，拦河线放、紧线，警示牌安装，清理现场，工器具移运等。

定额中需要注意：

(1) 定额中的未计价材料包括电杆及各部件、拦河线和警示牌。

(2) 不包括拦河线所用器材的运输和混凝土杆的焊接。需要时可套用“工地运输”和“杆塔工程”钢环焊接的相应定额。当拦河线采用钢管杆（含配套基础）承拦时，基础施工与钢管杆组立可套用“基础工程”和“杆塔工程”的相应定额。

（六）附件工程

附件工程定额按绝缘子金具串及保护金具类型的划分有耐张转角杆塔导线挂线及绝缘子串安装，直线（直线换位、直线转角）杆塔绝缘子串悬挂安装，导线悬垂线夹安装，均压环、屏蔽环安装，防振锤、间隔棒安装，重锤安装，阻尼线安装，阻冰环安装，跳线制作及安装九个定额节。

附件工程定额中不包括地线的绝缘子串安装，该工作内容包括在架线工程的地线架设工作中。若同塔非同时架设下一回路或邻近有带电线路时，在架设下一回路时其定额人工、机械要乘以 1.1 的系数。实际工程中如发生在线监测设备安装，套用《电力建设工程预算定额（2013 年版）》第六册通信工程。

1. 耐张转角杆塔导线挂线及绝缘子串安装

主要工作内容包括：开箱检查与清洗、绝缘测定、锚线、割线、耐张塔和转角塔导线耐张终端头制作、耐张绝缘子串组合连接和挂线、塔上安装及调整、清理现场、工器具移运等。耐张转角杆塔导线挂线及绝缘子串安装定额按电压等级及导线分裂数设置定额子目，计量单位为“组”，每个耐张、转角塔单侧单相为一组。未计价材料包括绝缘子、金具。

2. 直线（直线换位、直线转角）杆塔绝缘子串悬挂安装

主要工作内容包括：绝缘子开箱检查与清洗、绝缘测定、金具及绝缘子串组合与悬挂（包括放线滑车）、针式绝缘子（或瓷横担）固定、清理现场、工器具移运等。直线（直线换位、直线转角）杆塔绝缘子串悬挂安装定额按电压等级、绝缘子串配置型式设置定额子目，以“单相”为计量单位计算工程量，并套用相应定额。未计价材料包括绝缘子、金具。定额运用及工程计量时应注意的事项：

（1）“绝缘子串悬挂”适用于直线、直线转角及换位杆（塔）的绝缘子串安装。

（2）相间间隔棒安装，套用“直线杆塔绝缘子串悬挂安装”相应电压等级定额和“导线悬垂线夹安装”相应电压等级定额，人工乘 3.0 的系数，机械乘 2.0 的系数。

3. 导线悬垂线夹安装

主要工作内容包括：划印提线、拆除放线滑车、缠绕铝包带或缠绕预绞丝、安装线夹及螺栓紧固（或绑扎固定）、清理现场、工器具移运等。导线悬垂线夹安装定额按电压等级、导线分裂数设置定额子目，以“单相”为计量单位计算。未计价材料包括线夹、预绞丝。定额运用及工程计量时应注意的事项：

预绞丝悬垂线夹安装，按“导线缠绕预绞丝线夹安装”的相应定额乘 1.2 的系数。

4. 均压环、屏蔽环安装

主要工作内容包括：开箱检查、地面组合、高空安装和螺栓紧固、清理现场、工器具移运等。均压环、屏蔽环安装定额按电压等级和杆塔形式（直线、耐张）设置定额子目，以“单相”为计量单位计算。未计价材料包括均压环、屏蔽环。

5. 防振锤、间隔棒安装

（1）防振锤安装

主要工作内容包括：进行外观检查、在导线及良导体避雷线缠绕铝包带、防振锤安装调整及螺栓紧固、补刷防锈漆、清理现场、工器具移运等。

（2）间隔棒安装

主要工作内容包括：开箱检查、利用飞车和绳尺进行高空测距及安装、清理现场、工器具移运等。

防振锤、间隔棒安装定额按导线分裂数设置定额子目，以“个”为计量单位计算。未计价材料包括防振锤、间隔棒。运用时注意：

防振锤安装时需缠绕预绞丝的，按“防振锤安装”的相应定额乘 1.2 的系数。

6. 重锤安装

主要工作内容包括：地面组合、利用机动绞磨和滑车组提升、高空安装、清理现场、工器具移运等。重锤安装按重锤重量设置定额子目，以“单相”为计量单位计算。未计价材料重锤。

7. 阻尼线安装

主要工作内容包括：材料丈量与切割、机动绞磨提升、高空安装、花边调整及线夹紧固、清理现场、工器具移运等。阻尼线安装定额按导线截面及导线分裂数设置定额子目，以“单相”为计量单位计算。未计价材料阻尼线。定额运用及工程计量时应注意的事项：

（1）若避雷线、OPGW 安装阻尼线，则其套用相同截面导线定额。

（2）阻尼线安装是按一般安装情况考虑。遇到大跨越、大档距杆塔，需采用超长阻尼线（每相扎

花边 13 个以上）时，其人工、机械按相应的定额乘以 3.0 的系数。

8. 阻冰环安装

主要工作内容包括：吊装飞车、安装、拆卸飞车、清理现场、工器具移运等。阻冰环安装定额按是否是分裂导线设置定额子目，以“10 个”为计量单位计算。未计价材料有阻冰环。

9. 跳线制作及安装

主要工作内容包括：跳线丈量、切割、连接、整理、电气间隙测定、清理现场、工器具移运等。软跳线按电压等级和导线分裂数设置定额子目，刚性跳线按导线分裂数设置定额子目，均以“单相”为计量单位计算。未计价材料有整套软跳线、整套刚性跳线。定额运用时应注意：

（1）跳线绝缘子串悬挂工作套用“绝缘子串悬挂”的相应定额。跳线线夹安装工作套用“导线悬垂线夹安装”的相应定额。

（2）刚性跳线拉杆安装，套用相应电压等级双串绝缘子串悬挂定额。

（七）辅助工程

辅助工程包括索道站安装、施工道路及固沙三个定额节。

1. 索道站安装

（1）索道机具、绳索、支架运输

主要工作内容包括：外观检查、在上料点 100m 以内移运、绑扎及运送、卸至指定地点、运毕返回。木支架运输、钢支架运输按索道跨距及索道荷载设置定额子目，以“个”为计量单位计算；绳索及附件运输按索道跨距、索道荷载及运输索道形式（往复式、循环式）设置定额子目，以“处”为计量单位计算。

（2）索道安装

1）木（钢）支架安装

主要工作内容包括：选点、定位、分坑、木（钢）支架排列支垫、绑扎、扒钉连接、支架组力和调整、运行维护、支架的拆除、清理现场、工器具移运等。按索道荷载及支架材质（木、钢）设置定额子目，以“个”为计量单位计算。

2）牵引设备、索道及附件安装往复式（循环式）

主要工作内容包括：牵引设备的装卸、包括在上料点 100m 范围内的移运就位。索道绳索的展放准备，人力或机械牵引展放，机械收紧，弧垂及张力观测，信号联络，索道沿线及支架监护，绳索锚固，钢丝绳接头连接制作，索道行走滑车、托架、料斗等附件安装，索道试运行及维护，物料运完后索道拆除，清理现场、工器具移运等。按索道跨距、索道荷载及运输索道形式（往复式、循环式）设置定额子目，以“处”为计量单位计算。

2. 施工道路

（1）路床整形

主要工作内容包括：挖填土、平整、拌和、运料、摊铺、找平、洒水、碾压、清理现场、工器具移运等。以面积“m^2”为计量单位计算。

（2）道路基层

主要工作内容包括：基层找平、铺石（摊铺）、夯实、清理现场、工器具移运等。按土质分类（块石、塘渣、碎石、砂）和厚度设置定额子目，以面积“m^2”为计量单位计算。

（3）道路面层

主要工作内容包括：道路面层拌和、浇筑、抹平、夯实、养护、清理现场、工器具移运等。按黏土的分类（砂、石屑）及厚度设置定额子目，以面积“m^2”为计量单位计算。未计价材料包括中砂、石屑、黏土、水。

3. 固沙

主要工作内容包括：沙堆推平、切草、植草、清理现场、工器具移运等。固沙是地基处理的一种形式，固沙以面积“m^2”为计量单位计算。未计价材料包括芦苇、麦秸、稻草。

第三节 架空线路工程量清单计价

一、架空线路工程量清单计价规范

工程量清单计价方法是一种主要由市场定价的计价模式，是由建设产品的买方和卖方在建设市场上根据供求状况、信息状况进行自由竞价，最终能够签订工程合同价格的方法。架空线路工程是输电线路工程的一部分，同样执行输电线路工程工程量清单计价规范。

（一）工程量清单编制依据

（1）输电线路工程工程量清单编制与计价规则执行国家能源局颁布的《电力建设工程工程量清单计价规范》（DL/T 5745—2016）与《电力建设工程工程量清单计价规范 输电线路工程》（DL/T 5205—2016）。

规范规定分部分项工程量清单项目名称、计量单位、工程量计算规则、项目编码以及措施项目、其他项目等的编制规定，涵盖了编制工程量清单和招标控制价、投标报价、竣工结算，以及合同价款的约定、工程计量与价款支付、工程价款调整、索赔、工程计价争议处理等内容。

（2）工程设计文件。主要有施工设计图纸及会审纪要，标准图集和通用图集等设计文件。

（3）施工组织设计或施工方案。施工组织设计或施工方案对工程造价影响较大，特别是对措施费用影响较大，必须根据工程特点、客观实际施工现场情况，编制施工技术先进、合理的施工方案，降低工程成本。

（4）国家、电力行业建设主管部门颁发的计价依据和办法。

（5）与建设工程项目有关的标准、规范、技术资料。

（6）招标文件及其补充通知、答疑纪要。

（7）承包合同及相关补充协议。

（8）其他相关资料。

（二）工程量清单编制

1. 一般规定

（1）招标人应负责编制工程量清单，若招标人不具有编制工程量清单能力时，可委托具有相应资质的电力工程造价咨询人或招标代理人编制。

（2）工程施工招标发包可采用多种方式，但采用工程量清单方式招标发包，招标人必须将招标工程量清单作为招标文件的组成部分，连同招标文件并发（或售）给投标人。招标人对编制的招标工程量清单的准确性和完整性负责，投标人依照招标工程量清单进行投标报价。

（3）招标工程量清单是工程量清单计价的基础，应作为编制招标控制价、投标报价、计算或调整工程量、施工索赔等的依据之一。

（4）招标工程量清单应以单位（项）工程为单位编制，由分部分项工程量清单、措施项目清单、其他项目清单、投标人采购设备（材料）表、招标人采购材料表组成。

（5）招标工程量清单的项目划分是根据现行电力行业计算规范中规定的项目划分进行编制的，如有新增项目应按照规范的规定在相应项目下增列。

（6）编制招标工程量清单应依据：

1）《电力建设工程工程量清单计价规范》（DL/T 5745—2016）和相关工程的国家计量规范；

2）国家或省级、行业建设主管部门颁发的计价依据和办法；

3）电力建设工程设计文件及相关资料；

4）与建设工程有关的标准、规范、技术资料；

5）拟定的招标文件，招标期间的补充通知、答疑纪要等；

6）施工现场情况、地勘水文资料、工程特点及常规施工方案；

7）其他相关资料。

2. 总说明编制

（1）工程概况包括线路亘长、回路数、起止塔（杆）号、设计气象条件、沿线地形比例、沿线地质条件、杆塔类型与数量、导线型号规格、地线型号规格、光缆型号规格等内容。

（2）其他说明应包括工程招标和分包范围、招标工程量清单编制依据、交通运输情况、环境保护和文明施工、工程质量要求，工程施工特殊要求以及其他要说明的问题等内容。

3. 分部分项工程量清单编制

分部分项工程量清单应载明并根据清单计价规范规定编制项目编码、项目名称、项目特征、计量单位、工程量。招标人必须按规定执行，不得因情况不同擅自变动。当出现附录中未包括的项目时，编制人应作补充，并由招标人报电力工程造价与定额管理总站备案。分部分项工程量清单见表 2-9。

表 2-9　分部分项工程量清单

工程名称：

序号	项目编码	项目名称	项目特征	计量单位	工程量	备注

（1）工程量清单的项目设置。工程量清单的项目设置规则是为了统一工程量清单项目名称、项目编码、计量单位和工程量计算而制定的，是编制工程量清单的依据。在《电力建设工程工程量清单计价规范》中，对工程量清单项目的设置作了明确的规定。分部分项工程量清单应根据对应附录规定的项目编码、项目名称、项目特征、计量单位和工程量计算规则进行编制。

1）项目编码。项目编码以五级编码设置，应采用英文字母加阿拉伯数字十二位编码表示，同一招标工程的项目编码不得有重码，各级编码代表的含义如图 2-11 所示。

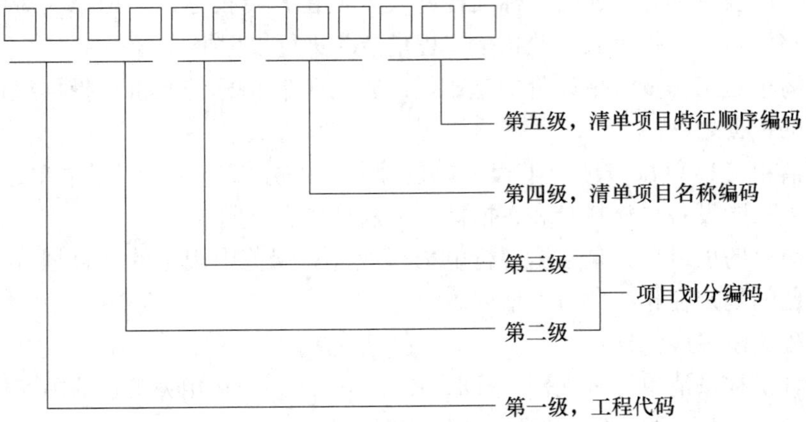

图 2-11　项目编码构成

a. 第一级为工程代码，由两位英文字母表示。根据《电力建设工程工程量清单计价规范》的规定："BT"表示变电站建筑工程，"BA"表示变电站安装工程，"HT"表示换流站建筑工程，"HA"表示换流站安装工程，"TA"表示通信安装工程，"TS"表示通信线路工程，"SD"表示架空线路工程，"LT"表示电缆线路建筑工程，"LA"表示电缆线路安装工程。

b. 第二级和第三级为项目划分编码，分别用两位阿拉伯数字表示。

c. 第四级为清单项目名称编码，用一位英文字母加两位阿拉伯数字表示。

d. 第五级为清单项目特征顺序编码，用三位阿拉伯数字表示。

第一、二、三、四级编码根据项目类别结合项目划分设定，为固定统一编码，共 9 位，编制人不得更改，确需增列的清单项目，可在相应级别的固定编码后按顺序增列；第五级清单项目特征顺序编码由工程量清单编制人根据拟建工程的工程量清单项目名称和特征设置，自"001"起根据相同项目特征进行顺序编码。例如，"BA11A11001"表示的是主变压器安装工程中的一个项目编码。

2）项目名称。项目名称原则上以形成工程实体命名。项目名称如有缺项，招标人可按相应的原则进行补充，并报当地工程造价管理机构备案。如果计价规范对项目名称有规定的，应按规定的名称填写，不得更改。

3）项目特征。项目特征是对项目的准确描述，是影响价格的因素，是设置具体清单项目的依据。项目特征按不同的工程部位、施工工艺或材料品种、规格等分别列项。凡项目特征中未描述到的其他独有特征，由清单编制人视项目具体情况确定，以准确描述清单项目为准。

4）计量单位。输电线路工程的分部分项工程量清单计量单位应按各册清单计价规范附录中相应项目的规定计量单位填写。附录中有两个或两个以上计量单位的，应根据规范中规定的特征描述，且结合拟建工程项目的实际来选定一个合适的计量单位。

5）工程内容。工程内容是指完成该清单项目可能发生的具体内容，供招标人确定清单项目和投标人投标报价参考。可结合拟建工程项目的实际情况，根据各册清单计价规范的附录中规定的项目进行选择，但不能突破规范的工程内容范围。

（2）工程量。分部分项工程量清单工程量主要通过工程量计算规则计算得到，按照"工程量清单计价规范"附录中"工程计算规则"规定的计算方法计算确定。除另有说明外，所有清单项目的工程量应以实体工程量为准，并以完成后的净值计算；投标人报价时，应在单价中考虑施工中和各种损耗和需要增加的工程量。

工程量的小数位数应符合如下规定：

1）以"t""km"为单位时，应保留小数点后三位，第四位小数四舍五入。

2）以"m^3""m^2""m""kg"为单位时，应保留小数点后两位数字，第三位小数四舍五入。

3）以"个""单相""基""回路""根""套""处""组""座""副""只""套/三相""互联段/三相""瓶/三相""油段/三相""盘""间隔""项""块""串""柱"为单位时，应取整数。

编制工程量清单出现附录中未包括的项目，编制人应作补充，补充项目时应注意以下五个方面：

1）补充项目的编码应按电力工程工程量清单计价规范的规定确定。

2）在工程量清单中应附补充项目的项目名称、项目特征、计量单位、工程量计算规则、工作内容。

3）将编制的补充项目报电力工程造价与定额管理总站备案。

4）补充项目的编码由附录 E 的顺序码与 B 和 5 位阿拉伯数字组成，并应从×××××B00001 起顺序编码，同一招标工程的项目不得重码。

5）若本专业的分部分项工程量招标清单无该内容的清单项目，而其他专业的分部分项工程量招标清单包括了这部分内容的清单项目，则可以应用其他专业的清单项目的九位码，再加 3 位顺序码，注"参"即可。

4. 措施项目清单

措施项目清单的编制需考虑多种因素，除工程本身的因素外，还涉及水文、气象、环境、安全等因素。例如大型机械进出场及安拆费、综合脚手架、施工降水等都属于清单项目内容，招标人投标时应根据自身编制的施工组织设计或方案确定措施项目，对招标人提供的措施项目进行调整。措施项目清单见表 2-10。

表 2-10 措施项目清单

序号	项目名称	项目特征	计量单位	工程量	备注

5. 其他项目清单

工程建设标准的高低、复杂程度、工期长短、组成内容、发包人对工程管理要求等对其他项目清单的具体内容都有所影响。其他项目清单宜按照下列内容结合报建工程实际情况列项，出现下列未列的项目，可根据工程实际情况补充。其他项目清单见表 2-11。

表 2-11 其他项目清单

工程名称：

序号	项目名称	金额（元）	备注
1	暂列金额		明细详见清单表 2-14-1
2	暂估价		
2.1	材料、工程设备暂估价		明细详见清单表 2-14-2
2.2	专业工程暂估价		明细详见清单表 2-14-3
3	计日工		明细详见清单表 2-14-4
4	施工总承包服务项目		明细详见清单表 2-14-5
5	其他		
5.1	拆除工程项目清单		明细详见清单表 2-14-6
5.2	招标人供应设备、材料卸车费		
	……		

暂列金额是招标人暂定并包括在合同中的一笔款项，为了应对工程建设进展中可能出现的一些不能预见、不能确定的因素发生导致合同价格调整的情况。虽然列入合同价格，但不属于承包人所有，也不必然发生，只有按照合同约定实际发生后，才能成为承包人的应得金额。暂列金额明细表见表 2-11-1。

表 2-11-1 暂列金额明细表

工程名称：　　　　　　　　　　　　　　　　　　　　　　　　　　金额单位：元

序号	项目名称	计量单位	暂列金额	备注
合计				

暂估价是指招标阶段直至签订合同协议时，招标人在招标文件中提供的用于支付必然发生但暂时不能确定价格的材料以及专业工程的金额。材料、工程设备暂估价表见表 2-11-2。

表 2-11-2　材料、工程设备暂估价表

工程名称：　　　　　　　　　　　　　　　　　　　　　　　　　　　　　　　金额单位：元

序号	材料、工程设备名称	规格、型号	计量单位	金额	备注
合计					

专业工程暂估价表见表 2-11-3。

表 2-11-3　专业工程暂估价表

工程名称：　　　　　　　　　　　　　　　　　　　　　　　　　　　　　　　金额单位：元

序号	工程名称	主要工程内容	金额	备注
合计				

计日工是为了解决现场发生的零星工作的计价而设立的，对完成零星工作所耗的人工工时、材料数量、施工机械台班进行计量，并按计日工表中填报的适用项目的单价进行支付。计日工表见表 2-11-4。

表 2-11-4　计日工表

工程名称：　　　　　　　　　　　　　　　　　　　　　　　　　　　　　　　金额单位：元

编号	项目名称	计量单位	暂定金额（元）	备注
一	人工			
二	材料			
三	施工机械			

施工总承包服务项目内容表见表 2-11-5。

表 2-11-5 施工总承包服务项目内容表

工程名称：　　　　　　　　　　　　　　　　　　　　　　　　　　　　　　　　　　金额单位：元

序号	工程名称	项目价值	服务内容	备注
1	招标人发包专业工程			
	……			

拆除工程项目清单见表 2-11-6。

表 2-11-6 拆除工程项目清单

工程名称：

序号	项目名称	项目特征	计量单位	工程量	备注

6. 投标人采购设备（材料）表

投标人采购设备（材料）表应根据拟建工程的具体情况，详细列出采购设备（材料）名称、型号规格、计量单位、数量等内容。清单内容见表 2-12。

表 2-12 投标人采购设备（材料）表

工程名称：　　　　　　　　　　　　　　　　　　　　　　　　　　　　　　　　　　金额单位：元

序号	材料（设备）名称	型号规格	计量单位	数量	单价	备注
一	设备					
二	材料					

7. 招标人采购材料表

招标人采购材料表应根据拟建工程的具体情况，详细列出采购材料名称、型号规格、计量单位、数量、单价、交货地点及方式等内容。清单内容见表 2-13。

表 2-13 招标人采购材料表

工程名称：

序号	材料名称	型号规格	计量单位	数量	单价（元）	交货地点及方式	备注

招标人采购材料的名称、型号规格、数量应与招标文件相关内容一致。

二、清单法工程计量

工程量清单以实体为主，架空线路工程的主要工程量清单项目有基础工程、杆塔工程、接地工程、架线工程、附件工程、辅助工程、措施项目。

（一）基础工程

基础工程包括基础钢材、混凝土工程、基础防护等工程量清单项目。

1. 基础钢材

基础钢材下的工程量清单项目包括基础钢筋、地脚螺栓和插入式角钢（或钢管）。

1）基础钢筋，以“t”为计量单位，按设计图示数量以质量计算，该质量包含地脚螺栓箍筋质量。基础钢筋按照种类和规格的不同分别计量。基础护壁钢筋、钢筋混凝土挡土墙钢筋、钢筋混凝土护坡钢筋计入基础钢筋工程量。

2）地脚螺栓，以“t”为计量单位，按设计图示数量以质量计算，该质量不包含地脚螺栓箍筋质量。地脚螺栓按照种类和规格的不同分别计量。地脚螺栓的附属材料，如环形定位板等计入“地脚螺栓”清单工程量中。

3）插入式角钢（或钢管），以“t”为计量单位，按设计图示数量以质量计算，按照种类和规格的不同分别计量。

2. 混凝土工程

混凝土工程清单项包括预制基础、混凝土装配式基础、现浇基础、挖孔基础、灌注桩基础、大体积混凝土基础、预制桩基础、钢管桩基础、岩石锚杆基础、树根桩基础以及基础垫层。

1）预制基础，以“基”为计量单位，按照图示设计尺寸数量计算。按照项目特征不同分别计量，项目特征包括底盘、套筒、拉盘、拉线盘等的类型；每基块（根）数；每块（根）的质量。

2）混凝土装配式基础，以“m^3”为计量单位，按照设计图示尺寸，以体积计算。依据基础混凝土强度等级划分不同类分别计量。

3）现浇基础，以“m^3”为计量单位，按照设计图示尺寸，以体积计算。按照基础类型名称、基础混凝土强度等级不同分别计量。另外基础承台和连梁执行现浇基础清单项。

4）挖孔基础，是指掏挖基础、岩石嵌固式基础、挖孔桩基础。挖孔基础以“m^3”为计量单位，按照设计图示尺寸，以体积计算。按照基础混凝土强度等级及护壁类型不同分别计量。

5）灌注桩基础，以“m^3”为计量单位，按照设计图示数量，以体积计算，此体积包括桩尖体积。按照桩长步距、混凝土强度等级不同分别计量，“桩长”指地面以下桩身加桩尖长度，地面以上的部分按承台（连梁）考虑；步距指的是一个数值区间，可参考定额子目的步距描述。

6）大体积混凝土基础，大体积混凝土是指因混凝土水化热引起的，在设计文件中已明确要求在混凝土中采取温度控制措施的混凝土基础。计量单位为“m^3”，按照设计图示尺寸，以体积计算。按照基础混凝土强度等级不同分别计量。

7）预制桩基础，适用于预制混凝土管桩、预制混凝土方桩等基础型式。此类基础以“m^3”为计量单位，按照设计图示尺寸，以体积计算，此体积中包含桩尖体积。按照桩长步距及混凝土强度等级不同分别计量。

8）钢管桩基础，以“根”为计量单位，按设计图示数量，以根数计算，按照桩长步距的不同分别计量。

9）岩石锚杆基础，以“m”为计量单位，按设计图示尺寸，以孔深计算，按照基础混凝土强度等级不同分类计量。另外岩石锚杆基础的承台执行现浇基础清单项。

10）树根桩基础，以“m^3”为计量单位，按设计图示尺寸，以体积计算，按照基础混凝土强度等级不同分别计量。

11）基础垫层，以“m^3”为计量单位，按设计图示尺寸，以体积计算，按垫层类型不同分别计量。

3. 基础防护

基础防护工程量清单项目包括基础防腐和基础阴极保护。

1）基础防腐，工程量计量按照防腐形式及要求的不同，按工程实际情况确定计量单位，或以“m^2”为计量单位以面积量计量，或以“m^3”为计量单位以体积计量。按照项目特征即防腐材料的不同分别计量。

2）基础阴极保护，按保护方法不同，计量单位也有所不同，按工程实际情况确定计量单位，分别有“套”和“处”，工程量按照设计图示以数量计量。项目特征包括电极材质、规格；测试桩材质、规格；参比电极材质、规格。按照项目特征不同分别计量。

（二）杆塔工程

1. 混凝土杆组立，按照设计图示数量进行计量，以“基”为计量单位，根据杆型、组立型式的不同分别计算数量。

2. 钢管杆组立，包括薄壁离心混凝土钢管杆等。其计量单位按照工程实际情况不同以“基”为单位（以数量计量）或者以“t”（以质量计量）为单位，按照杆型及组立型式的不同分别计量。这里钢管杆及混凝土杆的质量包含了杆身自重和横担、叉梁、脚钉、爬梯、拉线抱箍、防鸟刺等全部杆身组合构件的质量，但不包括基础、接地、拉线组、绝缘子金具串的质量。

3. 拉线塔组立，要求按照设计图示数量，以“t”为计量单位计算质量。按照杆塔结构类型的不同分类计量。杆塔结构类型包括角钢塔、钢管塔等。拉线塔塔重包含塔身自重、脚钉、爬梯等全部塔身组合构件的质量，不包含基础、接地、拉线组、绝缘子金具串的质量。

4. 自立塔组立与拉线塔组立的计量方式基本相同。自立塔塔重包含塔身自重、脚钉、爬梯、电梯井架等全部塔身组合构件的质量，但不包含基础、接地、绝缘子金具串的质量。

5. 杆塔刷漆，以“t”为计量单位，按设计图示数量以质量计算。依据杆塔类型、油漆种类不同分别计量，杆塔类型有钢管塔、角钢塔、钢管杆。

（三）接地工程

接地工程项目清单下只有接地安装一个子项目。

接地安装以“基”为计量单位，按设计图示数量计算，项目特征包括接地型式、降阻材料，依据项目特征的不同分别计量。

（四）架线工程

1. 导地线架设，下设子项避雷线架设、导线架设、OPGW 架设、耦合屏蔽线架设。避雷线架设、OPGW 架设、耦合屏蔽线架设均不含绝缘子，绝缘子、金具串安装的工作内容，执行附件工程中的“其他金具”清单项目。

1）避雷线架设，以“km”为计量单位，按设计图示线路亘长以单根长度计算。按照项目特征即型号及规格的不同分别计量。

2）导线架设，以“km”为计量单位，按设计图示线路亘长计算。项目特征包括型号、规格；回路数；相数；相分裂数，根据项目特征的不同分别计量。

3）OPGW 架设，以“km”为计量单位，按设计图示线路亘长以单根长度计算。按照项目特征即型号及规格的不同分别计量。

4）耦合屏蔽线架设，以“km”为计量单位，按设计图示线路亘长以单根长度计算。按照项目特征即型号及规格的不同分别计量。

2. 跨越建设，下设交叉跨越及特殊跨越项目子项。

1）交叉跨越，以“处”为计量单位，按设计图示数量计算。项目特征包括被跨越物名称、被跨越电力线回路数、被跨越电力线带电状态、在建线路单侧导线最大水平排列相数、公路车道数量、河宽步距，按项目特征的不同分别计量。

2）特殊跨越，是指除脚手架跨越以外的其他形式，以“处”为计量单位，按设计图示数量计算。按跨越架形式及高度的不同分别计量。

（五）附件工程

1. 悬垂绝缘子、金具串，以“单相”为计量单位，按设计图示数量计算，项目特征包括绝缘子名称、型号；组合形式（片数或支数×联数）。按照项目特征不同分别计量。

2. 耐张绝缘子、金具串，以“组”为计量单位，按设计图示数量计算，按单侧单相为一“组”计量。项目特征有导线分裂数；导线绝缘子名称、型号；组合形式（片数或支数×联数）。按照项目特征不同分别计量。其中，此清单项目和“悬垂绝缘子、金具串”清单项中包括绝缘子、连接金具、线夹、预绞丝、护线条、均压环、屏蔽环等。

3. 跳线制作及安装，其中不包括跳线间隔棒安装，如出现时执行“间隔棒”清单项目。跳线制作及安装项目以“单相”为计量单位，按设计图示数量计算。项目特征有跳线类型、跳线分裂数。跳线类型分软跳线和刚性跳线。按照项目特征不同分别计算。

4. 防振锤，以“个”为计量单位，按设计图示数量计算，按规格或型号的不同分别计量。

5. 间隔棒，以“个”为计量单位，按设计图示数量计算，按规格或型号的不同分别计量。

6. 其他金具，是指与上述绝缘子串不相连而需要独立安装的单元（防振棒、间隔棒除外），包括重锤、阻尼线、阻冰环、相间间隔棒、地线金具串等。按照工程实际情况不同，计量单位有“个”“单相”及“组”，按设计图示数量计算。按名称、规格或型号的不同分别计量。

（六）辅助工程

1. 调试

调试清单项目下的子项只有输电线路试运。

输电线路试运，以“回”为计量单位，按设计图示数量计算，依据电压等级、线路长度及回路数的不同分别计量。

2. 辅助工程

1）尖峰、基面土石方开挖及回填，该工程量应按设计提供的基面标高并按地形、地貌以实际情况计算，以“m^3”为计量单位计算体积。如果原开挖土不能做回填土时，需要重新购土回填，此时应按措施项目中的“换填”清单项目计列。依据名称、地质类别的不同分别计量。

2）护坡、挡土墙、基础护面、挡水墙、永久围堰、喷射混凝土护坡及排洪沟砌筑。该清单项目以“m^3”为计量单位，按设计图示数量以体积计算。项目特征包括名称；砌筑方式及材质；砂浆或混凝土强度等级。按照项目特征的不同分别计量。

3）固沙，以“m^2”为计量单位，按设计图示数量计算，依据固沙方式不同分别计量。

4）防鸟刺、驱鸟器，以“个”为计量单位，按设计图示数量计算，按照名称、型号不同分别计算。

5）防坠落装置，以“m”为计量单位，按设计图示数量以长度计算。按照材质、规格不同分别计算。

6）地线融冰装置，以“套”为计量单位，按设计图示数量计算，按照规格或型号的不同分别计量。

7）拦河线，以“处”为计量单位，按设计图示数量计算，按照规格或型号、河宽步距的不同分别计量，河宽步距参考定额子目的步距描述。

8）在线监测设备，以“套”为计量单位，按设计图示数量计算，按照规格或型号的不同分别计量。

（七）措施项目

1. 地基处理，按地基处理方式的不同分别有“m^2”“m^3”两种计量单位，以实际工程情况为准选择计量方式。

2. 临时围堰，以“m^3”为计量单位，按设计图示数量、施工方案计算。按照项目特征即材料名称、土质类别不同分别计量。

3. 基础降水，以“根”为计量单位，按设计图示数量、施工方案计算。按照项目特征降水方式、运行时间不同分类计量。

4. 施工道路，以“m^2”为计量单位，按设计图示数量、施工方案计算。项目特征包括路床整形平均厚度、基层材质及厚度、面层材质及厚度，按照项目特征不同分别计量。

5. 余土外运，指运距在100m以上的土石方运输，100m范围内的余土运输及处理包含在相应工作内容中。余土外运以“m^3”为计量单位，按挖方清单项目的工程量减去回填土体积计算。项目特征包括废弃料、填方料品种、运距等。

6. 换填，以“m^3”为计量单位，按设计图示数量以体积计算。项目特征包括填方材质、密实度，按照项目特征不同分别计量。

三、清单法工程组价

电网工程工程量清单报价应统一使用综合单价计价方法，《电力建设工程工程量清单计价规范》（DL/T 5745—2016）中规定，分部分项工程、措施项目和其他项目清单必须采用全费用综合单价计价。首先依据相应规范规定的工程量计算规则计算工程量，并依据相应计价依据确定全费用综合单价，然后用工程量乘以综合单价，并汇总即可得出分部分项工程费用汇总表，之后按相应办法计算措施项目费、其他项目费，最后汇总得出最高投标限价或者投标报价汇总表。分部分项工程和措施项目应依据招标文件及其招标工程量清单项目中的特征描述确定全费用综合单价计算，并应符合下列规定：

1. 全费用综合单价中应包括招标文件中划分的应由投标人承担的风险范围及其费用，招标文件中没有明确的，应提请招标人明确。

2. 招标工程量清单中提供了暂估单价的材料，应按提供的单价计入全费用综合单价。

其中：

$$\text{分部分项工程费}=\sum(\text{分部分项工程量}\times\text{全费用综合单价})$$

$$\text{措施项目费}=\sum\text{各措施项目费}$$

$$\text{其他项目费}=\text{暂列金额}+\text{暂估价}+\text{计日工}+\text{施工总承包费}+\text{其他}$$

$$\text{单位工程造价}=\text{分部分项工程费}+\text{措施项目费}+\text{其他项目费}$$

$$\text{单项工程造价}=\sum\text{各单位工程造价}$$

$$\text{建设工程总造价}=\sum\text{单项工程造价}$$

（一）分部分项工程量清单计价表

1. 工程量清单全费用综合单价分析表

其中：

$$\begin{aligned}\text{全费用综合单价}=&\text{规定计量单位项目人工费}+\text{规定计量单位项目材料费}+\\&\text{规定计量单位项目机械使用费}+\text{管理费}+\text{利润}+\text{税金}+\\&\text{风险因素增加费}+\text{规费}+\text{措施费}\end{aligned}$$

分部分项工程工程量清单综合单价分析表见表2-14。

其中：

$$\text{材机费}=\text{消耗性材料费}+\text{机械费}$$

表 2-14　分部分项工程工程量清单综合单价分析表

工程名称：　　　　　　　　　　　　　　　　　　　　　　　　　　　　　　　　金额单位：元

序号	项目编码	项目名称	计量单位	全费用综合单价组成												全费用综合单价
				人工费	材机费	主要材料费		措施费			企业管理费	规费	利润	编制基准价差	税金	
						材料费	其中：暂估价	措施费	其中：安全文明施工费	其中：临时设施费						

2. 工程量清单全费用综合单价人、材、机计价表见表 2-15。

表 2-15　工程量清单全费用综合单价人、材、机计价表

工程名称：　　　　　　　　　　　　　　　　　　　　　　　　　　　　　　　　金额单位：元

序号	项目编码（编制依据）	项目名称	计量单位	工程量（数量）	单价				合价			
					人工费	材机费	主要材料费		人工费	材机费	主要材料费	
							材料费	其中：暂估价			材料费	其中：暂估价
	全费用综合单价人、材、机											
	全费用综合单价人、材、机											

3. 分部分项工程量清单计价表见表 2-16。

表 2-16　分部分项工程量清单计价表

工程名称：　　　　　　　　　　　　　　　　　　　　　　　　　　　　　　　　金额单位：元

序号	项目编码	项目名称	项目特征	计量单位	工程量	全费用综合单价					合价				
						单价	其中：				合计	其中：			
							人工费	材机费	主要材料费			人工费	材机费	主要材料费	
									材料费	其中：暂估价				材料费	其中：暂估价

4. 分部分项工程费用汇总表见表 2-17。

表 2-17　分部分项工程费用汇总表

工程名称：　　　　　　　　　　　　　　　　　　　　金额单位：元

序号	项目或费用名称	金额			备注
		合计	其中：人工费	其中：暂估价材料费	

（二）投标人采购材料（设备）计价表（表 2-18～表 2-19）

表 2-18　投标人采购材料计价表

工程名称：　　　　　　　　　　　　　　　　　　　　金额单位：元

序号	材料名称	型号规格	计量单位	数量	单价	合价	备注
合计							

表 2-19　投标人采购设备计价表

工程名称：　　　　　　　　　　　　　　　　　　　　金额单位：元

序号	设备名称	型号规格	计量单位	数量	单价	合价	备注
合计							

（三）措施项目清单计价

措施项目的内容应依据招标人提供的措施项目清单和投标人投标时拟定的施工组织设计或施工方案编制。本表适用于以全费用综合单价形式计价的措施项目，其对应全费用综合单价由人工费、材料费（不含甲供材）、施工机械使用费、措施费、企业管理费、规费、利润、税金以及约定范围的风险费用组成；投标人增列措施项目仅在投标报价时采用（表 2-20）。其中：

$$材机费＝消耗性材机费＋机械费$$

表 2-20　措施项目清单计价表

工程名称：　　　　　　　　　　　　　　　　　　　　　　　　　　　　　　　　　金额单位：元

序号	项目名称	项目特征	计量单位	工程量	单价				合价				备注
					全费用综合单价	其中：			合计	其中：			
						人工费	材机费	主要材料费		人工费	材机费	主要材料费	
一	招标人已列项目												
二	投标人增列项目												
合计													

（四）其他项目清单计价

其他项目清单中的材料、工程设备暂估单价不填写金额，不计入小计、合计，由招标人在编制招标控制价时计入清单项目综合单价。项目金额由招标人按照招标文件填写（表 2-21）。

表 2-21　其他项目清单计价表

工程名称：　　　　　　　　　　　　　　　　　　　　　　　　　　　　　　　　　金额单位：元

序号	项目名称	计量单位	金额	备　　注
一	招标人已列项目			
1	暂列金额			明细详见最高投标限价/投标报价表 2-21-1
2	暂估价			
2.1	材料、工程设备暂估单价			明细详见最高投标限价/投标报价表 2-21-2
2.2	专业工程暂估价			明细详见最高投标限价/投标报价表 2-21-3
3	计日工			明细详见最高投标限价/投标报价表 2-21-4
4	施工总承包服务费计价			明细详见最高投标限价/投标报价表 2-21-5
5	其他			
5.1	拆除工程项目清单计价			明细详见最高投标限价/投标报价表 2-21-6
5.2	招标人供应设备、材料卸车费			
	小计			
二	投标人增列项目			
	小计			
	合计			

1. 暂列金额

招标人在编制最高投标限价时，暂列金额由招标人根据工程特点、工期长短，按有关计价规定进行估算确定，一般以分部分项工程工程量清单费的10%～15%为参考。投标人编制投标报价时，暂列金额应按照其他项目清单中列出的金额填写，不得变动（表2-21-1）。

表2-21-1 暂列金额明细表

工程名称： 金额单位：元

序号	项目名称	计量单位	暂列金额	备注
合计				

2. 暂估价

为方便合同管理，纳入分部分项工程工程量清单项目全费用综合单价中的暂估价应只是材料费，以便投标人进行组价。招标人在编制最高投标限价时，暂估价中的材料单价应按照工程造价管理机构发布的工程造价信息或参考市场价格确定；专业工程的暂估价一般应是全费用综合暂估价，其中包括规费和税金，应分不同专业，按有关计价规定估算。投标人编制投标报价时，暂估价不得变动，暂估价中的材料必须按照暂估单价计入全费用综合单价（表2-21-2、表2-21-3）。

表2-21-2 材料、工程设备暂估单价表

工程名称： 金额单位：元

序号	材料、工程设备名称、规格、型号	计量单位	单价	备注
合计				

表2-21-3 专业工程暂估价

工程名称： 金额单位：元

序号	工程名称	工程内容	金额	备注
合 计				

3. 计日工

本表项目名称、数量按招标文件内容填写（表2-21-4）。编制最高投标限价时，单价按电力行业有关计价规定确定。投标人编制投标报价时，按照其他项目清单列出的项目和数量，自主确定各项全费用综合单价并计算费用。

表 2-21-4 计日工表

工程名称： 金额单位：元

编号	项目名称	单位	暂定数量	全费用综合单价	合价	备注
一	人工					
1						
2						
人工小计						
二	材料					
1						
2						
材料小计						
三	施工机械					
1						
2						
施工机械小计						
合 计						

4. 施工总承包服务费

本表的项目价值、服务内容按招标文件内容及相关计价规定填写（表 2-21-5）。

招标人编制最高投标限价时，应按照招标文件中列出的内容和向总承包人提出的要求参照下列标准计算：

1）招标人仅要求对分包的专业过程进行总承包管理和协调时，按分包的专业工程估算造价的15%计算。

2）招标人要求对分包的专业工程进行施工总承包管理和协调并同时要求提供配合服务时，根据招标文件中列出的配合服务内容和提出的要求按分包的专业工程估算造价的3%～5%计算。

投标人编制投标报价时，依据招标人在招标文件中列出的分包专业工程内容和供应材料、设备情况，按照招标人提出协调、配合与服务要求和施工现场管理需要自主确定。

表 2-21-5 施工总承包服务项目计价表

工程名称： 金额单位：元

序号	工程名称	项目价值（元）	服务内容	费率（%）	金额	备注
合 计						

5. 拆除工程项目清单计价表

拆除工程费用中可计量的按分部分项工程量清单项目的规定计列，不可计量的按项计列。投标人按照工程量清单项目中给出的范围自主报价（表 2-21-6）。

表 2-21-6　拆除工程项目清单计价表

工程名称：　　　　　　　　　　　　　　　　　　　　　　　　　　　　　　　　　金额单位：元

序号	项目名称	项目特征	计量单位	工程量	全费用综合单价	合价
合　计						

（五）招标人采购材料计价表

招标人采购材料费按招标文件内容填写见表 2-22。

表 2-22　招标人采购材料计价表

工程名称：　　　　　　　　　　　　　　　　　　　　　　　　　　　　　　　　　金额单位：元

序号	材料名称	型号规格	计量单位	数量	单价	合价
合　计						

（六）工程项目最高投标限价/投标报价汇总表

工程项目投标总价汇总表按《电力建设工程工程量清单计价规范》（DL/T 5745—2016）规定表式填写，将分部分项工程量清单计价表、投标人采购设备费、措施项目清单计价表、其他项目清单计价表中的数据汇总后形成投标总价。工程项目投标总价表见表 2-23。

表 2-23　工程项目最高投标限价/投标报价汇总表

工程名称：

序号	项目或费用名称	金额（元）	备注
1	分部分项工程费		
	其中：暂估价材料费		
2	投标人采购设备费		
3	措施项目费		
	其中：投标人增列措施项目费		
4	其他项目费		
	其中：暂列金额		
	其中：专业工程暂估价		
最高投标限价/投标报价合计＝1＋2＋3＋4			

第三章　架空线路工程三维设计的实现

第一节　三维线路路径设计系统

道亨 CPS 三维数字化选线系统，以完全自主知识产权的数字地球平台为载体，可处理并加载包括数字正射影像（DOM）、数字高程模型（DEM）、激光点云、矢量地形图、矢量专题图、倾斜测量数据等在内的各种地理数据，采用金字塔结构存储方法，针对输变电工程应用特点开发，可以流畅地加载海量地理数据及输变电工程模型数据。图 3-1 即为道亨 CPS 三维数字化选线系统。

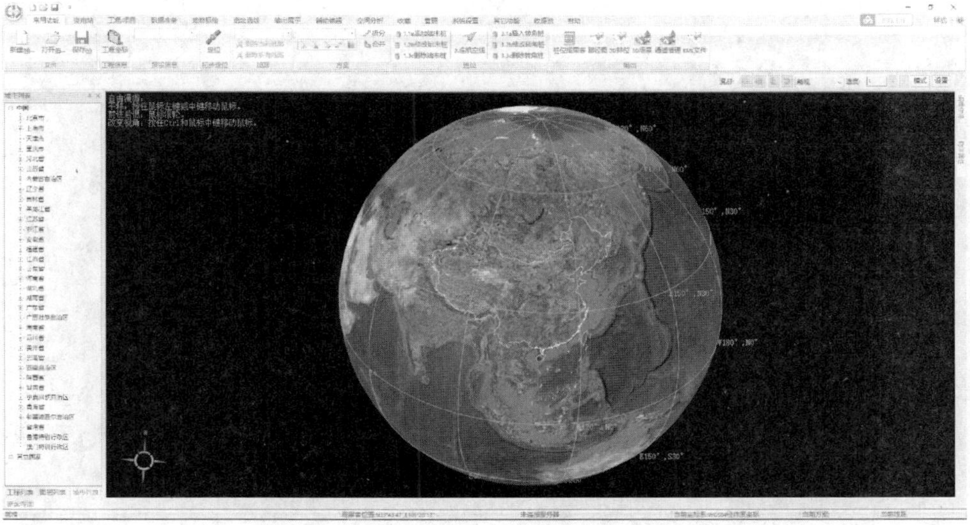

图 3-1　道亨 CPS 三维数字化选线系统

一、地理数据处理及加载

使用数据处理工具，可以处理各种常见坐标系下的 DOM、DEM、激光点云、矢量地形图等数据为道亨专用地理数据格式，为三维数字地球和三维线路场景提供基础数据。

（一）数据处理

提供数据处理工具，可以处理包括 tif、jpg、img 等格式在内的 DOM 数据，包括 asc、dxf、tif、img 等格式在内的 DEM 数据，包括 las、dxf、tif、img 等格式在内的 DSM 数据，shp 格式的专题图数据。

支持 2000 国家坐标、WGS84、北京 54、西安 80、天津 90、WGSUTM 等常用坐标系自动转换，支持 7 参数精确转换。支持与背景影像融合，支持自动切割超大文件，图 3-2 即为地理数据处理工具。

（二）数据加载

可分别设置 DOM、DEM、DSM、专题图、点云等数据源，同一位置以数据处理时设置的有效期和处理时间智能加载，如图 3-3 所示。

支持 DHGIS 数据源服务。

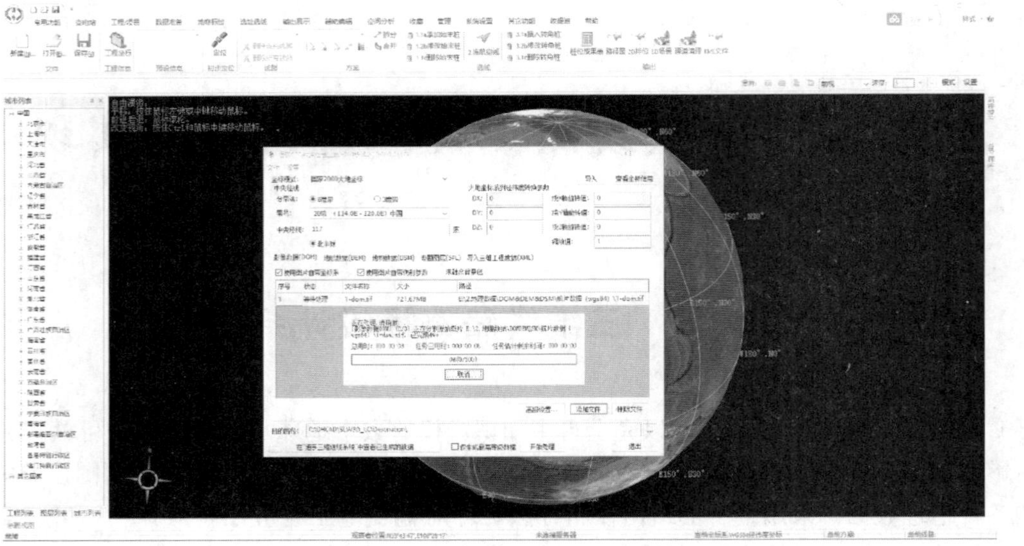

图 3-2　地理数据处理工具

图 3-3　数据加载界面

二、路径设计

基于数字地球加载的地理数据，在三维地球中可以进行线路路径设计工作。

（一）导入桩位成果表

支持导入 Excel 格式桩位成果表，格式不限，可以自由映射字段对应关系。根据所设置的坐标系，生成对应的线路路径。

（二）导入 kml/kmz 文件

支持导入谷歌 kml/kmz 格式路径数据，可以选择需要导入的点、线，及对应桩点类型，生成对应的线路路径。

（三）直接选择路径

通过添加始末桩、转角桩的方式，在数字地球中直接用鼠标捕捉确定路径位置。

支持通过添加方案，从已有桩拆分路径、在已有桩合并路径的方式，设置多方案线路路径。

（四）修改路径

已生成的线路路径，可以添加、修改、删除始末桩或转角桩，修改线路路径。

修改转角桩时，下方的断面图会用蓝色线条绘制新的路径线断面图，供对比判断路径方案的合理性，图 3-4 是修改参数后，新生成的路径线断面图。

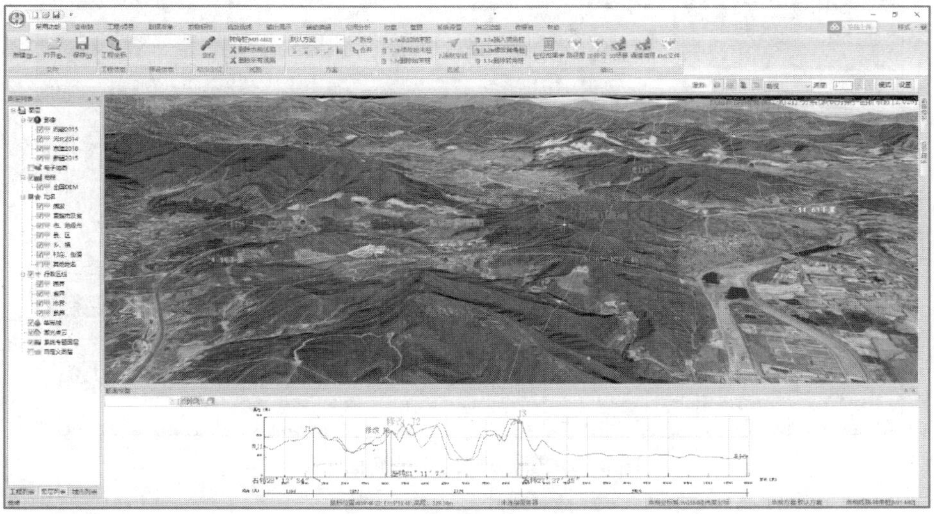

图 3-4 路径线断面图修改

三、输出设计成果

线路路径设计完毕后，可以输出路径成果。

（一）路径图

可以选择输出路径坐标模式、比例尺、图纸大小、方向、输出背景影像级数等，在数字地球中直接选择图框位置，确定后单击导出按钮，即可生成对应的 CAD 格式路径图，如图 3-5 所示。

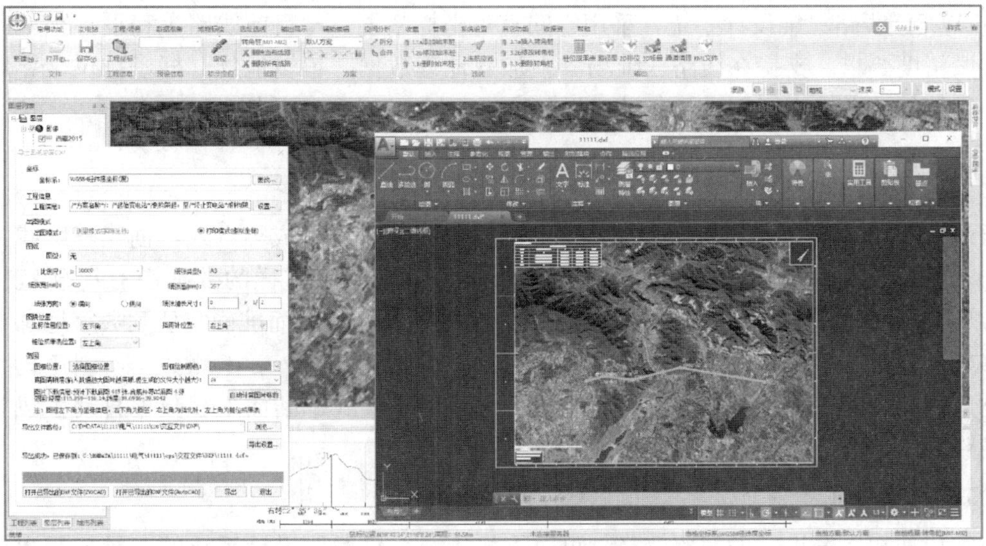

图 3-5 生成 CAD 格式路径图

（二）桩位成果表

可以导出包括所有可转换的坐标系在内的全线路桩位成果表，也可以选择部分线路段或方案，支持 doc、xls、txt 等格式。

（三）二维平断面

可以导出传统二维 org 格式平断面数据，支持导出边线、风偏点，可自定义边线距离、风偏点距离高差等，如图 3-6 所示。

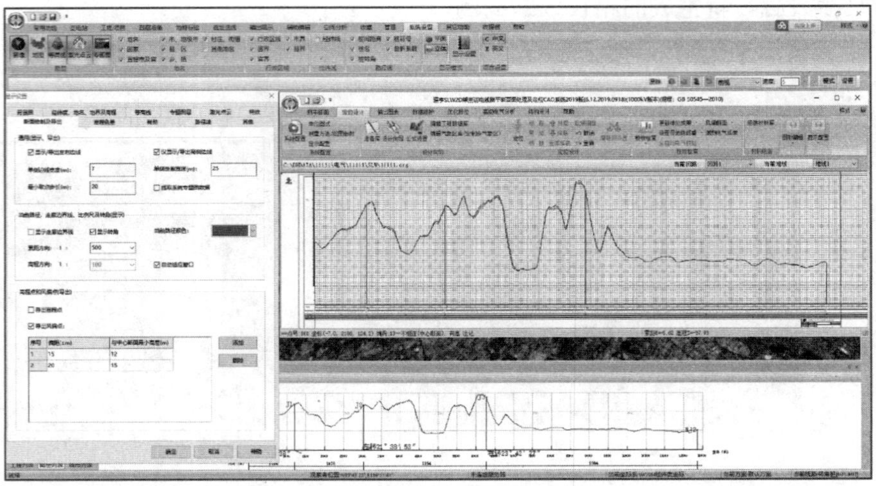

图 3-6　二维 org 格式平断面数据

（四）三维线路场景

最主要的是，可以导出三维线路设计系统用到的三维场景数据。与 CPS 路径设计系统相同的 DOM、DEM 数据，线路路径采用相同的坐标系及转换参数，确保两个三维场景基础数据与路径坐标完全一致。

第二节　三维线路设计系统

道亨 SLW 3D 线路三维设计系统，采用空间直角坐标系统，与目前线路工程设计坐标系一致，满足施工图阶段精度要求。支持在线路三维场景中加载地理数据、编辑地物、杆塔排位、导地线空间悬链线计算、电气校验、输出工程设计各种成果、输出国网 GIM 移交数据。

一、创建三维线路场景

可以通过 CPS 自动生成、二维 org 格式平断面工程数据自动生成等方式，创建三维线路场景。其中，二维 org 格式平断面数据可以自动创建带状三维线路场景（这样的数据没有地理坐标，无法移交），也可以通过导入桩位坐标成果，自动生成全线路地理坐标，从而准确定位到数字地球中，可以进行数字化移交。施工图阶段，还需要进行地形拟合，严格按照二维 org 工测数据，创建线路三维场景及所有实测地物，图 3-7 即为通过 CPS 自动生成、二维 org 格式平断面工程数据自动生成等方式，创建的三维线路场景。

（一）CPS 自动生成

CPS 数字化选线系统设计的线路路径，可以直接生成三维线路设计系统的三维场景数据，在同一个工程数据目录中。

（二）二维平断面图自动生成

在二维平断面设计系统中，可以直接输出虚拟坐标的三维场景，保证桩点相对距离与工测 org 数据一致，如图 3-8 所示。

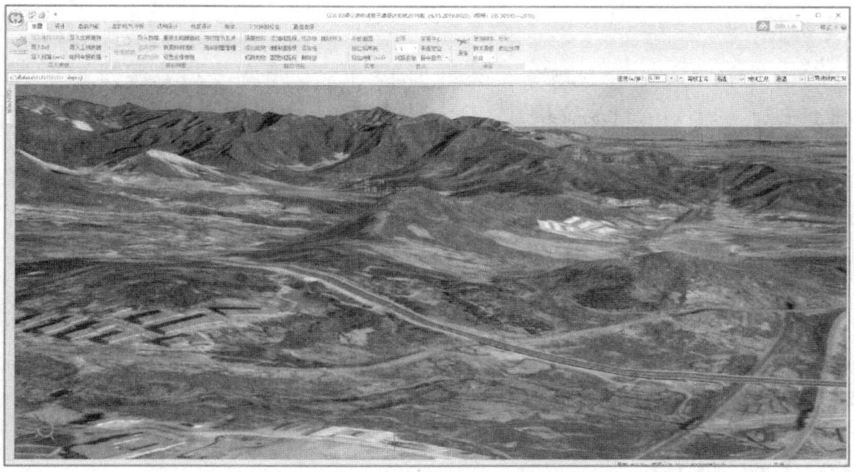

图 3-7 数据加工后生成的三维线路场景

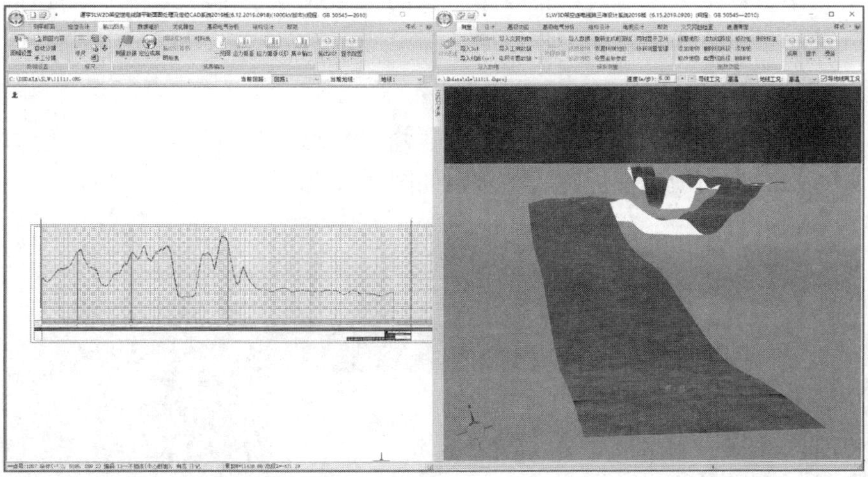

图 3-8 虚拟坐标的三维场景

也可以在二维平断面设计系统中，导入桩位坐标，自动计算全线路所有实测点的精确地理坐标，结合数字地球对应区域的地理数据，生成包括所有工测数据在内的三维场景。

施工图阶段对工测数据精度要求非常高，航测 DEM 精度不满足要求时，需要通过二维平断面设计系统的地形拟合功能，程序自动拟合生成三维线路场景，所有工测实测点均严格按原始坐标生成，如图 3-9 所示。

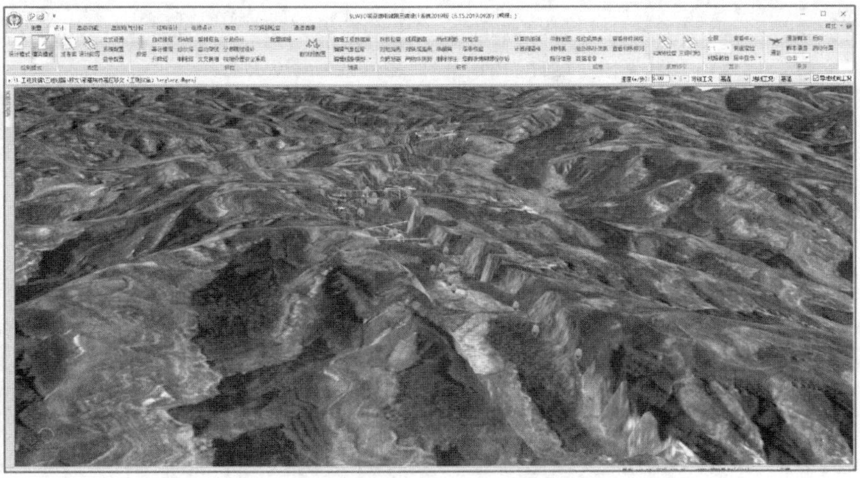

图 3-9 程序自动拟合生成三维线路场景

（三）导入矢量数据

支持直接在三维场景中导入矢量专题图、矢量地形图，专题图支持常见冰区、风区、污区、规划区、矿区、景区等类型，支持 shp 或 xls 格式，也可以直接在三维场景中手工捕点绘制。

（四）导入工测地物

支持导入外业实测地物数据，支持线路工程测量用到的桩、点、路、房、河、沟、坎、跨越等。

（五）编辑地物

支持直接在三维场景中捕点添加三维地物，包括点、线、面状物体，点状包括点状模型、树、坟等，线状包括路、河、沟、桥、墙、跨越等，面状包括房、树林、路、塘、河等物体。

支持修改地物坐标、类型，添加 GIM 移交属性等。

二、准备线路工程数据库

三维场景准备就绪后，接下来需要设置线路工程的塔串线等型号，支持从系统预置的典型设计库中直接选择，也支持用户自行添加各种工程数据。

（一）从系统预置典设库中选择

单击准备库菜单，分别选择当前工程要用的线、塔、串型号，右侧列表是系统库的型号，选中后单击中间按钮，即可加载为当前工程用到的型号，如图 3-10 所示。

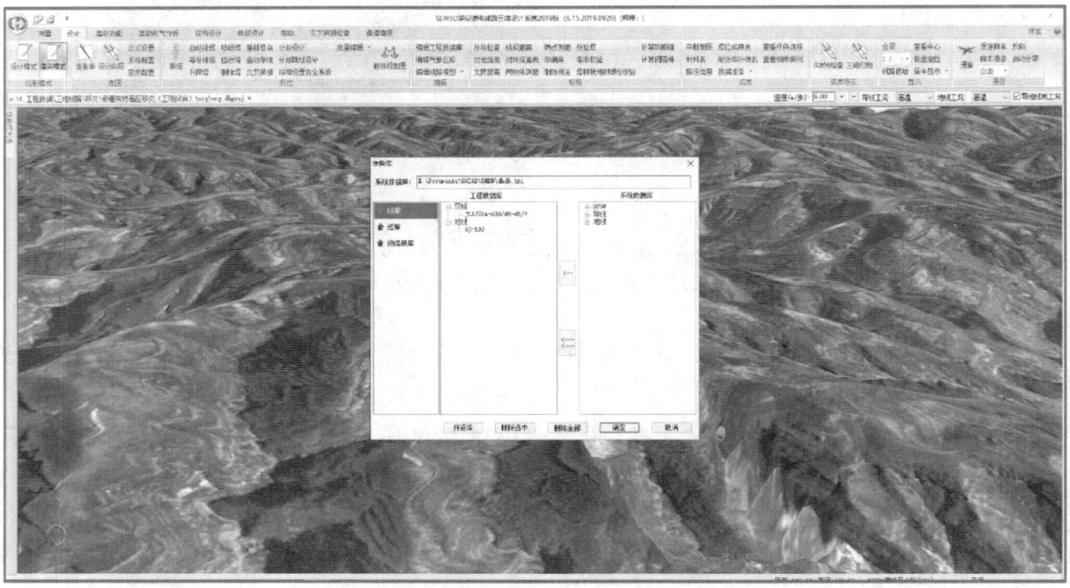

图 3-10　选择当前工程要用的线、塔、串型号

（二）用户自行添加工程数据库

工程用到典设型号之外的模型，需要用户自行添加工程数据库。

1. 导地线

单击工程数据库菜单，在工程数据库列表中，选择工程库——线库，可以分别添加导线、地线、OPGW。在工具栏上单击✚按钮，即可新增一个空行，分别填写型号、类型、截面、重量、外径、拉断力、弹性系数、膨胀系数等，保存即可，如图 3-11 所示。

2. 杆塔

工程数据库选择塔库，可以添加参数化塔型，或者将结构设计软件输出的三维模型直接入库。单击工具栏✚按钮，打开参数化添加塔型窗口，如图 3-12 所示。

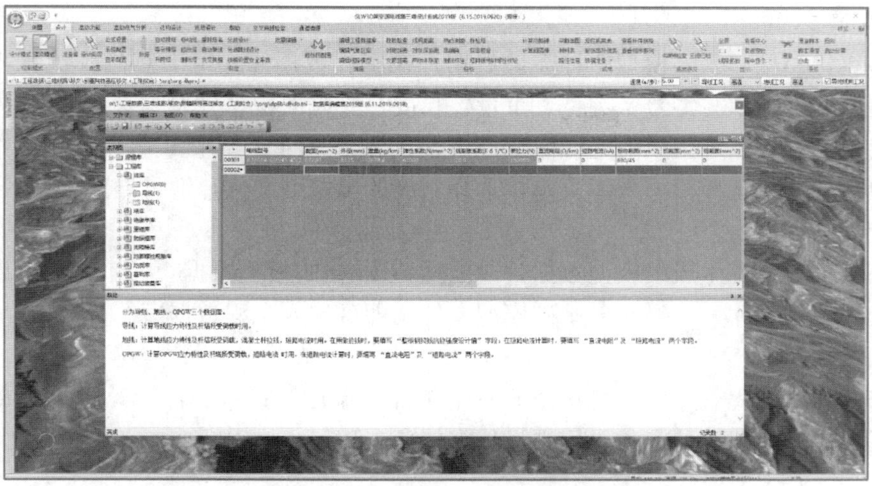

图 3-11　工程库——线库界面

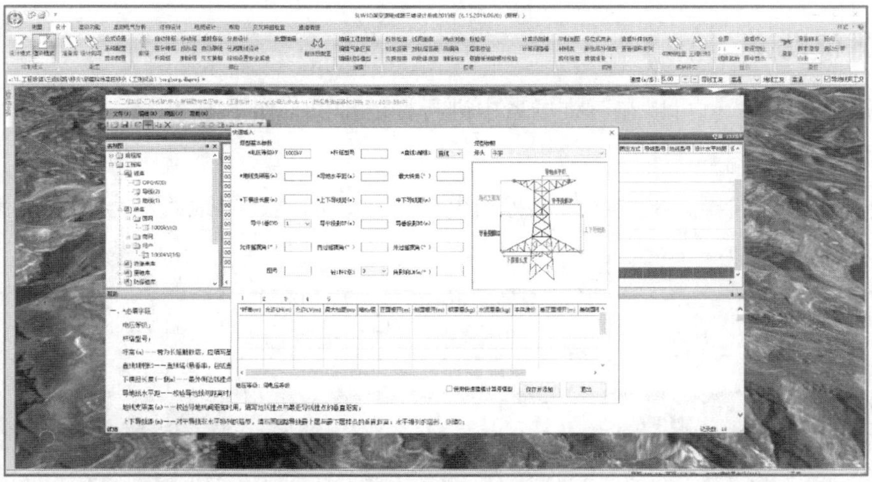

图 3-12　参数化添加塔型窗口

分别填写塔型、类型、塔头尺寸、呼高、设计档距等，保存，即可生成参数化塔型，仅可以保证呼高、塔头基本尺寸正确，其他数据均为参数化模拟生成。如果有结构设计软件生成的三维模型，或者国网 GIM 格式杆塔模型数据，则可以在左侧塔库节点单击右键，选择模型入库菜单，选择对应的模型文件（可以多选），程序将自动解析塔模型文件，生成真实塔型数据库，如图 3-13 所示。

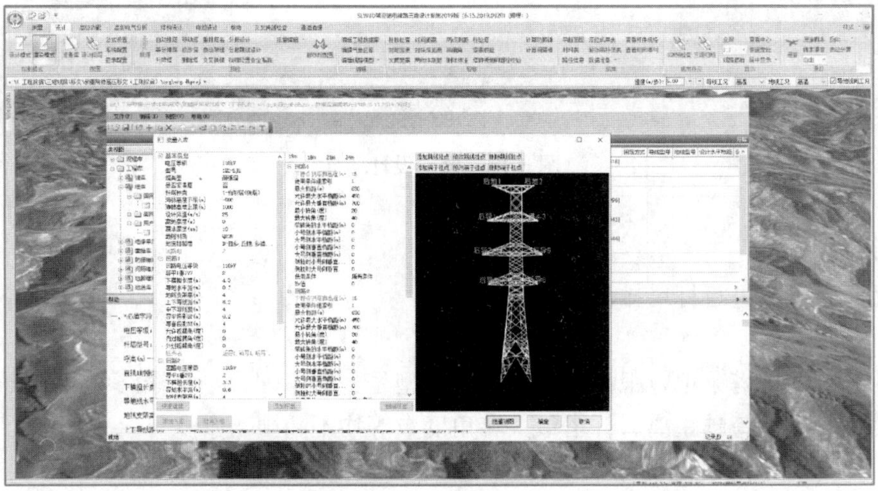

图 3-13　生成参数化塔型

3. 绝缘子串

同样支持参数化模型和真实模型两种类型数据。在工程数据库左侧节点选择绝缘串库，工具栏单击✚按钮，在新增的空行填写型号、类型、重量、长度、受风面积、分裂等参数，保存即可。

如果有三维金具组装系统生成的绝缘串三维模型数据或国网 GIM 格式串模型文件，则可以在左侧绝缘串库节点单击右键，选择模型入库菜单，选择对应的串模型文件，即可导入工程数据库。

4. 杆塔基础

支持三维基础设计系统生成的模型数据，或国网 GIM 格式模型数据。在工程数据库左侧基础库节点单击右键，选择模型入库，选择对应基础模型文件，即可导入工程数据库。

5. 气象区库

支持直接修改当前工程气象区，直接修改每个工况的温度、风速、冰厚，也可以单击工具栏✚按钮，新增气象区，修改各工况的参数，用来设计多气象工程。

6. 其他数据

还可以添加防振锤、间隔棒、接地装置、部件库等工程数据，方法与前述一致。

三、杆塔排位设计

工程数据库准备好后，就可以在三维场景中进行杆塔排位工作了。

（一）设计向导

首先，需要设置设计向导，确定当前工程的电压等级、回路、导地线型号及安全系数、塔串默认组合等数据，如图 3-14 所示。

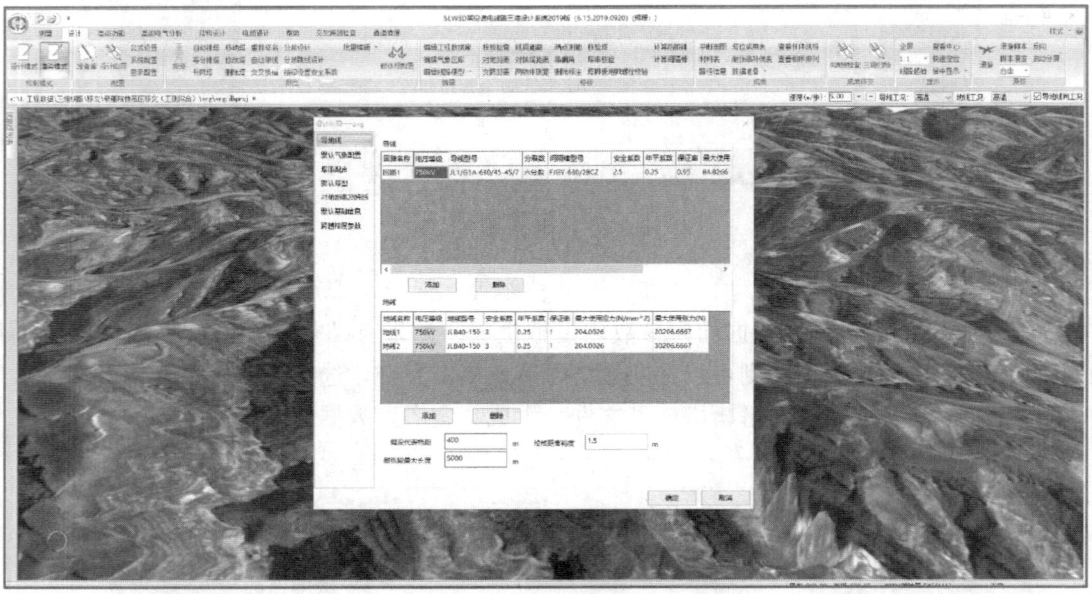

图 3-14　设置设计向导

（二）杆塔排位

设置向导后，就可以进行杆塔排位了。

1. 快速排位

单击排位——自动排塔菜单，根据向导设置的线型号、塔串配合，在线路中心断面线上自动排塔，确保杆塔设计档距、对地跨越距离、杆塔最大转角度数等均不超限。

2. 手工排位

选择排位——排塔菜单，在立塔窗口中，可以选择塔名、塔型、呼高、累距、定位桩＋偏差距离等，也可以在三维场景中直接鼠标单击需要立塔的位置，即可读取点选处的累距。

（三）修改排位成果

支持修改排位结果，包括塔型、累距、基面、串型号、基础型号等，所有排塔时确认的属性，均可以在修改塔时改变。也可以直接删除塔。

1. 单塔修改

单击排位——修改塔菜单，在弹出的窗口中，直接修改所有排塔时确定的属性。也可以直接升降塔、移动塔，仅修改塔型呼高、累距，不改变其他参数。

2. 耐张段批量修改

单击排位——耐张段配置菜单，在弹出的窗口中，导线可以以耐张段为单位，批量修改气象区、塔型、线型、串型、安全系数、分裂形状等，地线可以以档为单位，批量修改地线型号、地线金具、安全系数等。

左侧列表支持多选，可以选择多个耐张段或多个档同时设置。

3. Excel 表格全线路修改

单击排位——批量编辑菜单，可以导出当前工程 Excel 格式塔名、塔型、呼高、基面、接腿、基础型号等数据，在 Excel 中批量修改后，再导入工程中，可以实现全线路工程数据一次性修改的目标。

4. 其他批量修改功能

可以批量重排塔名，或批量编辑导线串型号，批量编辑基础角度，或批量编辑塔材料。选择对应菜单即可。

（四）复杂线路设计

实际工程，常常会遇到双回变两个单回、已有线路破口 T 接、分歧等各种情况，此时就需要先设计多线路段，再进行线路段间的交叉换相。

1. 相序设计

在进出线档（排列方式改变），或者需要档间改变相序，就需要交叉换相功能。

单击排位——交叉换相菜单，选择需要调整相序的档，在下面的表格中，可以直接选择两相换相，也可以依次单击左侧和右侧的挂点名称，程序根据所选挂点重新连线，如图 3-15 所示。

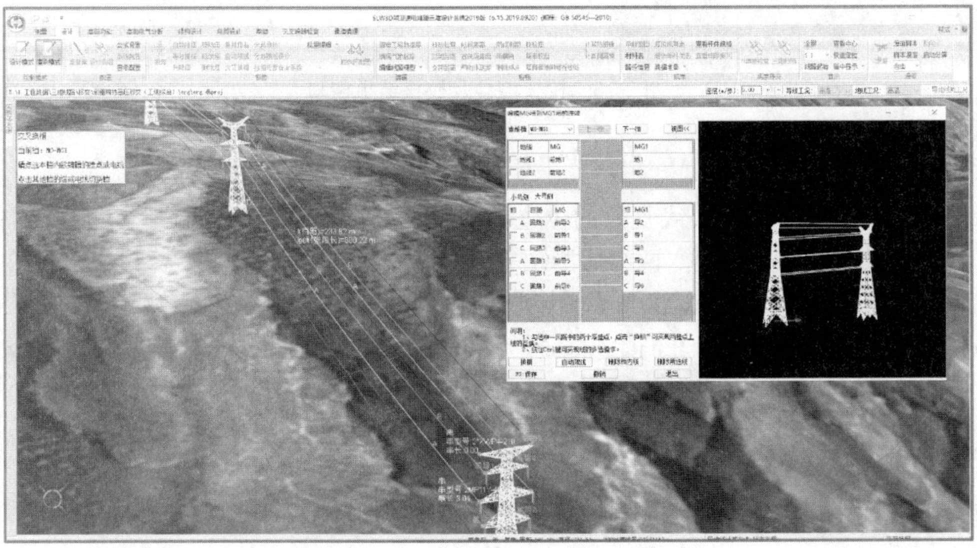

图 3-15　交叉换相菜单

2. 多线路段设计

可以在三维场景中，通过鼠标单击选择，直接添加线路段，或者可以从 CPS 导入多方案路径，也可以导入已经选择好的三维线路路径文件（swt），均可以生成多线路段数据。

直接添加线路段，需要在测量菜单中，单击添加线路段菜单，填写线路段名称，然后按 Ctrl 键，用鼠标左键点选分歧位置的桩，程序提示是否引用此桩，确认后，保存，即可生成线路段的第一个桩，接下来依然是按 Ctrl 键，鼠标左键在三维场景中选择新增路径的其他转角桩位，最后生成新增的线路段。左侧会出现线路段列表，双击即可激活新增线路段。

3. 分歧线路设计

单击排位——分歧设计菜单，在弹出窗口选择已有线路的分歧塔，单击确定，即可完成分歧线路设置。接下来在分歧线路中进行杆塔排位，即可自动连接分歧塔的导地线。

四、电气校验

杆塔排位完成后，就需要进行电气校验了。

（一）全自动校验

单击校核——校核检查菜单，可以根据系统配置中选择的校验内容，全线路自动校验，并弹出校核结果窗口，也可以生成 txt 格式校核计算书，如图 3-16 所示。

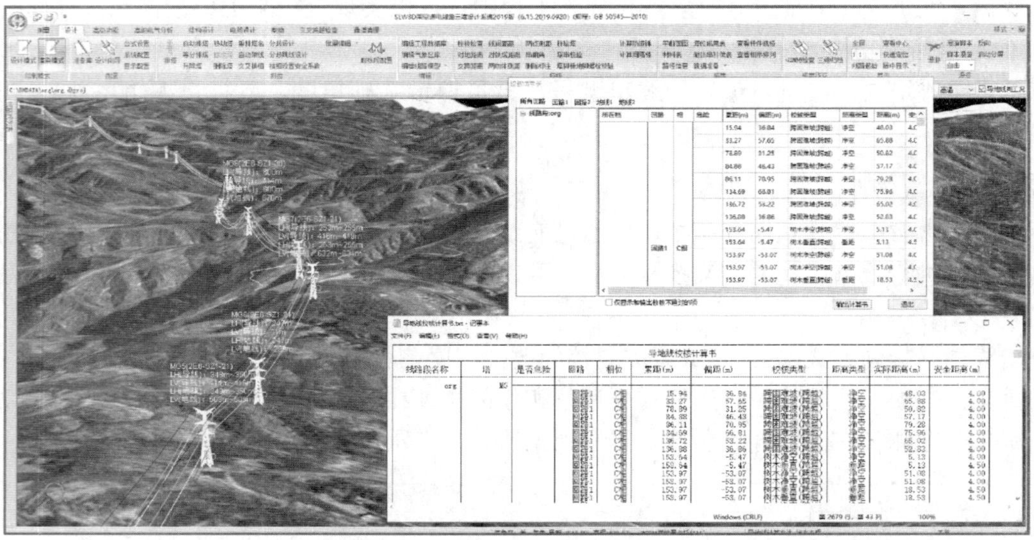

图 3-16　校核检验及校核结果窗口

（二）交互间隙校验

在交叉跨越复杂、或导地线连线复杂的位置，需要人工交互进行间隙校验。可以选择对地距离、交跨距离、线间距离、对铁塔距离、两物体测距等菜单，根据提示依次选择需要校核的两个物体，程序自动给出当前工况电线悬链线状态下，两个物体空间的最小距离。

校核风偏时，可以切换工况，在右上角选择导线或地线的工况，程序刷新悬链线状态后，再进行校核检查。

五、关键连接点校验

程序提供串金具与挂线板、塔脚板和地脚螺栓间的校核功能。

（一）杆塔与串连接校验

塔库中的杆塔必须是实体放样的模型，并且设置了挂线板。排位后，单击校核——塔串校验菜单，单击校核按钮，程序自动将所有串与挂线板的配合情况输出到弹出窗口中，若缺少必要数据或校核不通过，则给出具体错误信息，如图 3-17 所示。

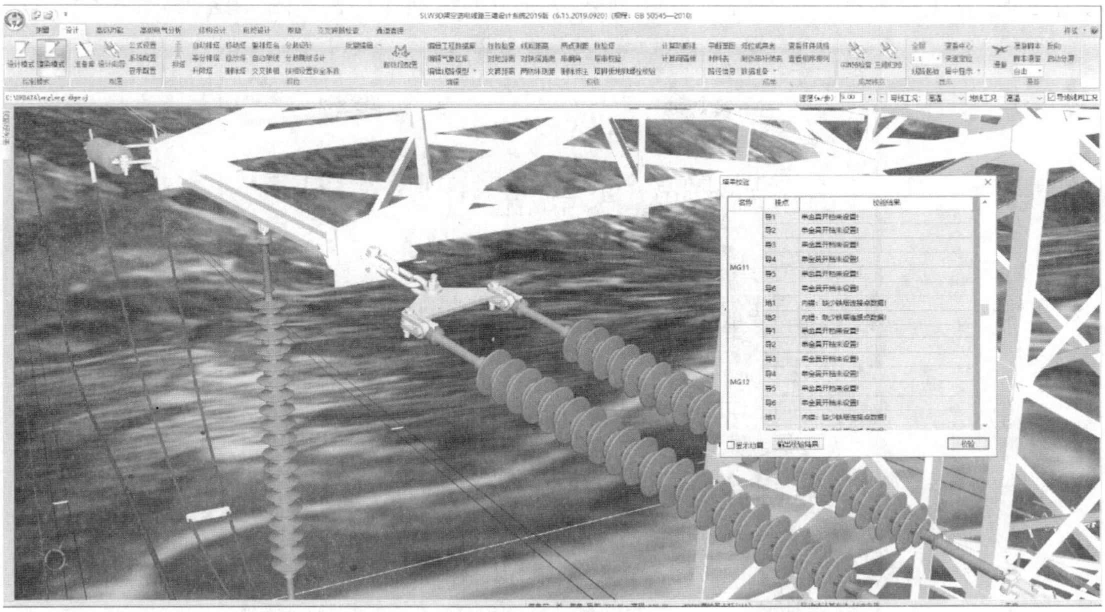

图 3-17　杆塔与串连接校验

（二）杆塔塔与基础连接校验

塔库中杆塔必须是实体放样的模型，并且设置了塔脚板。排位后，单击校核——塔脚板地脚螺栓校验菜单，单击校核按钮，程序自动将所有塔与基础地脚螺栓的配合情况输出到弹出窗口中，若缺少必要数据或校验不通过，则给出具体错误信息，如图 3-18 所示。

图 3-18　杆塔与基础连接校验

六、输出设计成果

三维线路设计完成后，可以输出各种设计成果。

（一）国网 GIM 线路模型数据

单击成果移交——三维归档菜单，在弹出窗口中选择电网信息模型（GIM），确定后，程序自动将当前工程中的线路工程数据生成符合国网 GIM 移交规范的数据文件，如图 3-19 所示。

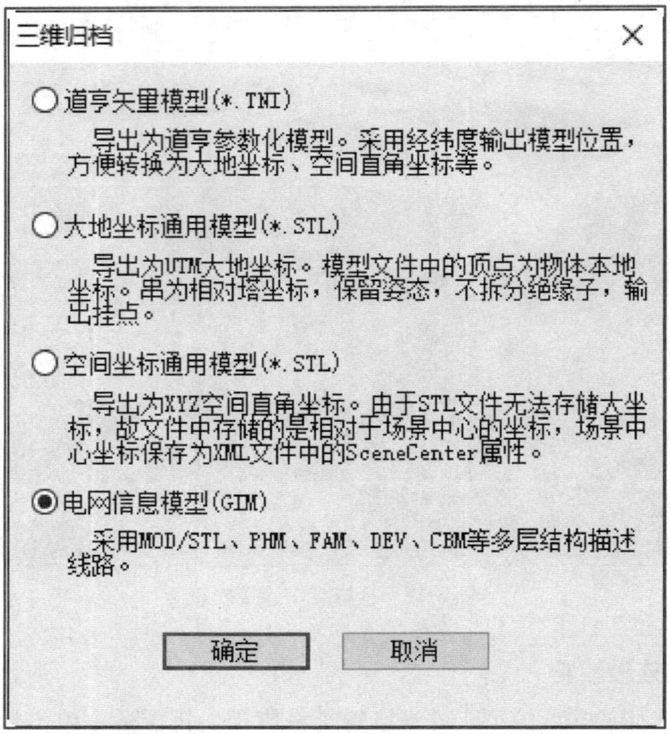

图 3-19　三维归档菜单

（二）线路工程设计成果

可以输出输电线路工程各种设计成果图表。

1. 明细表

单击成果——平断面图菜单，进入当前线路段的二维平断面程序，单击图表——明细表菜单，在弹出窗口中选择单位格式，依次单击生成 MXB、导出 MXB 按钮，即可生成矢量格式的明细表文件，如图 3-20 所示。

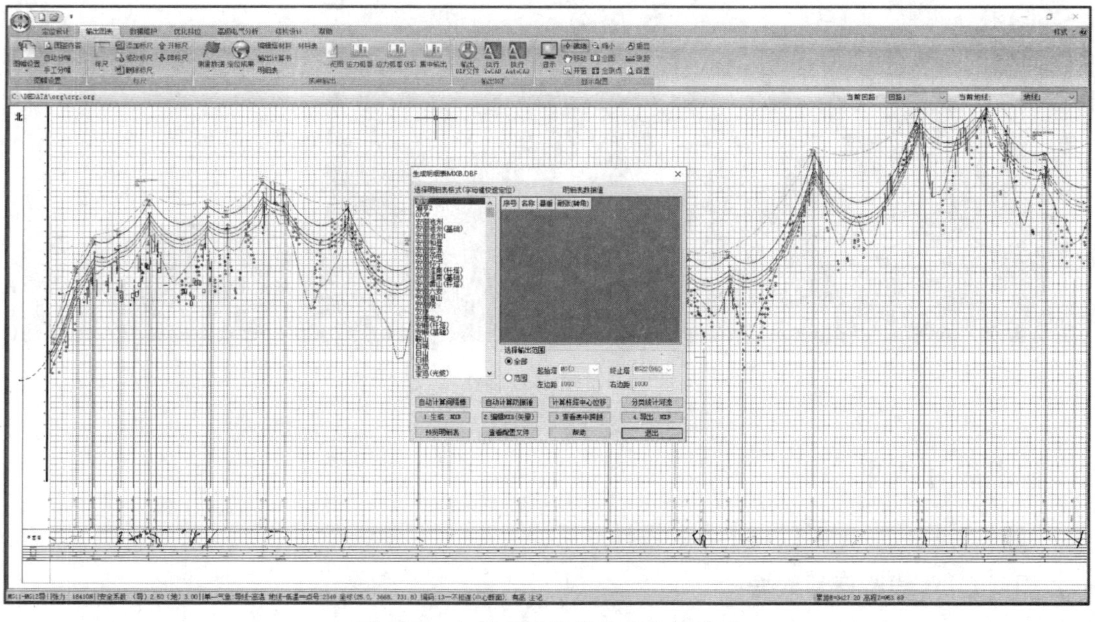

图 3-20　矢量格式的明细表文件生成

2. 材料表

单击成果——材料表菜单，在弹出窗口中单击生成材料表按钮，即可生成当前线路工程的材料表清单，可以导出表格数据文件，如图 3-21 所示。

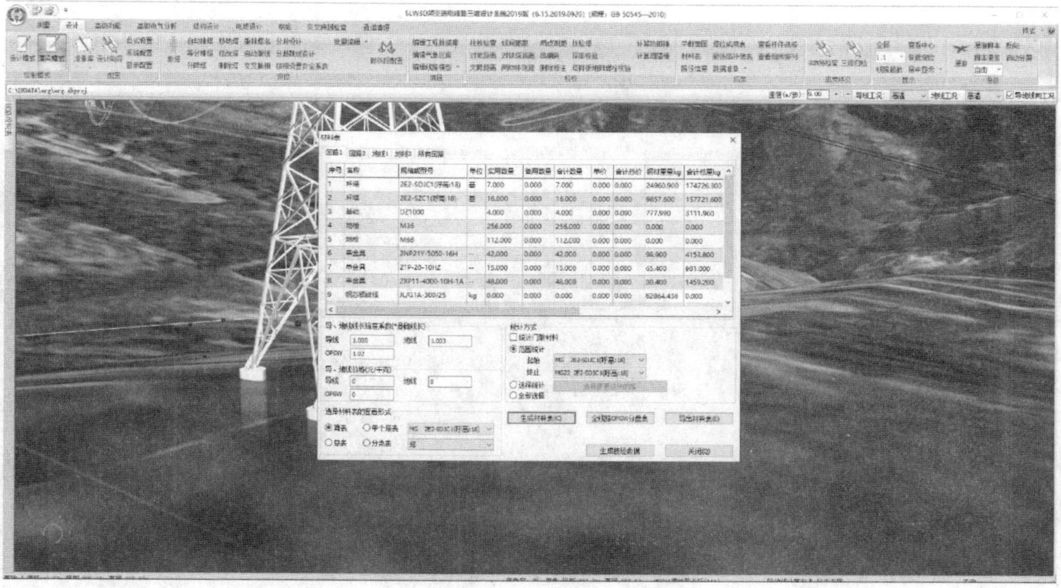

图 3-21　生成材料表

3. 一览图

同样进入二维平断面图系统中，单击输出图表—成果输出——一览图菜单，可以生成杆塔、基础、金具一览图，如图 3-22 所示。

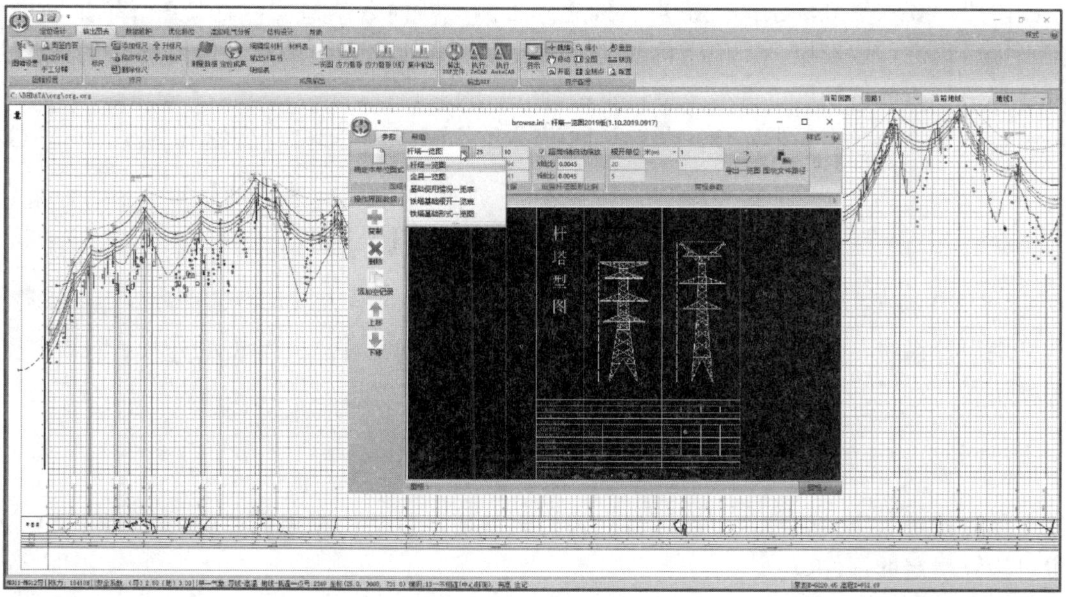

图 3-22　杆塔、基础、金具一览图

4. 平断面图

进入二维平断面图系统，先自动设置图纸分幅，若断面高差较大，还需要添加标尺，调整断面图形在图框中，就可以输出全线路平断面图了。

5. 桩、塔位成果表

分别单击测量—成果—桩位成果表、设计—成果—塔位成果表菜单，可以输出全线路的桩位坐标成果和塔位坐标成果。

6. 通道清理工程量

进入通道清理菜单，可以统计全线路拆房、砍树工程量，并输出拆房、砍树平面图，如图 3-23 所示。

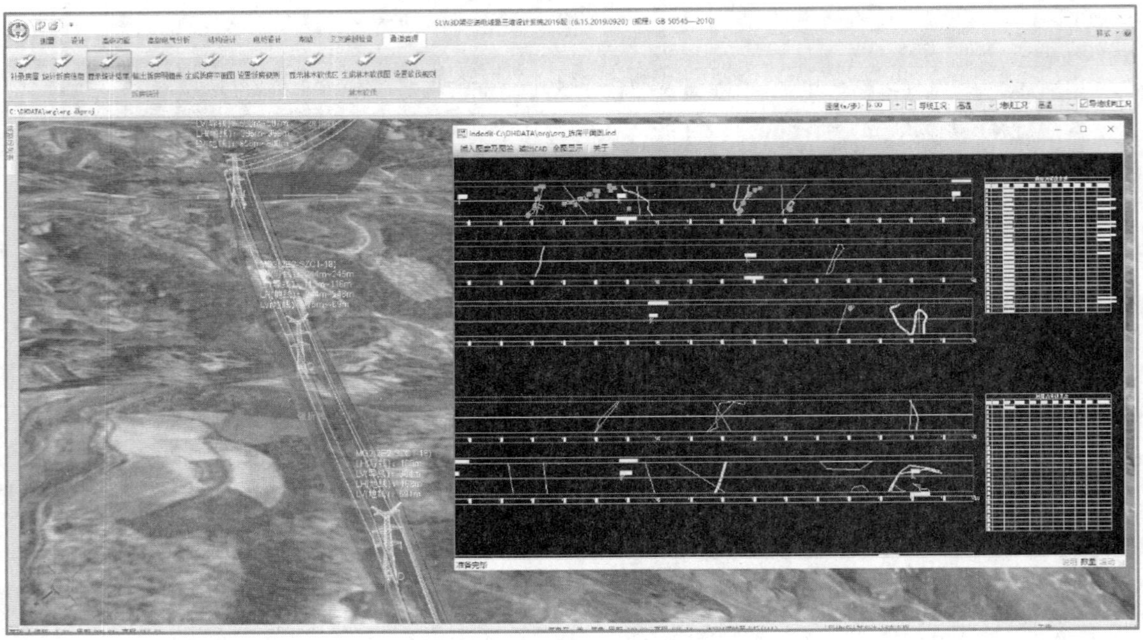

图 3-23　通道清理菜单

7. 地形拟合 DEM 数据

施工图阶段，要求三维场景的关键点坐标达到工测平断面数据精度，需要在二维平断面系统中，导入桩位坐标后，进行地形拟合。程序自动按工测数据拟合线路三维场景，保留所有实测点的原始坐标，实现了保留工测数据精度，并与三维场景融合的目的。

单击测量—成果—导出地形（tif）菜单，即可输出当前线路地形拟合后的 tif 格式 DEM 数据。

第三节　三维杆塔设计系统

道亨杆塔设计系统，包括自立式桁架铁塔、钢管杆、混凝土杆三种类型的建模、计算、绘图、实体建模等模块。

一、桁架塔

习惯上称为铁塔满应力软件，可设计自立式桁架铁塔，包括快速建模、受力分析计算，支持自动选材，也可验算指定的杆件。

（一）桁架塔建模

采用“积木式”快速输入方法，按铁塔分段，从上往下，依次输入塔身、接腿的高程（或者挂接关系）、分段开口宽、段高等数据，再选择每段正侧面以及水平横隔面的布材样式，再输入横担及塔头数据，即可生成整塔三维模型。

程序自动分配节点号，自动生成节点分配表，单击工具栏上 MYL 图标，即可生成 MYL 计算接口文件，并在 MYL 中打开当前杆塔数据，如图 3-24 所示。

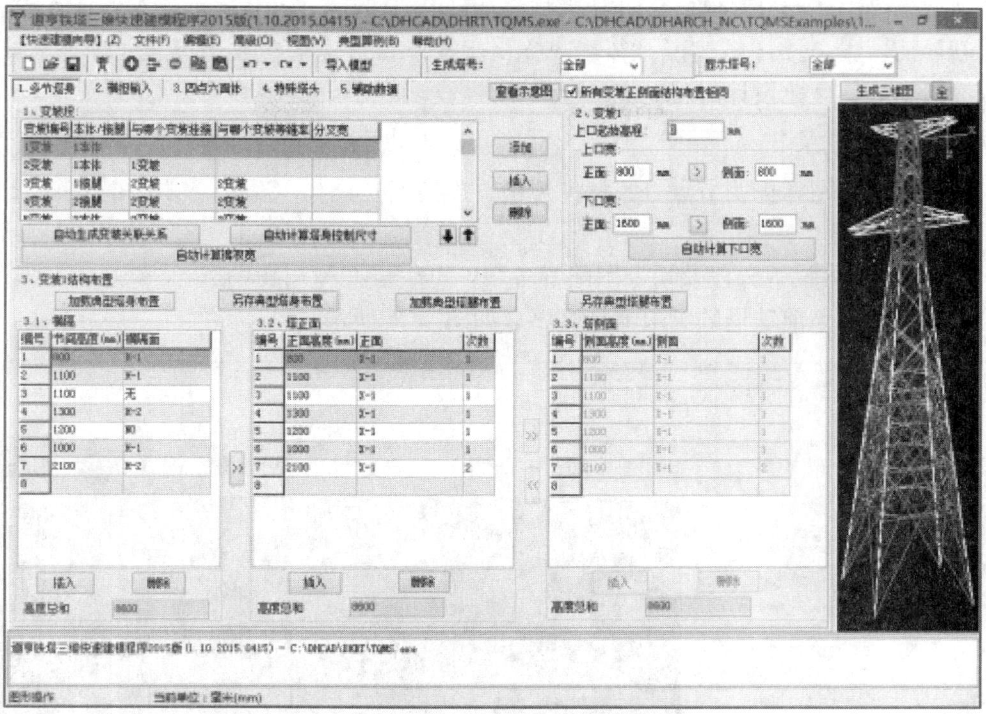

图 3-24　桁架塔建模

（二）桁架塔结构设计

导入建模数据后，设置导地线挂点，即可进行导地线荷载计算。根据杆塔设计条件或实际工程排位条件，计算杆塔外负荷，并将各工况荷载结果导入 MYL 中，如图 3-25 所示。

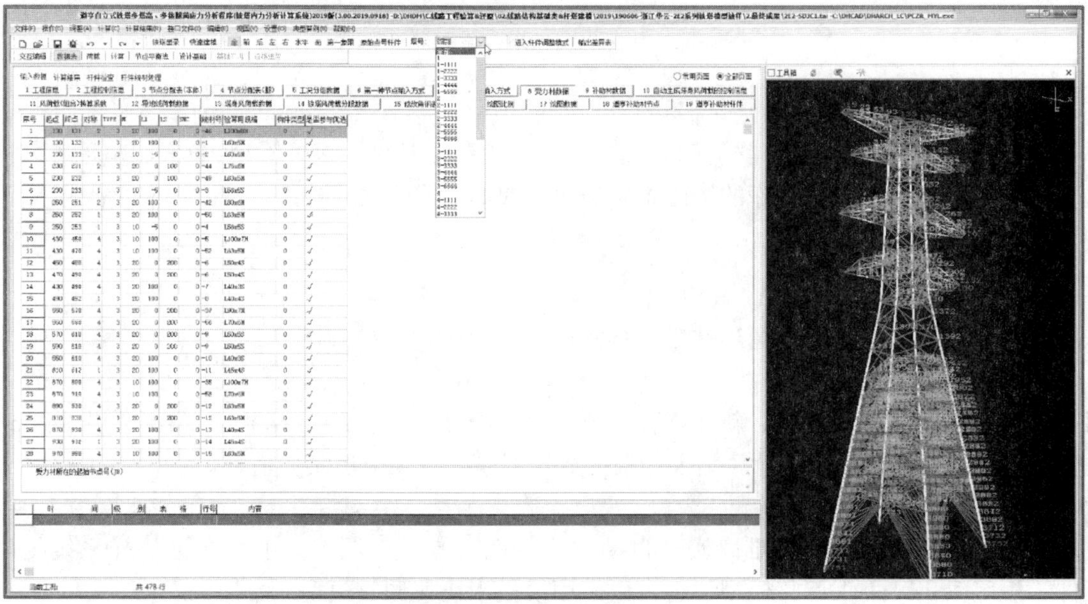

图 3-25　桁架塔结构设计

在计算页面，可进行全塔有限元计算。

具有“多塔高多接腿”分析计算功能，“长短腿（高低腿）”自动轮换分析功能；

具备人重计算、塔脚板计算、法兰计算、基础作用力汇总、双角钢梁计算等功能；

可进行补助材及零杆的选材计算或验算，同时也可对斜材承载力进行计算；

可按照《架空输电线路杆塔结构设计技术规定》(DL/T 5154—2012) 的要求，计算埃菲尔效应；

增加全新界面版本，按杆塔建模、参数调整、荷载计算、规格参数、有限元计算、补助材设计、杆件调整、输出结果，优化设计流程。

(三) 桁架塔设计成果

自动形成铁塔司令图，标明节点号、杆件规格、连接螺栓数量、规格，输出塔重表。

1. 司令图及计算书

按 F9 快捷键，即可设置分段及司令图配置参数，可生成 CAD 格式司令图。单击计算结果——输出计算书菜单，可输出当前铁塔的有限元计算书，如图 3-26 所示。

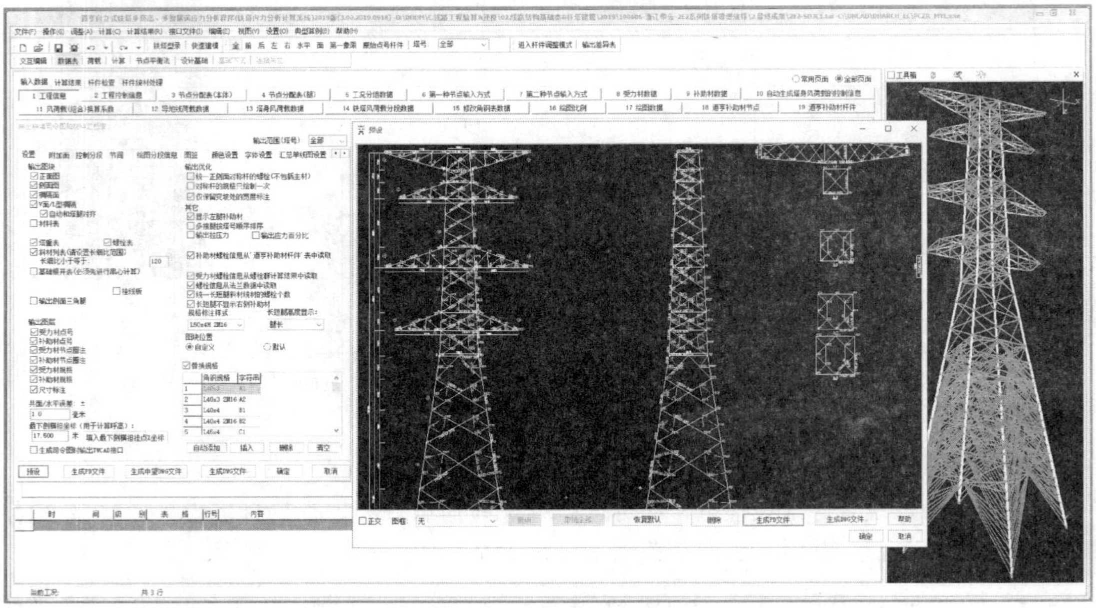

图 3-26　输出当前铁塔的有限元计算书

2. 生成三维模型（单线）

单击接口文件——导出三维建模接口文件，检查必要数据后，即可输出 tai 格式单线铁塔模型文件。这个文件可直接在工程数据库的塔库中，通过模型入库的方式导入，自动更新三维线路相同型号的塔型。

(四) 桁架塔实体建模

铁塔结构设计完毕后，可以通过铁塔三维实体建模程序，自动放样。

1. 加载单线模型自动放样

启动铁塔三维实体建模程序，新建工程，单击自动放样菜单，选择 MYL 计算并输出的 tai 模型文件，确定后，程序自动按 MYL 计算结果，根据放样经验，自动全塔实体放样。

2. 模板快速节点设计

自动放样后，部分复杂节点难以实现自动放样，就需要手工调整。可以通过放样系统提供的点、孔、杆件、板等菜单，手工调整模型，也可以采用模板来快速调整模型。

单击模板菜单，可以选择节点、V 面、塔脚板等不同类型，每种类型又包括各种常见样式，选择后，根据提示填写对应的属性信息，单击预览按钮，即可查看节点设计成果，如果确认无误，单击确定即可完成节点设计，如图 3-27 所示。

3. 生成三维模型（产品）

杆塔实体模型设计完毕后，即可单击道亨铁塔模型——输出 tai 菜单，可将当前铁塔的实体模型也输出 tai 格式模型文件，同样可以在工程数据库中加载，在三维场景中，就更新成实体塔型了。

图 3-27　模板快速节点设计

二、钢管杆

钢管杆设计系统，采用柔性结构矩阵有限元分析算法进行受力分析，可准确计算杆身风荷载，可自动优选管状杆件壁厚。

（一）钢管杆建模

参数化快速生成单杆模型。填写主杆、横担参数，包括段长、管径、材质、壁厚、截面形状、挂接高度等数据，即可展开形成钢管杆计算模型，如图 3-28 所示。

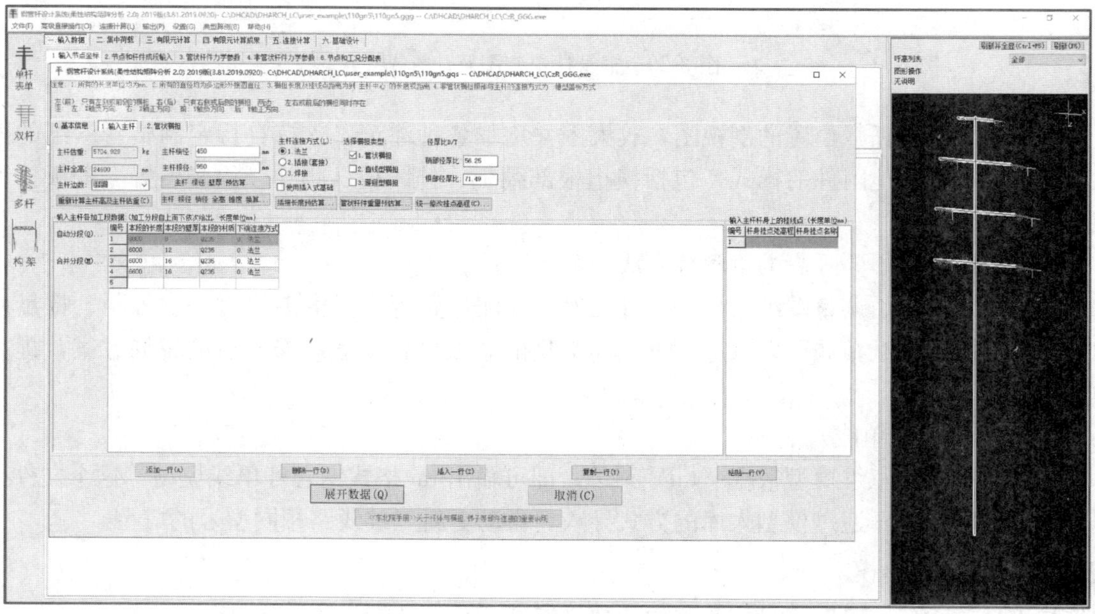

图 3-28　钢管杆建模

（二）钢管杆结构设计

计算钢管杆荷载后，导入各工况荷载结果，就可以进行有限元计算了。

钢管杆挠度计算采用非线性迭代有限元算法，准确计算结构变形带来的二次效应影响，支持多核计算，提高效率，支持使用多种不同材料混合的杆型，支持杆件自由度释放。

（三）钢管杆连接计算

支持主杆法兰、横担连接法兰、横担根部槽钢连接、横担方法兰、管状横担双板加劲等连接方式。可以优选，也可以指定规格验算，并输出连接计算书。

（四）钢管杆设计成果

包括组装图、计算书等。

1. 钢管杆组装图及计算书

单击输出——钢管杆绘图菜单，自动进入绘图程序，如图 3-29 所示。

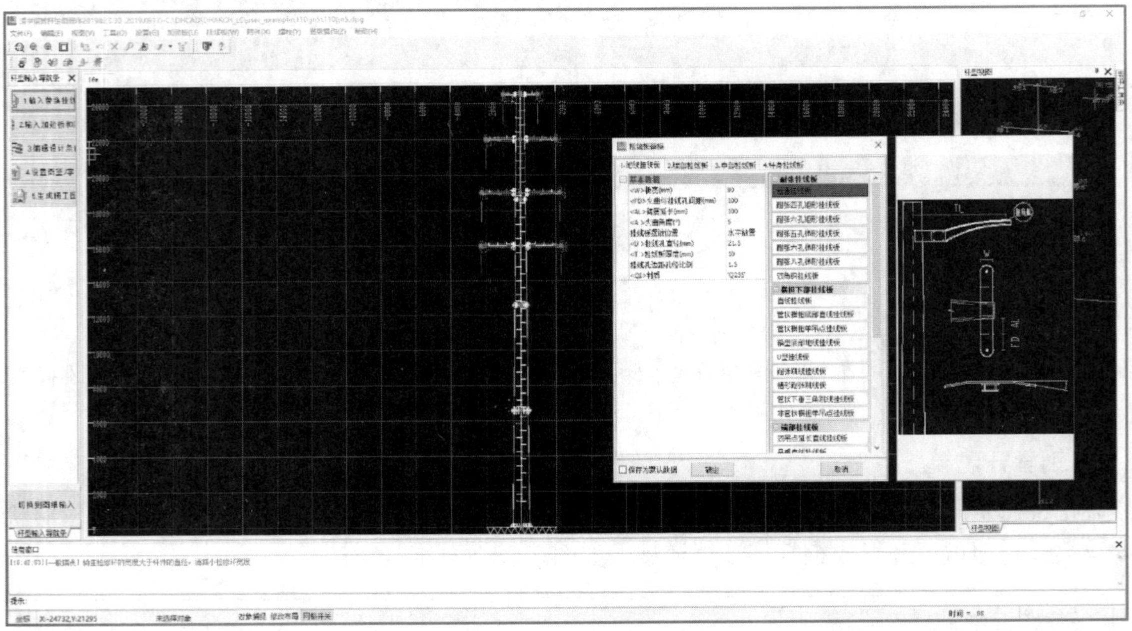

图 3-29　钢管杆组装图及计算书

支持手工指定生成任意位置的剖视图，放大图并增加各种注记，支持自行定制整套图纸的图形内容和材料表；可设置其他附件的样式，包括横担根部劲板、挂线板、爬梯、检修装置、盖板接地板等其他装置；

可以成套出图，将不同呼高的钢管杆生成一套图纸；

生成图纸后，可自由调整图纸布局、部件比例、标注位置等，提供图块对齐、等距、批量修改比例等功能，修改后的图纸布局可以保存，下次同类型的图纸可自动套用修改后的布局方案，提高图形编辑的工作效率。

2. 生成三维模型（单线）

单击输出——导出三维模型数据（tai）菜单，即可输出 tai 格式钢管杆单线模型，这个文件可直接在工程数据库的塔库中，通过模型入库的方式导入，自动更新三维线路相同型号的塔型。

（五）钢管杆实体建模

钢管杆设计完成后，可以通过钢管杆实体建模系统，自动放样。

1. 加载单线模型自动放样

单击输出——钢管杆三维放样菜单，即可将当前杆型模型导入钢管杆放样系统，并自动放样。也可以单独启动钢管杆放样系统，单击工具——加载 tai 菜单，选择钢管杆设计系统生成的单线 tai 文件，也可以自动放样，如图 3-30 所示。

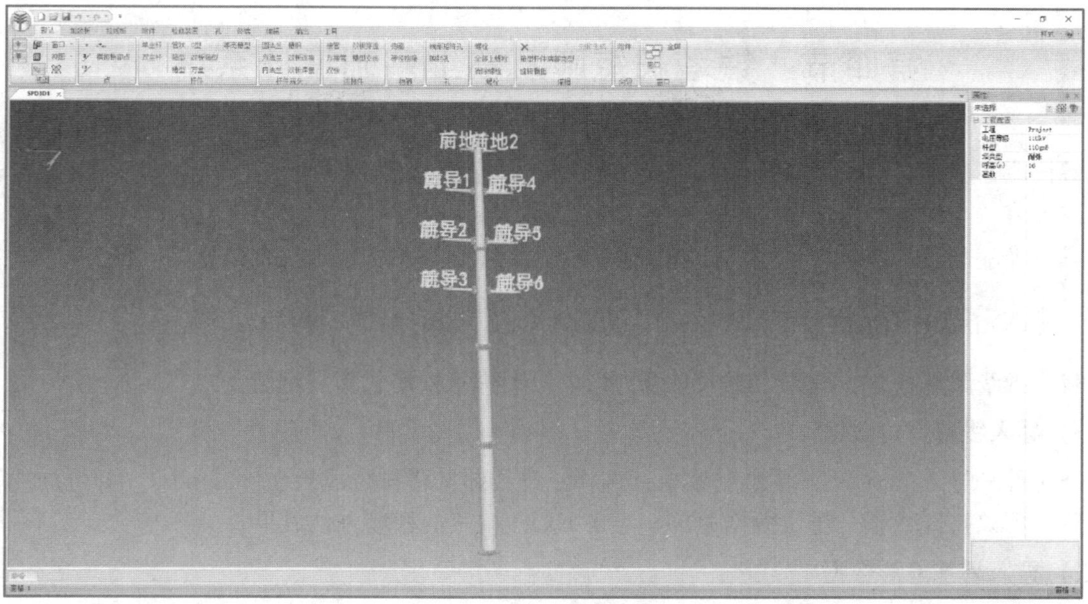

图 3-30　加载单线模型自动放样

2. 生成三维模型（产品）

单击输出—模型—tai 菜单，即可将当前自动放样的钢管杆模型，生成 tai 格式模型文件。同样，也可以在工程数据库中导入，在三维场景中加载实体放样模型。

三、构架

变电站构架模型，可以通过构架建模程序生成。

启动构架建模程序，根据示意图，填写构架型号、电压等级、门数、回路数、相间距离、立柱、横梁、地线支架、避雷针等尺寸参数，单击生成按钮，即可生成 tai 格式构架模型文件。将 tai 导入工程数据库，即可在三维场景中加载对应的构架模型，如图 3-31 所示。

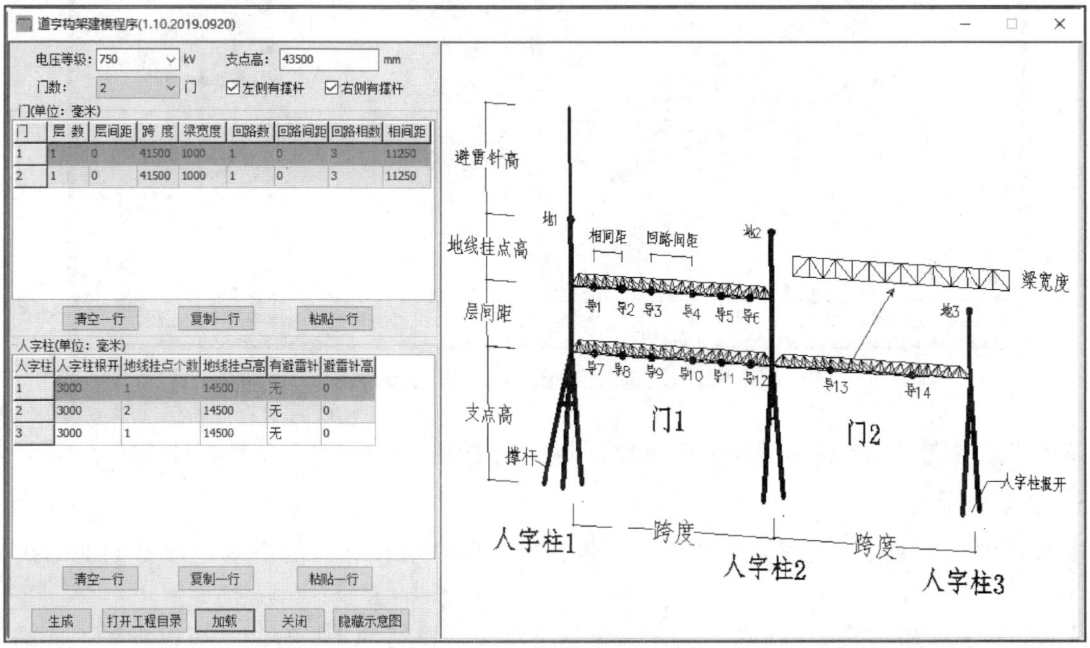

图 3-31　变电站构架模型生成

第四节　铁塔长短腿及三维基础设计系统

铁塔长短腿基础自动配置系统，可完成铁塔长短腿配置及基础配置设计工作，并输出配置表，以及材料统计表。

杆塔三维基础设计系统，可完成杆塔基础建模、计算、成图、输出三维模型等工作。

一、铁塔长短腿配置

加载三维线路杆塔排位成果，导入塔基地形，自动进行铁塔长短腿配置。

（一）导入线路排位数据

打开文件—导入—SLW 排位数据菜单，选择三维线路杆塔排位成果文件（mdt），即可加载所有塔位数据。也可以打开数据—排位数据菜单，导入 Excel 格式的杆塔排位成果。

（二）导入塔基地形数据

选择生成的塔位，右侧单击地形图按钮，即可导入塔位对应的矢量塔基地形图，生成塔基三维地形数据及塔基断面图，如图 3-32 所示。

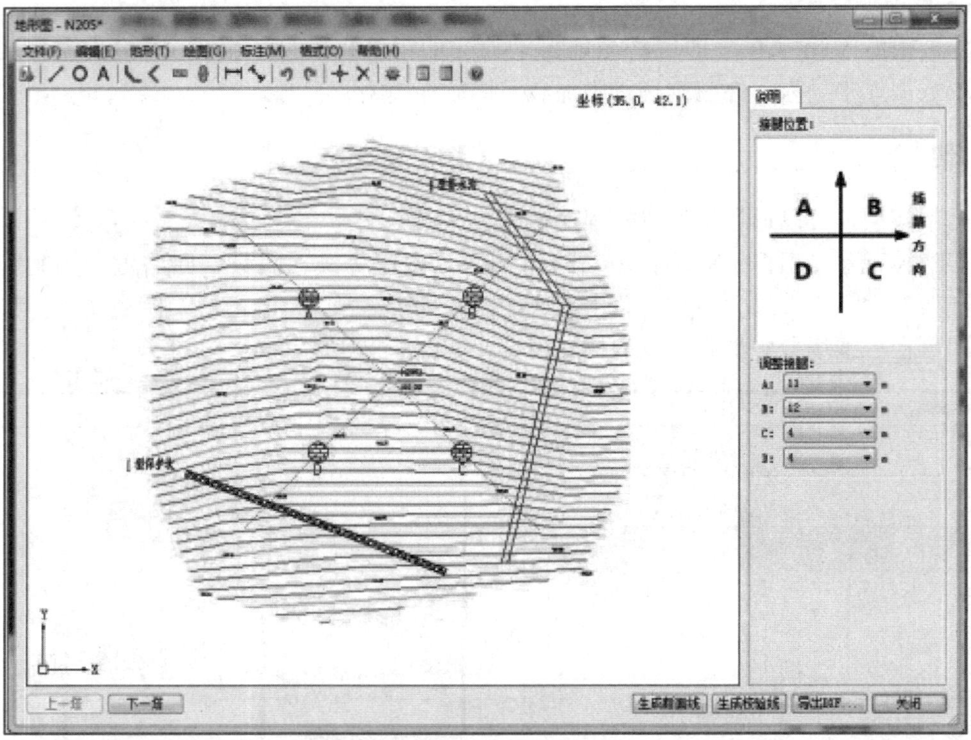

图 3-32　塔基三维地形数据及塔基断面图

支持单塔地形图，也支持全线路地形图。可设置不同图层映射关系，支持多种样式地形图。

（三）长短腿配置

单击右侧智能配腿或普通配腿按钮，即可将完成当前杆塔在导入的塔基地形基础上的接腿配置工作。

首先可以设置配置方式，在文件—确定本单位图示中，找到 SCDT 分组，可以设置不同的配置方式，还可以打开配置—配置参数菜单，设置不同的配合参数，如图 3-33 所示。

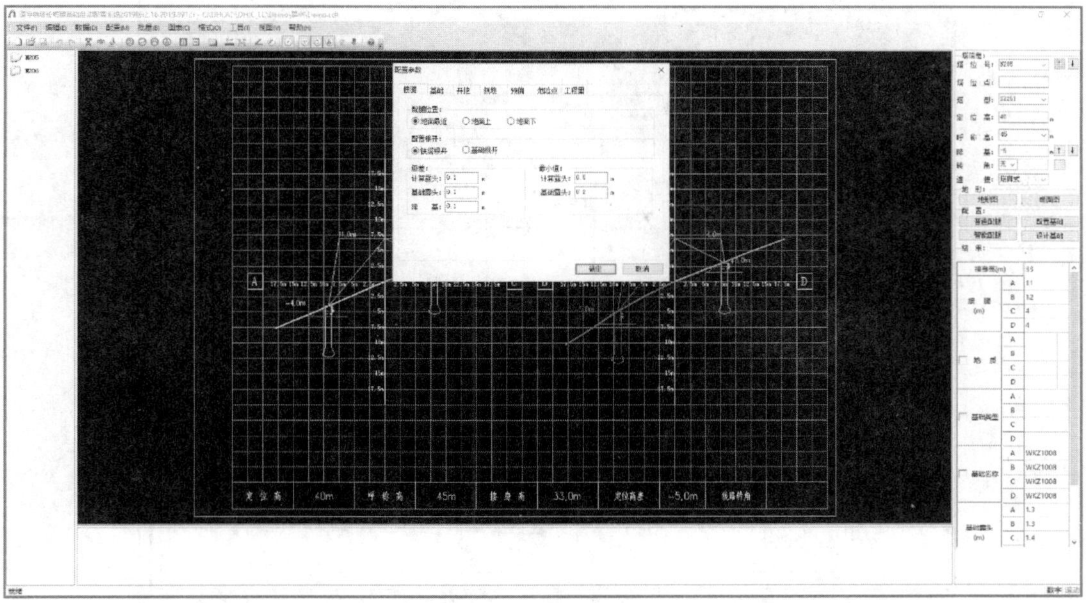

图 3-33　长短腿参数配置

（四）三维环水保设计

在导入的塔基地形基础上，可以进行保护坎、排水沟、弃土堆、护坡等环水保工程设计，并在三维塔基场景中，可以直接绘制工程模型，并进行材料统计，如图 3-34 所示。

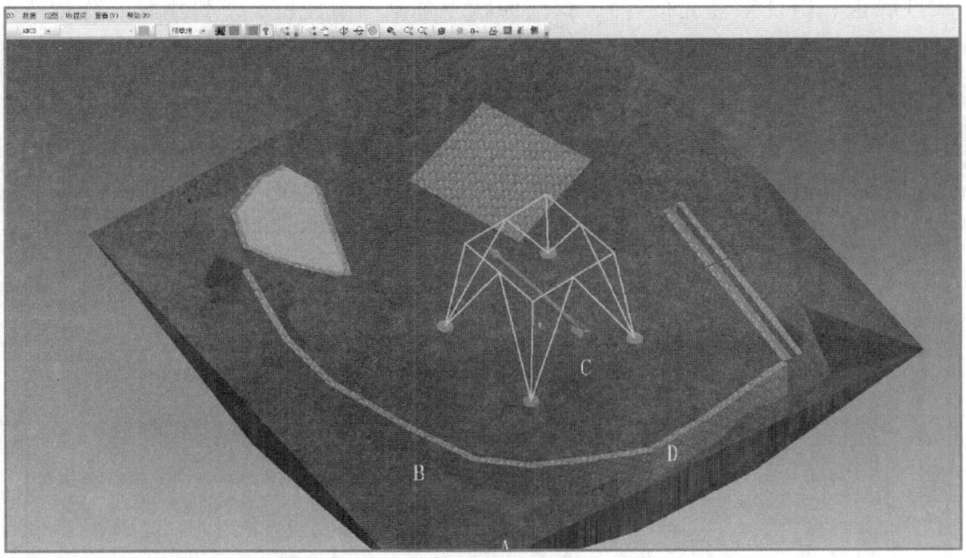

图 3-34　三维环水保设计

（五）输出配置成果

输出单塔配置结果表、全线路配置表、工程量统计表（土方开方量、基础挖土方量、排水沟土方量）、全线路杆塔一览图、基础一览图等设计成果，如图 3-35 所示。

（六）输出塔基地形接口

打开文件—导出—工测数据菜单，即可生成当前工程中所有导入塔基地形的塔位地形数据，这个地形数据在二维平断面系统的地形拟合时，可作为数据源，与平断面工测数据一同参与地形拟合，实现施工图精度的塔基地形三维场景建模目标。

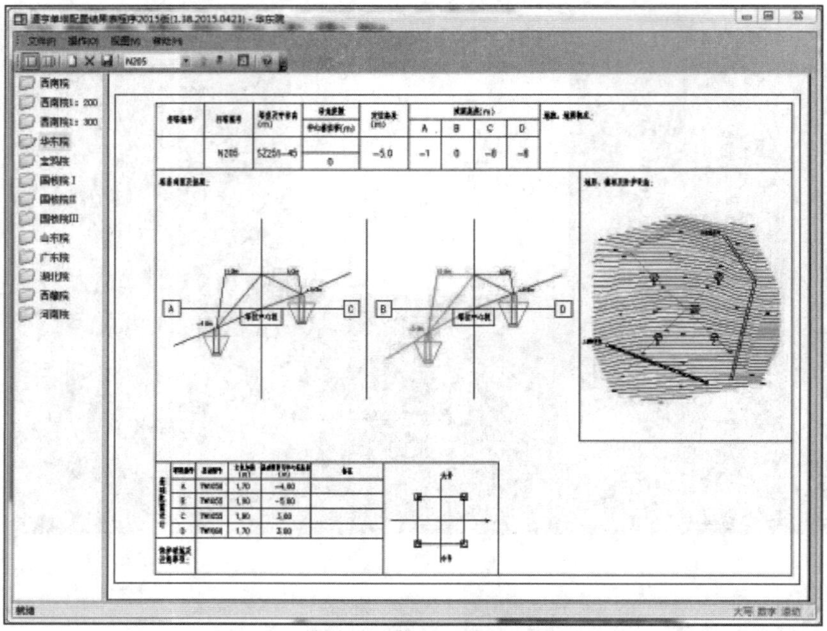

图 3-35　输出配置成果

二、杆塔基础设计

通过杆塔基础设计系统，可以完成杆塔基础的计算、成图、三维建模工作。包括铁塔大开挖基础（刚性台阶、柔性底板、斜柱柔性底板等）、铁塔原状土基础（灌注桩、多桩承台、掏挖等）、钢管杆大开挖基础（刚性台阶、柔性底板等）、钢管杆原状土基础（灌注桩、多桩承台、掏挖等）等类型。

（一）基础计算

打开基础设计系统，输入基础类型、铁塔根开、基础作用力、基础材质、地质参数、地脚螺栓等信息，即可进行基础优选计算。也可以填写基础尺寸，验算基础稳定、强度，如图 3-36 所示。

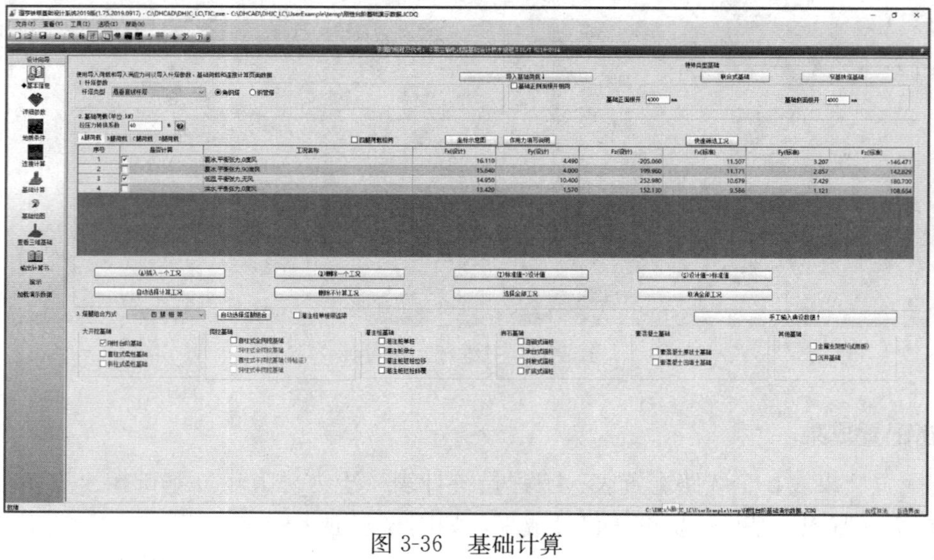

图 3-36　基础计算

（二）施工图

设计完成后，进入施工图页面，设置保护帽、垫层、图纸样式等参数，单击查看施工图按钮，即可自动生成基础施工图，单击用 CAD 查看施工图按钮，即可生成 CAD 格式施工图文件，如图 3-37 所示。

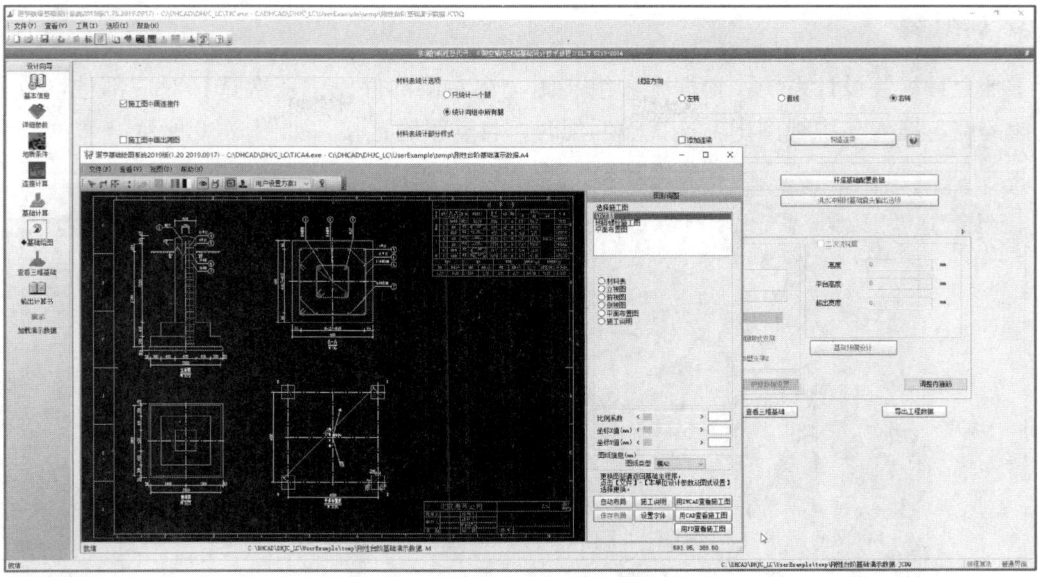

图 3-37　施工图页面

（三）基础三维模型

在施工图页面，单击导出工程数据按钮，即可生成当前基础三维模型数据，就可以在工程数据库中导入三维基础模型，在三维线路场景中加载显示基础模型。

如果需要直接查看三维基础模型，单击查看三维基础按钮，就可以查看当前计算完毕的三维基础模型，如图 3-38 所示。

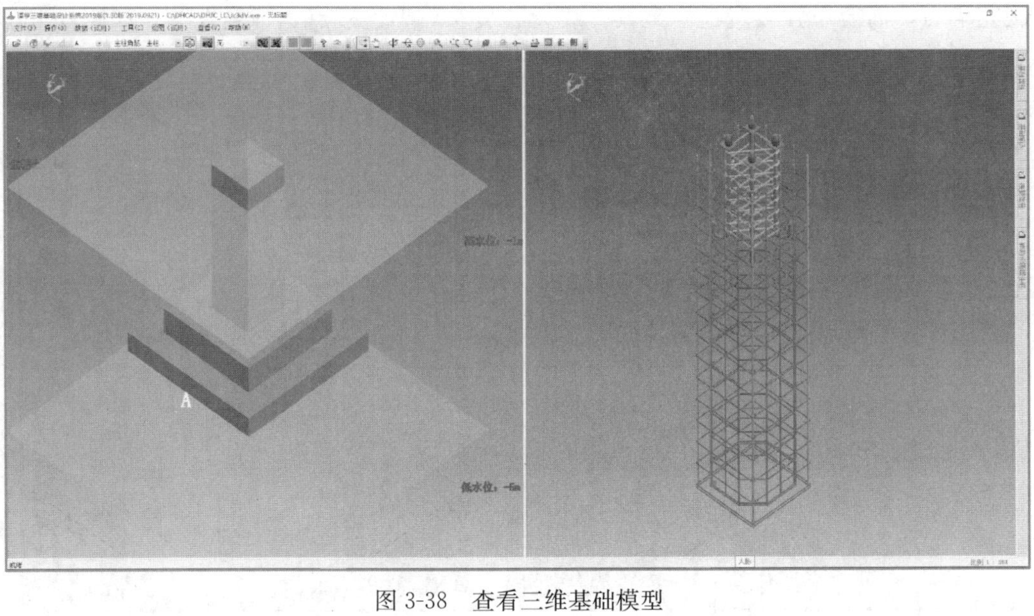

图 3-38　查看三维基础模型

第五节　三维金具组装设计系统

三维金具组装设计系统，基于自主三维平台，可实现金具部件自动吸附装配，部件任意旋转连接，支持复杂线路金具的组装设计，并可自动生成三维模型，自动在三维线路场景中加载。

一、金具组装

启动三维金具组装设计系统，根据金具组装图，在左侧部件库中依次选择对应部件，或者直接输入型号选择部件，拖入三维视图中，连接点匹配时，自动吸附连接，如图 3-39 所示。

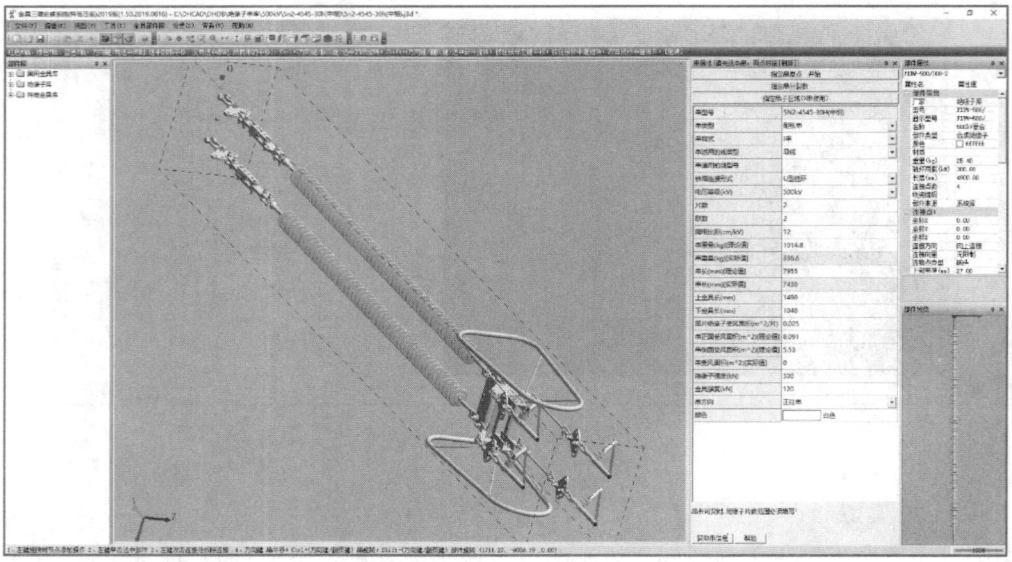

图 3-39　金具组装界面

二、编辑串属性

串组装完毕后，需要单独设置连塔金具、线夹分裂、V 串连接点、串属性等，如图 3-40 所示。

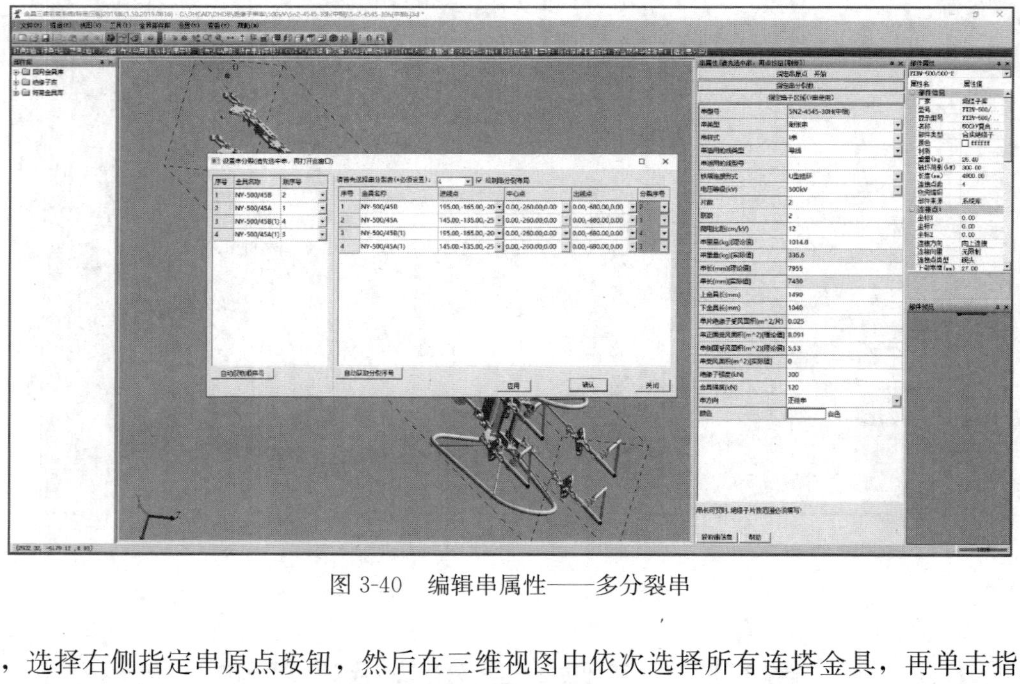

图 3-40　编辑串属性——多分裂串

首先，选择右侧指定串原点按钮，然后在三维视图中依次选择所有连塔金具，再单击指定串原点按钮，完成连塔金具设置。

如果是多分裂串，则需要设置串分裂数。在右侧单击指定串分裂数按钮，在弹出窗口中单击自动获取顺序号、自动获取分裂序号按钮，如果右侧序号与左侧不同，则手工选择分裂序号，保持与左侧一致即可。

如果是 V 串，则需要设置 V 串区域。单击右侧设置 V 串子区域按钮，依次选择左右臂、连板、下挂，保存即可，如图 3-41 所示。

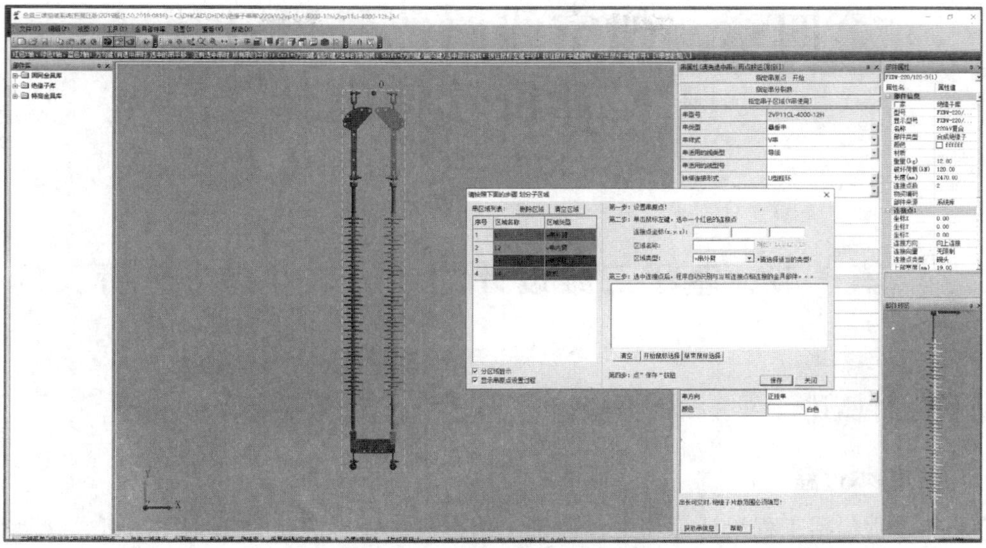

图 3-41　编辑串属性——V 串

三、输出成果

金具组装并设置属性后，即可输出二维金具组装图。金具组装工程数据，可直接导入工程数据库，自动更新三维场景中的串模型。

四、金具部件建模

如果需要调整部件的连接点属性或坐标，或者遇到了非标金具部件，则可以使用金具建模程序，常见部件可以参数化自动建模，其他部件可以先用第三方工具建立通用模型，然后将模型导入金具建模程序，设置连接点及部件属性，导入正侧面二维部件图，保存部件模型数据，然后在系统工程数据库的部件库中，右键模型入库，即可导入。接下来在三维金具组装系统中重新加载部件库，即可看到新导入的部件，如图 3-42 所示。

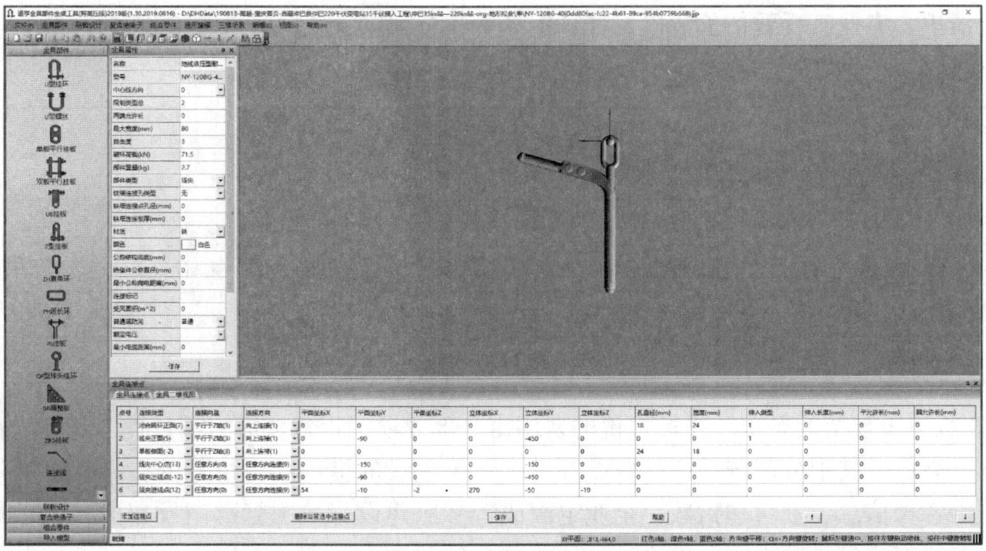

图 3-42　金具部件建模

第四章　架空线路三维设计模式工程计价软件设计

第一节　基于三维设计的计价软件需求分析

一、计价软件概述

（一）计价的基本过程

计价的基本过程包括工程量计算和工程计价。招标方和投标方依据施工图图纸、设计说明书和各类标准图集、工程预算定额和补充定额，确定工程量的计算项目，即分部分项划分。然后依据统一的计算规则，计算出工程量。在此基础上套用统一的定额，计算出直接工程费和措施费，组成直接费。然后由直接费乘以相应的费率计算出间接费、利润和税金，完成计价过程。

工程量清单计价是随我国的市场经济体制不断完善而建立起来的一种“量价分离”计价模式，它也是一种国际通行的计价模式。它是指在建设工程招投标时，由招标人按照清单规范的要求编制出统一的工程量清单；投标人针对招标人编制的工程量清单进行综合报价。这种计价方式，招标方承担工程量清单编制的风险，而投标方则承担单价上的风险。

工程量清单计价的基本过程包括工程量清单编制和投标报价。其中招标方负责工程量清单的编制，其本身或者其委托的具有编制能力的工程造价咨询人，按照清单规范规定的统一的工程量清单项目设置的规则、统一的工程量计算规则和统一的工程量清单标准格式，并依据招标要求和施工图设计图纸编制出统一的工程量清单。

根据13版清单规范的要求，工程量清单应按照表4-1所示的清单进行编制。其中，措施项目清单应按通用措施项目清单和可计算工程量措施项目清单进行编制。其他项目清单则可以按暂列金额清单、材料暂估价清单、专业工程暂估价清单、计日工清单和总承包服务费清单等项目进行编制。

表4-1　工程量清单组成

序号	清单名称	
1	分部分项工程量清单	
2	措施项目清单	通用措施项目清单、可计算工程量的措施项目清单
3	其他项目清单	暂列金额清单、材料暂估价清单、专业工程暂估价清单、计日工清单、总承包服务费清单
4	规费清单	
5	税金清单	

依据13版清单规范的要求，投标报价的费用由分部分项工程费、措施项目费、其他项目费、规费和税金5部分组成。其中分部分项工程费以及可计算工程量的措施项目清单的费用计算方法是投标人根据工程造价各种信息、资料和指数，企业定额或者参照建设行政主管部门发布的社会平均消耗量定额，做适当的调整，自主填报综合单价。综合单价，应包含人工费、材料费、机械费、管理费、利润以及风险金等费用。至于通用措施项目费、其他项目费等费用的计算方法见表4-2。

表 4-2　各清单费用的计算方法

序号	费用名称	计算方法
1	分部分项工程费	Σ（分部分项清单工程量×综合单价）
2	通用措施项目费	按各地的计价办法和相关规定计算
	可计算工程量的措施项目费	Σ（可计算措施项目工程量×综合单价）
3	其他项目费	按招标文件规定计算
4	规费	按省级政府或省级有关权力部门的规定计算
5	税金	按税务部门规定计算

从两种计价模式的形成过程以及作用来看，运用定额计价模式形成的价格，带有很强的政策性，是一种指令性的价格。工程量清单计价模式作为市场经济模式下的产物，形成的是市场价格，可以反映出企业的个别价格，从而促使施工企业不断地改进技术装备和提高施工管理水平等，以赢得激烈的市场竞争。两者在计价依据、风险承担、费用组成、单价构成、分部分项划分细度以及投标报价计价和评标方式等内容上有所不同。

（二）概预算软件的基本特征

工程概预算工作可以分为两部分，即工程量计算和计价，其中工程量计算耗时最多。虽然工程量计算时间会随着项目的不同而有所不同，但是一般会占据整个预算工作的 50%～80%，可见对于工程造价人员来说，提高概预算效率的关键是提高工程量计算的速度和准确性。

随着计算机技术的发展，工程量计算软件在我国已经经历了三个重要阶段：第一阶段，20 世纪 90 年代初出现的最早的表格工程量计算软件；第二阶段，1995 年之后出现的基于二维图形的工程量计算软件；第三阶段，2000 年后随着三维图形技术的日益完善，基于三维模型的工程量计算软件也应运而生。由于工程量计算在预算工作中的重要性，其发展阶段也代表我国的工程预算软件（尤其是建筑工程预算软件）的一个发展阶段划分标准。由于三维设计比二维设计更直观、能储存更多工程信息，可以认为，下一代工程预算软件将以应用三维技术为基本特征。第三代建筑工程概预算软件基本特征见表 4-3。

表 4-3　第三代建筑工程概预算软件基本特征

序号	相关方面	基本特征
1	运行平台	基于 AutoCAD 平台或自主研发三维平台
2	设计结果输入方式	建模方式、识图方式（DWG 格式）、表格输入方式
3	规范	支持各地区计算规则及定额，支持（GB 50500—2013）
4	工程量计算方式	支持清单工程量计算规则、定额工程量计算规则两种方式
5	计价方式	支持清单计价法和定额计价法，覆盖全国大多省市的定额，支持不同时期、不同专业的定额库
6	应用范围	算量软件解决工程造价者在招投标过程中的算量、过程提量、结算阶段构件工程量计算等业务问题；计价软件帮助工程造价者解决电子招投标环境下的工程计价、招投标业务问题

受各类因素制约，现在还没有将能同时进行工程的三维设计和计价的软件，但是已经有部分公司推出了对接三维设计和概预算软件的数据接口。将三维设计及设计中的信息通过数据接口传递到概预算软件中，通过软件后台进行处理，从而对工程的造价进行计算，但由于标准不统一等问题，兼具三维设计和计价功能的软件还没有出现。

（三）国内计价软件现状

成本预算分为招投标阶段的施工图预算和中标施工企业内部的施工预算，前者是业主和施工企业签订合同的依据，并且需要满足我国《建设工程招投标法》《建设工程工程量清单计价规范》等相关法律法规，相比后者，有其强制性和规范性。因而，作为招标方的业主和作为投标方的施工企业都非常重视招投标阶段的施工图预算。随着信息技术在建筑业中的深入应用，建设工程规范、设计、施工、运维等各个阶段的活动都开始利用计算机程序来提升效率，招投标阶段的成本预算也不例外。目前，基于传统CAD技术的成本预算软件已经非常成熟和普及。相比传统的基于人工计算并编制成本预算的方法，基于这些软件进行成本预算的方法大大减少了人工计算过程中的错误。但是，受限于传统CAD技术，这些软件并不能代替人进行识读图纸和套用规范的工作，而这两项工作仍然费时费力。此外，成本预算工作要求预算人员具有工程背景知识并熟悉规范，而我国成本预算相关规范众多，这对预算人员也是一大挑战。再者，人工识读图纸和套用规范仍容易出错，而且遇到部分设计图纸或规范条目含义描述不够明确的情况，不同的预算人员基于对同一套图纸和规范的不同会编制出不同的成本预算。针对规范条目的描述不明确、存在歧义甚至相互冲突的情况，住房城乡建设部也计划编制覆盖全行业全过程的成本预算清单和定额体系，但是现有规范的编制和表达方法，不能从根本上避免歧义和冲突的产生。建筑信息模型（Building Information Modeling，简称BIM）技术的出现，为计算机程序代替人进行识读图纸和套用规范，并进行自动成本预算提供了可能。在传统的二维CAD技术中，建筑构件通过点、线、面等几何元素来表示，同一建筑构件在不同投影面上的点、线、面并无关联，只能靠受过专业训练的人来补全二维图纸上丢失的信息。相比之下，BIM以面向对象的三维元素来存储建筑构件，并与时间、成本、质量等其他多维度的信息相关联。这些信息均可被计算机程序解析并利用。基于BIM技术的设计软件已经较为成熟，并在国家政策及工程需求的推动下日渐普及，而相关的规划、施工、运维BIM软件也开始涌现。利用BIM技术打通建设工程各个阶段的信息流，减少识读图纸和重复建模工作，是建筑业的发展趋势。对于大中型项目，基于BIM直接进行设计或基于二维图纸进行BIM建模已非难事，即基于设计BIM模型进行后续分析的基本条件已经具备。在成本管控方面，少数成本预算软件已经可以读取并解析设计BIM模型，但是可识别的数据有限，对于设计BIM模型中未涉及的施工工艺、工法等信息，只能靠人工补充，并由预算人员手动套用成本预算规范中的清单及定额，效率不高。

二、功能需求分析

在对现有的各个软件进行试用以及功能分析的基础上，提出了如表4-4所示的现行成本预算软件的功能分析表，对现行软件的主要功能进行了总结。

表4-4　现行成本预算软件功能分析表

序号	功能现状	功能描述
01	CAD图档导入识别功能	可导入设计院的电子文档并进行智能识别，可识别出轴网、柱、梁、墙、板、门窗洞口、柱筋、梁筋、墙筋、板筋等
02	绘图建模功能	结合AutoCAD图形编辑功能或自主研发图形平台，实现三维建模相关功能，并内置门窗、预制板、屋面、楼地面等标准图集库
03	三维浏览、模型检查功能	用户可直观的查看和检查各构件相互间的三维空间关系。单构件、多构件三维扣减关系清晰显示。画图的时候，三维可以同步显示。同时具有钢筋三维模拟显示功能，效果逼近现场仿真。钢筋三维显示直观、形象，方便用户检查、校验输入钢筋数据的正确性，同时方便核对钢筋计算结果。同时可智能检查用户可能产生的建模错误
04	三维算量自动扣减功能	图形算量软件显示的三维模型，可以按要求切换多种状态，可以显示扣减前的全部构件交叉的模型，也可以显示被扣减后的构件三维模型，还可以显示扣减掉的相交构件模型，所有扣减严格按计算规则进行
05	报表输出功能	可输出多种样式的报表，包括工程量汇总表、明细表、计算公式表、建筑面积表、门窗汇总表、装饰汇总表、清单报表、定额报表、清单定额报表、消耗量报表、钢筋清单明细总表、钢筋工程量统计分析表等。提供多种表格模板，同时可自定义多种报表
06	文件导入导出功能	支持同系列软件的工程数据文件的导入，预算、清单报表的导入与导出，支持Excel、Word格式的文件交互

根据对现有预算软件的分析，发现仍存在一些不足之处，例如，结果为一次静态输出，缺乏应对变更的数据维护功能；需人工挂靠定额，操作烦琐，易出错；无法准确详细表达施工过程，施工预算缺乏准确性等，在此基础上，我们对接下来的基于三维设计的计价软件提出了如表 4-5 所列的功能需求：

表 4-5　基于三维设计的计价软件功能需求

序号	功能	功能描述
1	设计信息自动导入功能	帮助预算者实现对设计阶段信息直接、全面的有效利用，无须人为识图、建模，节省用户时间，避免错误发生
2	三维平台数据交互功能	提供三维图形浏览查阅功能，方便用户查阅构件与成本项之间的关系；并支持交互式的数据修改
3	参数化成本预算功能	辅助预算者进行数据维护，做到一处修改，相关数据自动更新。简化用户操作，避免错误发生
4	智能匹配定额功能	根据已有或设置的工程属性进行智能判断，自动实现构件与成本项目关联、定额与成本项目关联功能，简化用户操作
5	基于过程的成本预算功能	用户可导入详细的进度信息，在此基础上进行准确的面向过程的施工预算，如利用总价法
6	标准数据导出功能	可导出标准文件，文件包含构件几何信息、施工过程信息、成本项目信息等，方便下游软件如施工管理系统、信息重用系统的利用

三、概预算信息需求模型

编制施工图预算的直接方法在我国实际过程中广泛应用的不外乎两种，即定额计价法和工程量清单计价法。前者在应用中主要依据地方定额确定分项工程单价并汇总工程直接费，进而确定工程成本，其特点是量与价相结合；后者在应用中招标方依据清单规范给出工程量清单，投标方结合企业定额按工程量清单给出综合单价，最终汇总工程成本，其特点是量与价相分离。编制施工预算的直接方法主要是实物法，在应用中依据全国统一施工定额或企业定额确定人工、材料、机械的用量并汇总，并结合实际价格计算总成本。无论哪种方法，其基本原理是相同的，即将工程项目按照一定的规则进行划分至成本项目，并计算其工程量，再结合资源消耗标准（定额）得出成本项目的消耗量或费用，最后按照一定的方法汇总得到总成本。不同方法间的差异主要体现在成本项目划分的细度不同、成本项目的组成不同、工程总成本的汇总方法不同、价格取值方法不同以及依据的规范不同。基于此原理本文提出如图 4-1 所示的工程成本预算信息需求模型。

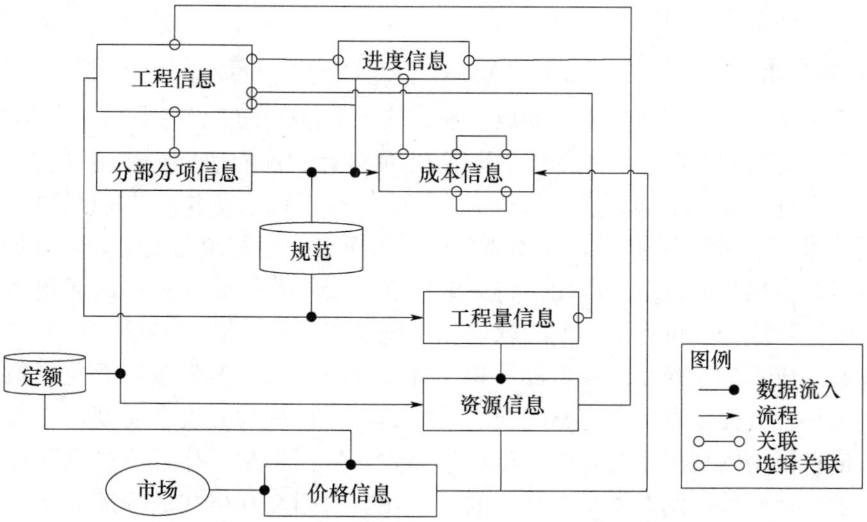

图 4-1　工程成本预算信息需求模型

由图 4-1 可知，建筑工程成本预算共需 7 个方面的信息。工程基本信息在设计阶段是必不可少的。另外，还需要对工程进行分部分项划分的信息，以便确定相应的成本项目信息并进行工程量信息和资源信息的计算。成本预算直接需要的信息包括工程量信息、资源信息以及价格信息。工程量信息基于工程信息和分部分项信息并依据规范计算得到。资源信息即建筑工程所消耗的材料、需用的人工和机械数量的信息，一般通过套用定额并利用工程量信息获得。价格信息主要来源于市场，有些地方定额中已经包含了价格数据，其用于计价过程。进度信息一般应用于施工预算，可依据进度任务进行成本项目的划分，使得成本项目表达具有时间维度，并通过建立成本项目与进度、进度与产品间的关系来实现对成本的表达。

四、技术需求

（一）基础技术需求

我国目前设计阶段的应用软件仍以 AutoCAD 为代表的二维 CAD 软件为主，基于二维 CAD 技术的设计仍是目前的主流工作模式。基于二维 CAD 的设计是利用二维图形来表达三维的概念，需要通过纵、横、剖三个二维图形才能完整地表达设计意图，无论是对于设计者还是使用者，均不够直观与友好。而且，利用二维 CAD 软件进行设计的成果数据只是一组矢量信息的集合，无法表达具体的建筑构件对象，因而不能被其他软件有效使用。而三维技术能够解决二维 CAD 技术的先天不足。利用三维技术，设计者能够将设计构想直接用三维模型的方式在软件中表现出来，更加符合设计者的思维习惯，直观的三维模型也使设计概念更易于交流，从而提高工作效率，减少错误。由于包含了面向对象的思想，三维技术可支持设计智能化的实现，例如在三维软件中，建筑构件的二维属性与其三维属性具备相关性，可根据三维模型自动生成任意截面的二维图纸。三维技术目前已在建筑设计行业得到了很好的应用，以 Revit、ArchiCAD 为代表的新一代采用三维技术的建筑设计软件被越来越多的建筑师接受和使用。三维技术对于成本预算软件同样非常重要，为实现对建筑构件的算量工作，三维技术比二维具有先天优势，而对于一些复杂的工程量计算规则，例如在计算构件的工程量时需考虑开洞以及与其他构件相交部分的扣减，这些对于二维技术来说是几乎难以实现的。因此，为进行高效准确的成本预算，面向对象的三维图形技术是最基本的技术需求。目前存在的开放三维建模平台，如 Open GL、Open Cascade 等，为此奠定了坚实的基础。同时，在成本预算系统中，还需对大量已知定额信息进行有组织的存储以方便系统功能的利用和实现，数据库技术则是必不可少的技术。数据库是长期存储在计算机内有组织、可共享的数据集合。关系数据库是目前应用最为广泛的数据库系统，它结构简单，容易理解，有坚固的数据理论基础，并且有结构化查询语言 SQL（Structured Query Language）为关系型数据库提供统一的编程接口。

（二）应用技术需求

与国内现行成本预算软件相比，未来的成本预算软件最显著的特点将是基于 BIM 技术。基于 BIM 技术的成本预算系统可高效准确地继承基于 BIM 技术的设计软件的信息，将预算者从繁重的建模工作中解放出来，同时系统功能将更加灵活，为施工企业降低预算制作成本、提高预算精度提供了新途径。因此，将在应用技术上采用 BIM 技术，并创建标准，从而更好地实现与上下游软件的信息传递。BIM 技术及相应标准在成本预算软件中的应用，将为解决现行成本预算软件存在的问题提供优秀的应用技术基础，从而带来以下好处：可为成本预算软件的系统实现提供信息完整且高度关联、适应不同计价方法的具有一般性的成本信息模型。模型部分和计价部分统一的标准是按照面向对象的方式组织起来的，是目前描述工程各方面信息的最完整的模型，并具有支持软件开发者实现自定义扩展的途径，基于符合该标准的信息模型实现的系统功能自然灵活高效，从而带来工作效率的飞跃。可实现建筑成本预算软件与上下游其他软件之间数据交互格式的标准化。数据交互格式的标准化使得不同阶段的数据真正实现无缝传递，与设计阶段共享同一数据源，省去了重复建模工作，从而避免了人为理解偏差和错误输入，提高了工作效率。

五、基于三维设计模型及相关数据的自动成本概预算框架

对成本预算的信息处理流程进行分析，明确各个操作的信息输入、信息输出及处理依据，是自动成本预算研究的基础。传统成本预算在识读图纸及套用规范两个操作上均需要预算人员依据专业知识进行人工操作，存在对预算人员要求高、易出错、费时费力等问题。现有研究针对传统成本预算的信息处理流程存在的问题，从信息来源和知识表达两个方面做出了改进，提高了成本预算的自动化程度。一方面，利用 BIM 技术表达设计结果，使得预算人员可以通过计算机程序解析设计结果，免去人工识读图纸的工作；另一方面，利用本体表达成本预算规范，使得预算人员可以通过计算机程序解析规范，免去人工套用规范的工作，上述改进，形成了新的信息处理流程，并规范了各个操作的信息输入及输出，即信息模型。信息处理流程及信息模型构成了基于设计 BIM 模型的自动成本预算框架，该框架是开发基于设计 BIM 技术的自动成本预算软件的依据，然而，上述框架仍需要预算人员来人工补充施工信息。成本预算结果的精度仍很大程度上取决于预算人员对成本预算规范及相关施工知识的认识及掌握情况，这一问题制约了该框架的进一步自动化。在上述内容基础上，分析并提出了基于三维技术的自动成本预算框架，如图 4-2 所示。

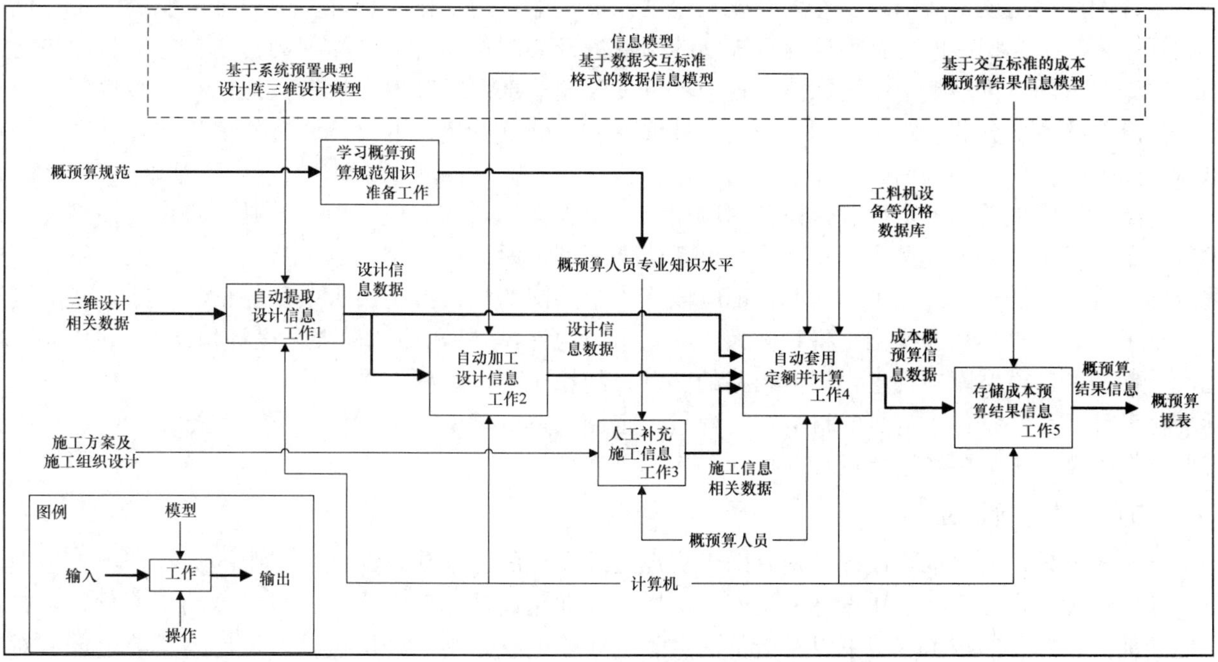

图 4-2　基于三维技术的自动成本预算框架

第二节　基于三维设计的架空线路工程自动计价思路

一、整体计价思路

（一）标准模型库的建立

随着三维设计的出现，在土建工程中，产生了一种新的计价方式，即首先通过三维建模软件对工程进行精确建模，继而将三维模型导入算量软件中，对处理后的三维模型，利用三维建模软件识别模型的长宽高等信息，计算出各类构件的工程量，按照工程量计算规则的规定，以体积、面积和质量等

计算方式自动计算各类构件的工程量，然后按照成本项目的汇总要求，对成本项目所包含的所有构件的工程量进行汇总，得到成本项目的工程量。再通过构件工程量与定额相关联，从而得到工程的整体造价。

土建工程在三维模式下的计价方法是基于土建工程构件的特点形成的，土建工程的梁、柱、板等主要构件都有精确的长宽高等信息可以由程序识别，同时这些构件都是通过体积进行工程量计算，进而进行计价。

由于架空线路本身的特点与建筑工程相比，不仅建设环境差异较大、建筑的结构复杂，而且各类建设主体例如杆、塔等都是由钢材构成，其材料用量和造价的计算都很困难；绝缘子等主要材料是按个数计价，在算量软件中无法通过识别长宽高等基本信息来进行计价。

随着信息化进程的不断发展，传统的管理模式和手工工作模式已经很难适应行业发展和示范工程建设的需要。在架空线路建设过程中，开展三维设计技术应用研究，解决工程数据割裂、数据积累困难等问题，对于电力工程造价管理与投资控制开辟新领域、优化工程造价管理模式、推进电力行业造价信息化进程等方面具有极为深远的意义。电力行业造价信息化管理系统的内部信息主要来自各大电力公司在项目的建设工程中储存的数据，包括工程信息、环境信息、具体的构件信息、市场价格信息以及整体造价等，其外部信息源来自国家的宏观政策、公司外部环境等。

系统的用户是项目造价的工作人员以及业主方负责审计的工作人员等，他们可以调用系统中储存的数据，将三维模型中的各个构件与系统中的构件进行关联，即可得到相关的价格信息，从而快速准确地得到项目的造价。整个系统的信息管理者负责管理信息系统开发和运行，他们在系统使用过程中负责信息系统各部分的组织和协调。这其中最重要的部分就是建立电力行业造价信息化管理系统的信息库，以便进行信息的调用。

在架空线路项目的各个阶段，模型的应用点有很大区别，我们应该考虑的是，将设计模型、计量模型、施工模型区分开，但每一步都不是重新建立模型，而是让模型可以在流程中自我迭代发展，去适应各个阶段的需求。这几个子模型，都应该有一个共同的母模型，由母模型将信息传递下去。能够直接拿来用、不必复查的模型，将其称为“可复用的构件模型”，即“标准化设计模型”，并建立标准化设计模型库。模型库中将包含架空线路的基础、绝缘子串、跳线、杆塔等构件的全部类型，且每个标准化设计模型都将包含自身的材料、工程量、定额、造价等信息，设计人员在进行设计的过程中只需要选择模型库中的模型进行设计即可。

（二）自动计价流程

基于典型设计的标准化设计模型有助于实现三维设计的标准化，即把工程中的分部分项工程做成三维标准化设计，建立标准化设计模型库，这样的标准化设计不仅完成了三维模型的标准化，还包括了标准部件、单元的技术规范书以及造价信息。例如输电线路中的杆塔设计，设计人员经过计算对基础、杆塔、导线、附件等进行选型，选型完成后，通过计价软件平台中的工程量计算软件自动在后台标准库中缩存、加和相应造价数据，完成工程量的计算。

在完成工程量的计算之后，通过模型中包含的材料、造价等信息，通过施工环境调节系数数据库、建安费取费系数数据库等数据库中的相关系数调取，即可得到架空线路工程的造价。

第一步，由设计人员通过三维设计软件运用标准化模型进行输电线路工程设计，将输电线路三维设计模型构件根据构件类型，梳理划分为颗粒度为最小的高内聚、低耦合的图形构件单元，每个构件单元有唯一的内部编码进行识别，并具备相应的属性信息集合，规范输电线路三维设计模型的颗粒度及其模型属性信息、模型层级及隶属关系、模型属性信息的输出逻辑、输出格式。使其成为能够直接拿来用、不必复查的模型，将其称为“标准化设计模型”，并建立标准化设计模型库。根据输电线路工程特点，将三维图形构件对象予以分类，划分为不同层级，具体分为导线、杆塔、基础、接地、附件等几大类，每一大类划分为若干小类，分类能体现出构件的类型、构件层级、构件隶属关系等。这些构件逻辑关系和技经造价需要的数据信息进行逻辑对应，并通过属性信息的方式存储和输出。同时，对于输电线路工程当中的土质比例、地形系数、运输、跨越等信息，根据三维图纸，分析整理出这些数据可行的输出内容、输出方式，输出格式，对应技经造价相关的数据需求和数据提取。

第二步，将数据从三维设计平台导入技经造价平台，并在技经造价平台对三维设计软件中的数据进行识别、梳理，需要制定输电线路三维设计与工程技经造价的数据交互格式、数据交互标准，实现三维设计软件与技经造价软件的数据无缝结合与深度融合。

第三步，利用技经造价平台中内置的规则库，达到根据三维模型生成造价计算成果的目的。首先制定三维设计模型信息与物料、定额、清单项、工程量之间的对应与匹配关系，并形成可更新的逻辑规则库。根据设计的三维构件分类和技经造价实际的数据需求，研究物料编码的编码格式，根据物料编码和构件编码将设备材料划分为导线、杆塔、基础、接地、附件、辅助等几大类，并根据三维设计平台的构件和安装方式建立三维构件信息表、三维构件属性信息表、计算参数表。然后将所有标准模型构件对应各自的编码，通过编码识别出各构件的不同的多个限定条件，在数据库中筛选相应定额并提取出来，将定额与工程量相关联，研究三维图形建模软件输出的图形构件对象属性与工程量、造价计算的数据关系，把这种格式化逻辑关系内置在系统中，达到根据三维图形生成造价计算成果的目的。最后，通过分析 WBS 编码、三维构件信息、物料编码与定额子目，清单项的逻辑关系，将这种逻辑关系形成逻辑规则，形成对应数据库。逻辑规则和三维设计模型及模型属性相关联，编辑技经造价时，根据三维设计模型的数据输出和逻辑关系库，在编辑技经造价中自动关联、自动套取相关定额与清单项，提高造价编制的速度与精确度，把造价工作人员从繁重的图形识别和数据提取计算中“解放”出来。整个计价流程如图 4-3 所示。

二、工程量自动计量与生成

架空线路的计价过程中，60％～70％的时间花在了工程量的计算上。由于传统的工程量计算软件拥有自己的图形平台，预算人员可通过该平台，根据对设计图纸的理解，人工地建立正确的三维模型，然后按照规范中规定的工程量计算规则完成工程量的计算。这样做的好处是能够辅助用户实现正确的工程量计算，然而由于大量的人工建模工作，导致工程量的计算过程耗时耗力，另外，如果预算人员对图纸的理解有错，还会导致工程量计算结果出现错误。传统的软件由于受工作模式和技术的限制，无法自动全面地利用设计阶段的信息，所以对它们来说，实现对设计信息的自动利用机制从根本上并没有现实。本系统则通过设计造价一体化的方式来避免重复建模过程中可能出现的错误，同时通过汇总各个构件所带有的属性信息，包括材料、质量、高度等，进一步汇总出工程量清单，实现智能计价。

直接导入三维设计软件产生的三维模型，此时的三维模型中的各个构件均是设计时在标准库中选取的标准化设计模型，理论上来说可以直接读取三维模型自带的属性数据，筛选相应的定额，然后按照预算规范中规定的工程量计算规则，即可完成工程量的计算。

三、定额自动套用

在实际预算工作中，实体项目的分部分项工程清单项目往往是预算工作的重点，也是与上下游软件共享的主要信息。在造价平台中，利用设计模型属性信息进行工程量统计时，需要对设计模型属性信息进行识别和判断，从而确定某个模型应该对应于哪一条定额。但是，由于清单规范的信息组织和表达方式的限制，现有的输电工程概预算软件主要采用的是人工编制清单项目的处理方式。而要利用计算机进行智能化处理，需要对其信息组织方式进行一定的处理，使得其信息组织方式更加程序化，便于计算机对模型所包含的信息进行自动的识别和提取，同时能在定额库中筛选出相应定额。

基于设计信息语义库及内置的逻辑判别规则库的概念，建立了如图 4-4 所示的清单项目判别模型。该模型是工程量统计时清单项目智能化生成的理论基础。在系统中，通过设计模型携带的工程信息，能够智能的在数据库中进行定额的筛选。

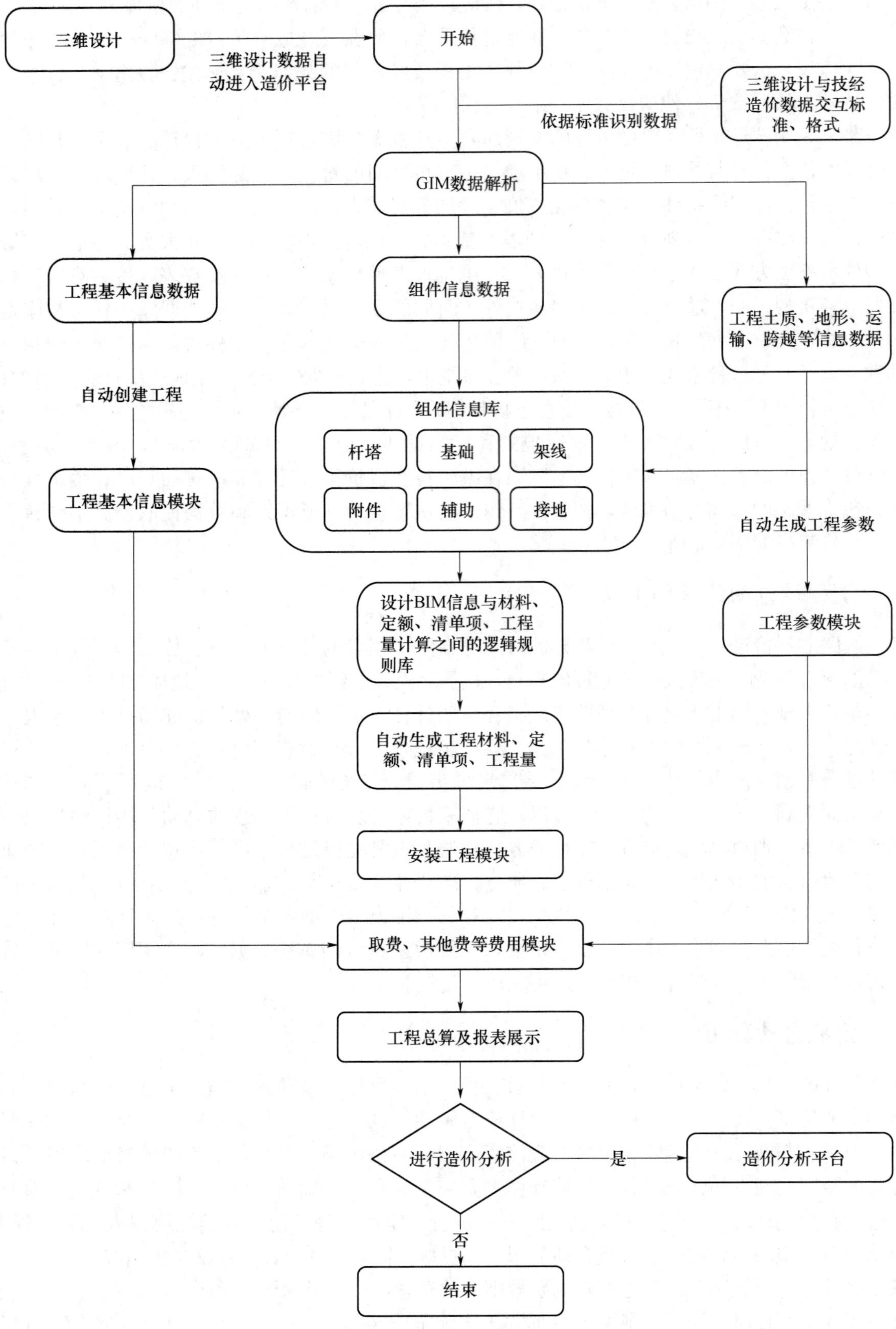
三维设计
三维设计数据自动进入造价平台
开始
三维设计与技经造价数据交互标准、格式
依据标准识别数据
GIM数据解析
工程基本信息数据
组件信息数据
工程土质、地形、运输、跨越等信息数据
自动创建工程
组件信息库
杆塔
基础
架线
附件
辅助
接地
工程基本信息模块
自动生成工程参数
设计BIM信息与材料、定额、清单项、工程量计算之间的逻辑规则库
工程参数模块
自动生成工程材料、定额、清单项、工程量
安装工程模块
取费、其他费等费用模块
工程总算及报表展示
进行造价分析
是
造价分析平台
否
结束

图 4-3　整体计价流程

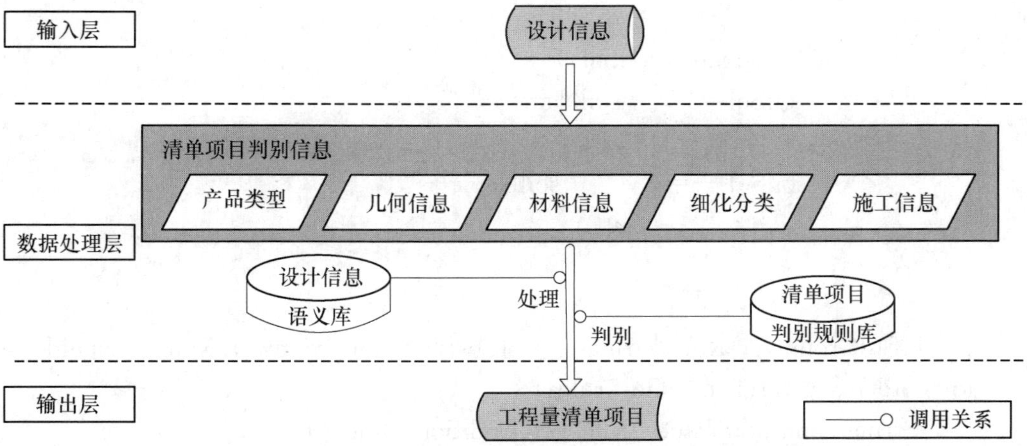

图 4-4　清单项目判别模型

在上述定额子目判别规则库以及对数据分析的基础上，本研究建立了智能化套用定额子目的算法，该算法包括三个关键步骤：

(1) 提取设计信息所包含的分部分项属性。针对每一个标准化模型，提取其中包含的分部分项属性。之后，利用设计信息语义库对提取的属性进行语义标准化处理，从而得到标准化的分部分项属性。

(2) 利用标准化的分部分项属性，建立属性集映射关系。通过对标准化的分部分项属性的遍历，判断分部分项属性是否足以匹配建立属性集映射关系时对工程的细化分类，匹配成功则自动建立属性集映射关系。

(3) 利用完备的分部分项属性，判断工程应套用的定额子目。在细化分类的基础上，利用标准化的分部分项信息对细化分类映射的属性集的详细内容进行自动设置。如果属性集自动设置完备，则到定额子目判别规则库中自动套用与之对应的定额子目。

在系统中，通过设计模型携带的信息在数据库中进行定额筛选，其中通过某个构件信息进行定额筛选的语句如下：

```
/**
    *添加组件定额
    *@param projGroupware
    *@param params
    */
    private void addGroupwareRation (ProjGroupware projGroupware, List<GroupwareParam
>params) {
        List<Object>lineInfos=null;
        Integer typeId=projGroupware.getTypeId ();
        //生成新定额
        String soilSql="";
        String soilType=getGroupwareParam (" tzlx", params);
        if (soilType !=null && soilType.length () >0) {
            String [] arr=soilType.split (";");
            for (String str: arr) {
                String [] soilArr=str.split (":");
                String soilName=soilArr [0];
                if (" 坚土".equals (soilName) ||" 冻土 (≥300mm)".equals (soilName)) {
                    soilName=" 坚土/冻土 (≥300mm)";
```

```
        }
        if ("" .equals (soilSql)) {
            soilSql="'" +soilName+"'";
        } else {
            soilSql += ",'" +soilName+"'";
        }
    }
}
List<StdGroupwareRule> rules=projCostDao. getGroupwareRules (typeId, soilSql);
for (StdGroupwareRule rule: rules) {
    String conditionValue=rule. getConditionValue ();
    String formulaValue=rule. getFormulaValue ();
    if (formulaValue==null) {
        formulaValue="";
    }
    String rationCode=rule. getRationCode ();
    if (" YX3-157" .equals (rationCode) =" YX3-158" .equals (rationCode)
            ‖ " YX3-159" .equals (rationCode)
            ‖ " YX3-160" .equals (rationCode)) {
        if (typeId == 21) {//灌注桩基础
            formulaValue=formulaValue. split (";") [1];
        } else if (typeId==22) {//挖孔基础
            formulaValue=formulaValue. split (";") [0];
        }
    }
    String soilQuality=""; //土方量字符串
    conditionValue=conditionValue. replace (" [typeId]", typeId. toString ());
    String lxgd=" 0";
    String lxgdField="";
    if (typeId==9) {
        if (conditionValue. indexOf (" jmj1") >-1) {
            lxgdField=" gd1";
        }
        if (conditionValue. indexOf (" jmj2") >-1) {
            lxgdField=" gd2";
        }
        if (conditionValue. indexOf (" jmj3") >-1) {
            lxgdField=" gd3";
        }
    }
    String hblValue=getGroupwareParam (" hbl", params); //护壁量值
    soilType=rule. getSoilType ();
    for (GroupwareParam param: params) {
        String field=param. getField ()
```

四、建安费自动取费

建安工程费是其中很关键的组成部分，在整个建设项目总投资里面占比最高，建安费中直接费所包含的人工费、材料费和机械费对整个建安费用影响最大，而其他的费用项目有的可以直接以其为基础通过计算得出。与其他费用相比较起来，影响建安工程费的因素较多，产生大变动的可能性高，所以建安工程费在很大程度上会影响到建设项目总投资，为项目建设全周期带来巨大影响。在本系统中，通过工程信息的读取以及工程建设地的政策等进行建安费自动取费。如图 4-5 所示。

序号	费用名称	代码	取费基数	费率(%)	单位
一	直接费	FFZ	FFZ1+FFZ2	100	元
1	直接工程费	FFZ1	DFZ+ZZCF	100	元
1.1	定额直接费	DFZ	RGF+CLF+JXF	100	元
1.1.1	人工费	RGF	定额人工费	100	元
1.1.2	材料费	CLF	定额乙供材料费不含税+定额甲供材料费含税	100	元
1.1.3	施工机械使用费	JXF	定额机械费	100	元
1.2	装置性材料费	ZZCF	JZZCF+YZZCF	100	元
1.2.1	甲供装置性材料费	JZZCF	甲供主材费含税	100	元
1.2.2	乙供装置性材料费	YZZCF	乙供主材费不含税	100	元
2	措施费	FFZ2	DYF+YSF+SYF+TDF+LSF+ZYF+BZF	100	元
2.1	冬雨季施工增加费	DYF	定额人工费	5.27	%
2.2	夜间施工增加费	YSF	定额人工费	0	%
2.3	施工工具用具使用费	SYF	定额人工费	4.98	%
2.4	特殊地区施工增加费	TDF	定额人工费	0	%
2.5	临时设施费	LSF	FFZ1-甲供材料进项税额-甲供主材进项税额	1.9	%
2.6	施工机构迁移费	ZYF	定额人工费	3.26	%
2.7	安全文明施工费	BZF	FFZ1-甲供材料进项税额-甲供主材进项税额	2.93	%

图 4-5　某工程建安费取费表

五、其他费用取费

工程建设其他费用是根据有关规定应在基本建设投资中支付的，并列入建设项目总概预算或单项工程综合概预算的，除建筑安装工程费用和设备工器具购置费以外的费用。包括：土地、青苗等补偿费和安置补助费、建设单位管理费、研究试验费、生产职工培训费、办公和生活家具购置费、联合试运转费、勘察设计费、供电贴费、施工机构迁移费、矿山巷道维修费、引进技术和进口设备项目的其他费用等。系统中通过取费规则设定以及工程信息获取，可以直接得到其他费用取费表。其他费用取费表如图 4-6 所示。

取费设置　辅助费用　场地征用费　其他费用　工程费用　设置勘察费　设置设计费　设置监理费

序号	费用名称	代码	计算式	费率(%)	输出	表一显示	编制依据
1	建设场地征用及清理费	A	建设场地征用及清理费	100		✓	
2	项目建设管理费	B	B1+B2+B3+B4+B5+B6	100			
3	项目建设技术服务费	C	C1+C2+C3+C4+C5+C6+C7	100			
3.1	项目前期工作费	C1	C11+C12+C13+C14+C15+C16+C17+C18+C19+C1A+C1B+C1C+C1D	100			
3.2	知识产权转让与研究试验费	C2		100			
3.3	勘察设计费	C3	C31+C32	100			
3.4	设计文件评审费	C4	C41+C42+C43	100			
3.5	项目后评价费	C5	本体工程费	0.5			
3.6	工程建设检测费	C6	C61+C62+C63+C64+C65	100			
3.7	电力工程技术经济标准编制管理费	C7	本体工程费	0.1			
4	生产准备费	D	D1+D2+D3	100			
4.1	管理车辆购置费	D1	本体工程费	0.25			
4.2	工器具及办公家具购置费	D2	本体工程费	0.21			
4.3	生产职工培训及提前进场费	D3	本体工程费	0.1			

图 4-6　其他费取费表

六、造价自动组价

通过自动组价功能，系统进入组价界面，且会根据已设置的完备分部分项信息属性集实现自动套定额。在此基础上，结合工程量以及定额子目包含的人工、材料和机械的消耗量和单价信息，自动计算出清单项目的综合单价。

对于未实现自动套定额的清单项目，系统提供了手动组价的功能。手动组价功能主要有两种方式，一种是直接设置清单项目的综合单价，另一种是给清单项目手动套用定额子目。在完成组价操作之后，系统还提供了对组价内容进行调整的功能。工程量清单计价模式下的综合单价由人工费、材料费、机械费以及管理费和利润等费用构成。对人工费、材料费和机械费的调整，主要有工料机批量换算和工料机单价修改功能。工料机批量换算是对人工、材料和机械的消耗量进行修改，从而改变清单项目的综合单价。而工料机单价修改则是通过工料机汇总及编辑界面，对人工、材料和机械的单价进行修改，从而改变综合单价。而管理费和利润的调整，则是通过设置管理费和利润的费率来完成，在该界面中直接设置管理费和利润的计算费率即可。

根据“13清单规范”的要求，措施项目清单分为两部分：通用措施项目清单和可计算工程量措施项目清单。通用措施项目清单按项进行计算，而可计算工程量措施项目清单则以清单的方式进行计算。通过措施项目主菜单下的添加、插入和删除子菜单，即可对措施项目清单和可计算工程量措施项目清单进行分别编制。自动组价后的取费表如图4-7所示。

取费设置　辅助费用　场地征用费　其他费用　工程费用

序号	费用名称	代码	安装费(AZF)	设备费(SBF)	其他费(QTF)	合计费(HJF)	占合计(ZZJ)	单位投资(万元/km)
一	架空输电线路本体工程						HJF/JTTZ.HJF*100	HJF/线路亘长
二	辅助设施工程	FZSS			辅助费用/10000	AZF+SBF+QTF	HJF/JTTZ.HJF*100	HJF/线路亘长
三	其中：编制基准期价差	JC	编制基准期价差/10000			AZF+SBF+QTF	HJF/JTTZ.HJF*100	HJF/线路亘长
	合计	HJ	安装费合计+FZSS.AZF	设备费合计+FZSS.SBF	FZSS.QTF	AZF+SBF+QTF	HJF/JTTZ.HJF*100	HJF/线路亘长
四	其他费用	QTFY			辅助费用/10000	AZF+SBF+QTF	HJF/JTTZ.HJF*100	HJF/线路亘长
1	建设场地征用及清理费							
2	项目建设管理费							
3	项目建设技术服务费							
4	生产准备费							
五	基本预备费	JBYBF			(HJ.HJF+JC.HJF+QTFY.HJF)*基本预备费费率/100	AZF+SBF+QTF	HJF/JTTZ.HJF*100	HJF/线路亘长
六	特殊项目费用	TSXM				AZF+SBF+QTF	HJF/JTTZ.HJF*100	HJF/线路亘长
	工程静态投资	JTTZ	HJ.AZF+JC.AZF+QTFY.AZF+TSXM.AZF	HJ.SBF+JC.SBF+QTFY.SBF+TSXM.SBF	HJ.QTF+JC.QTF+QTFY.QTF+JBYBF.QTF+TSXM.QTF	AZF+SBF+QTF	HJF/JTTZ.HJF*100	HJF/线路亘长
七	动态费用	DTFY				AZF+SBF+QTF		
1	价差预备费	JCYBF			价差预备费/10000	AZF+SBF+QTF		
2	建设期贷款利息	DKLX			建设期贷款利息/10000	AZF+SBF+QTF		
	项目建设总费用（动态投资）	DTTZ	JTTZ.AZF+DTFY.AZF	JTTZ.SBF+DTFY.SBF	JTTZ.QTF+DTFY.QTF	AZF+SBF+QTF		
	其中：生产期可抵扣的增值税额	ZZS	本体工程可抵扣增值税/10000			AZF+SBF+QTF		

图4-7　自动组价后的取费表

根据措施项目清单的组价方式不同，系统提供了与组价方式对应的组价功能。对于通用措施项目清单而言，主要有计算公式组价和实物量组价两种方式，而可计算工程量措施项目清单则包含计算公式组价、实物量组价和定额组价三种方式。

1）计算公式组价。价格的计算方式是计算基础×费率。例如文明施工费等于分部分项人工费×费率。通过计算基础选择界面，可选择相应的计算基础。

2）实物量组价。费用为消耗的人工、材料和机械子目的费用之和。通过工料机选择界面，选择消耗的人工、材料和机械子目。然后设置人工、材料和机械子目的消耗量即可。

3）定额组价。费用是依据所套用的定额来计算的。定额子目可在定额子目列表中进行选择。

第五章　系统设计及开发

第一节　系统功能结构和主要流程设计

系统基于互联网的程序全部用 Java 编写，可实现对设计阶段三维模型携带数据的导入，从而可以实现对设计阶段的信息高效准确的利用。

架空线路工程预算功能模块整体考虑了施工图预算和施工预算的实现过程，并据此建立了预算模块。本研究针对系统的使用情形，对主要流程进行了设计，系统的使用情形包括编制工程预算及计价。图 5-1 是架空线路工程预算功能模块示意图。

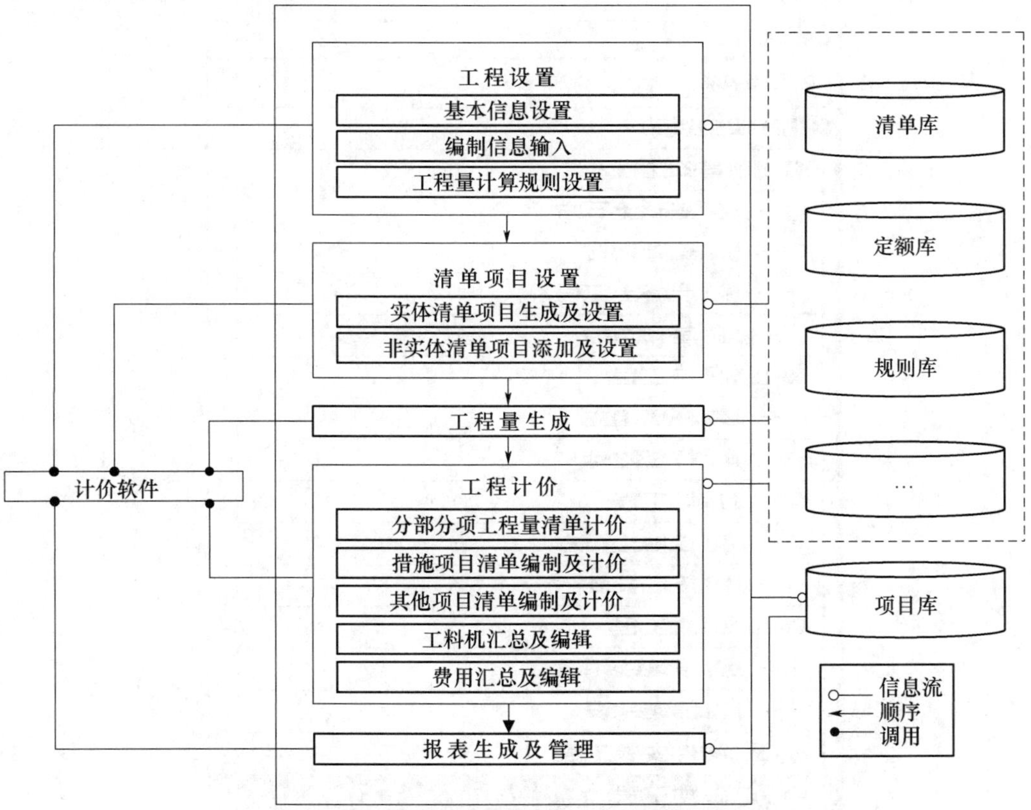

图 5-1　架空线路工程预算功能模块示意图

第二节　架空线路自动计价依据数据库建设

本系统根据数据的使用性质，将其分为项目数据库和公共数据库两部分。其中项目数据库主要保存本软件进行预算时产生的数据，例如生成的清单项目、工程量、价格等数据。而公共数据库则实现对公共数据的存储，包括清单库、定额库、属性库和规则库，该部分数据库的内容比较固定，主要供查询和调用。数据库整体框架如图 5-2 所示。

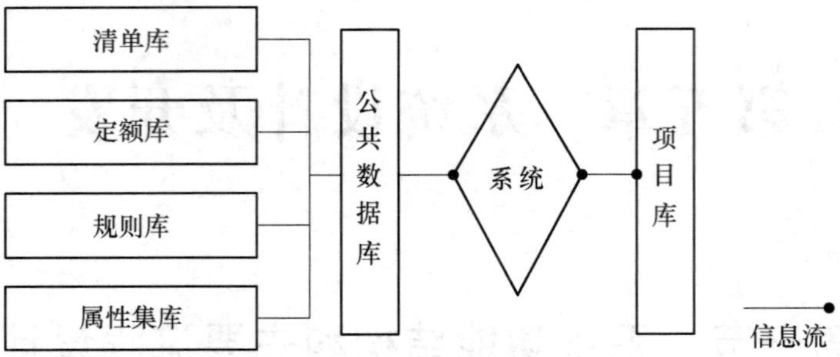

图 5-2　数据库整体框架

一、清单库

软件内嵌清单库实现的功能有：定义清单项目划分的专业信息；定义清单项目所属章节；定义清单项目具体信息；定义清单项目特征项；定义清单项目特征项对应的特征值；定义清单项目的工作内容等。软件清单库目录如图 5-3 所示。

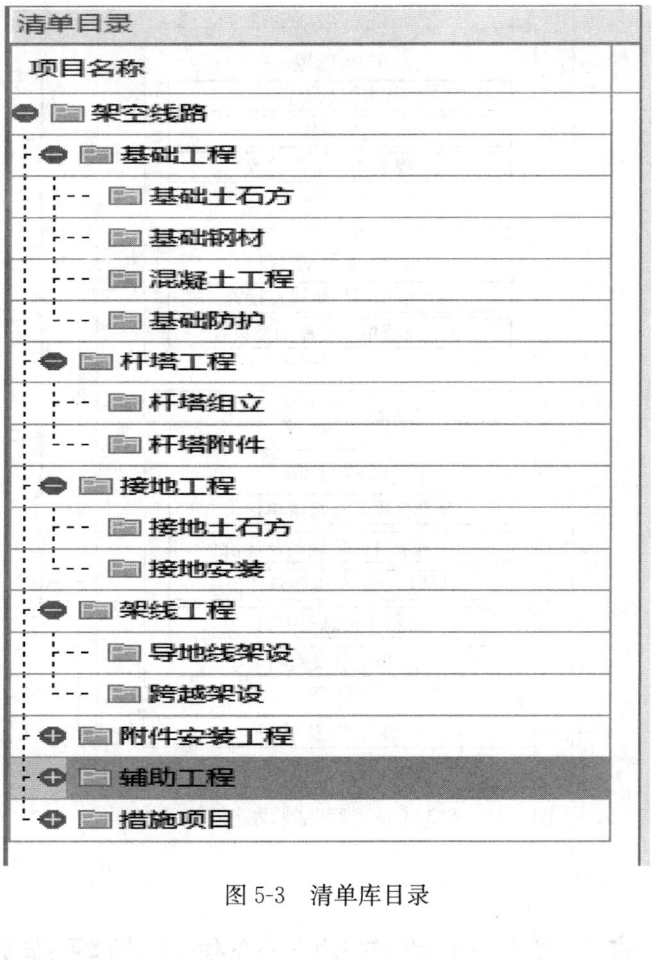

图 5-3　清单库目录

二、定额库

定额库可以实现的功能有：定义定额子目划分的专业信息；定义定额子目所属的章节信息；定义定额子目的基本信息；定义定额子目包含的资源费用信息；定义定额子目包含的资源含量信息；定义资源子目的基本信息；定义三材类别的分类信息；定义三材类别的匹配值；定额资源所属章节信息；

定义费用类型；定义定额子目的工作内容等，属于网络数据库，数据库中的内容共享。利用 MySQL 数据库建立概、预算定额数据库，其中概算数据库部分如图 5-4 所示。

编号	项目名称	单位	单价	人工	材料	机械
YX1-1	人力运输 混凝土杆 每件重500kg以内	t.km	131.33	120.97		10.36
YX1-2	人力运输 混凝土杆 每件重700kg以内	t.km	146.41	132.99		13.42
YX1-3	人力运输 混凝土杆 每件重1100kg以内	t.km	175.60	161.51		14.09
YX1-4	人力运输 混凝土杆 每件重1500kg以内	t.km	193.68	177.83		15.85
YX1-5	人力运输 混凝土杆 每件重1500kg以上	t.km	238.86	221.04		17.82
YX1-6	人力运输 混凝土预制品 每件重100kg以内	t.km	110.07	103.03		7.04
YX1-7	人力运输 混凝土预制品 每件重300kg以内	t.km	136.02	125.45		10.57
YX1-8	人力运输 混凝土预制品 每件重500kg以内	t.km	152.68	140.79		11.89
YX1-9	人力运输 混凝土预制品 每件重800kg以内	t.km	169.93	155.84		14.09

类型	代号	人材机名称	单位	单位用量	价格	不含税价格	未计价材
人工	9101110	输电普通工	工日	3.0159	34.0000	34.0000	
人工	9101111	输电技术工	工日	0.3351	55.0000	55.0000	

图 5-4 概算定额库部分界面

三、规则库

规则库按照电力造价相关的社会、行业规则进行编制，其能实现的功能有：定义费率的基本信息；定义计算规则适用的专业信息；定义建筑产品的类别；定义计算规则需要的建筑产品细化类别；定义建筑产品细化分类与清单项目或者定额子目之间的对应关系；定义细化分类之间的扣减关系等。所有这些规则在社会及行业中通用，平台还允许技术管理人员根据实际项目工程情况对规则库进行自编辑或者修改参数。

四、属性集库

平台内嵌的属性集库可以实现的功能有：定义属性集划分的专业；建筑产品分类；建筑产品的细化类别；定义建筑产品细化分类和属性集之间的映射关系；定义属性集的列表信息；定义属性集的详细内容；定义属性类别；定义基本设置中包含的信息；定义输入的招标方编制信息；定义输入的投标方编制信息；定义编制的工程量清单的基本信息；定义模型中包含的实体建筑构件信息；定义清单项目的特征值；定义清单项目的特征值；定义清单项目的工作内容；定义对建筑构件设置的施工属性；定义清单项目挂接的定额子目信息；定义各个定额子目包含的资源信息等。

五、相关设备库

利用 MySQL 数据库建立相关设备数据库，其中热力及相关系统设备库、主变压器系统设计库界面分别如图 5-5、图 5-6 所示。

六、装置性材料库

利用 MySQL 数据库建立相关装置性材料数据库，其中冷风道和主蒸汽管道界面分别如图 5-7、图 5-8所示。

查询：编号/名称/规格 查询

【第1页】【共54条/2页】 首页 上页 下页 末页 1 页 每页显示50条记录 go

类型	编号	名称	规格	单位	除税价	含税价	单重	供货方
	S0001	锅炉(烟煤)	1100t/h，超临界，不含节...	台	125000000.00	145000000.00		甲供
	S0002	锅炉(褐煤)	1100t/h，超临界，不含节...	台	137000000.00	158920000.00		甲供
	S0003	节油点火装置	等离子点火装置，4支（1层）	套/炉	2600000.00	3016000.00		甲供
	S0004	节油点火装置	小油枪点火装置，4支（1层）	套/炉	900000.00	1044000.00		甲供
	S0005	循环流化床锅炉	1188t/h，超临界，不含节...	台	160000000.00	185600000.00		甲供
	S0006	汽轮机	350-24.2/566/566(含DEH)...	台	65000000.00	75400000.00		甲供
	S0007	汽轮发电机	QFSN-350-2型，含静态励磁	台	42000000.00	48720000.00		甲供
	S0008	中速磨煤机	HP-863/MPS-190/ZGM95...	台	3000000.00	3480000.00		甲供
	S0009	中速磨煤机	MPS200-HP-II型/ZGM113...	台	3500000.00	4060000.00		甲供
	S0010	钢球磨	350/600（含钢球、润滑油...	台	2750000.00	3190000.00		甲供

图 5-5 热力及相关系统设备库

查询：编号/名称/规格/拼音首字母 查询

【第1页】【共15条/1页】 首页 上页 下页 末页 页 每页显示50条记录 go

类型	编号	名称	规格	单位	除税价	含税价	单重	供货方
	S0464	1000kV 700MVA 单相 自耦 无载		台	37000000.00	42920000.00		甲供
	S0465	750kV 700MVA 单相 自耦 无载		台	13540000.00	15706400.00		甲供
	S0466	500kV 250MVA 单相 自耦 无载		台	5700000.00	6612000.00		甲供
	S0467	500kV 250MVA 单相 自耦 有载		台	6860000.00	7957600.00		甲供
	S0468	500kV 750MVA 三相共体 自耦 无载		台	17560000.00	20369600.00		甲供
	S0469	500kV 750MVA 三相共体 自耦 有载		台	17960000.00	20833600.00		甲供
	S0470	500kV 334MVA 单相 自耦 无载		台	5900000.00	6844000.00		甲供
	S0471	500kV 334MVA 单相 自耦 有载		台	7180000.00	8328800.00		甲供
	S0472	330kV 150MVA 三相共体 自耦 无载		台	4280000.00	4964800.00		甲供
	S0473	330kV 150MVA 三相共体 自耦 有载		台	5260000.00	6101600.00		甲供
	S0474	330kV 240MVA 三相共体 自耦 无载		台	5470000.00	6345200.00		甲供
	S0475	330kV 240MVA 三相共体 自耦 有载		台	6580000.00	7632800.00		甲供
	S0476	330kV 360MVA 三相共体 自耦 有载		台	8120000.00	9419200.00		甲供
	S0477	220kV 240MVA 三相共体 三绕组 有载		台	5990000.00	6948400.00		甲供
	S0478	220kV 180MVA 三相共体 三绕组 有载		台	5220000.00	6055200.00		甲供

图 5-6 主变压器系统设备库

查询：编号/名称/拼音首字母 查询

【第1页】【共289条/6页】 首页 上页 下页 末页 1 页 每页显示50条记录 go

材料编号	材料名称	规格	单位	运输类型	供货方	不含税价	含税价	损耗	单重	备注
FZ011	125MW 冷风道		t		乙供	5589.00	6483.00		0.00	
FZ012	200MW 冷风道		t		乙供	5613.00	6511.00		0.00	
FZ013	300MW 冷风道		t		乙供	6951.00	8063.00		0.00	
FZ014	600MW 冷风道		t		乙供	7005.00	8126.00		0.00	
FZ015	1000MW 冷风道		t		乙供	7380.00	8561.00		0.00	
FZ021	125MW 热风道		t		乙供	6576.00	7628.00		0.00	
FZ022	200MW 热风道		t		乙供	6399.00	7423.00		0.00	
FZ023	300MW 热风道		t		乙供	7440.00	8630.00		0.00	
FZ024	600MW 热风道		t		乙供	7247.00	8407.00		0.00	
FZ025	1000MW 热风道		t		乙供	7492.00	8691.00		0.00	
FZ031	125MW 烟道		t		乙供	5337.00	6191.00		0.00	
FZ032	200MW 烟道		t		乙供	5450.00	6322.00		0.00	
FZ034	600MW 烟道		t		乙供	6694.00	7765.00		0.00	

拆分材料 进口材料 线材

编号	材料名称	规格	单位	供货方	运输类型	数量	不含税价(元)	含税价(元)	损耗(%)	单重(kg)

图 5-7 装置性材料库（冷风道）

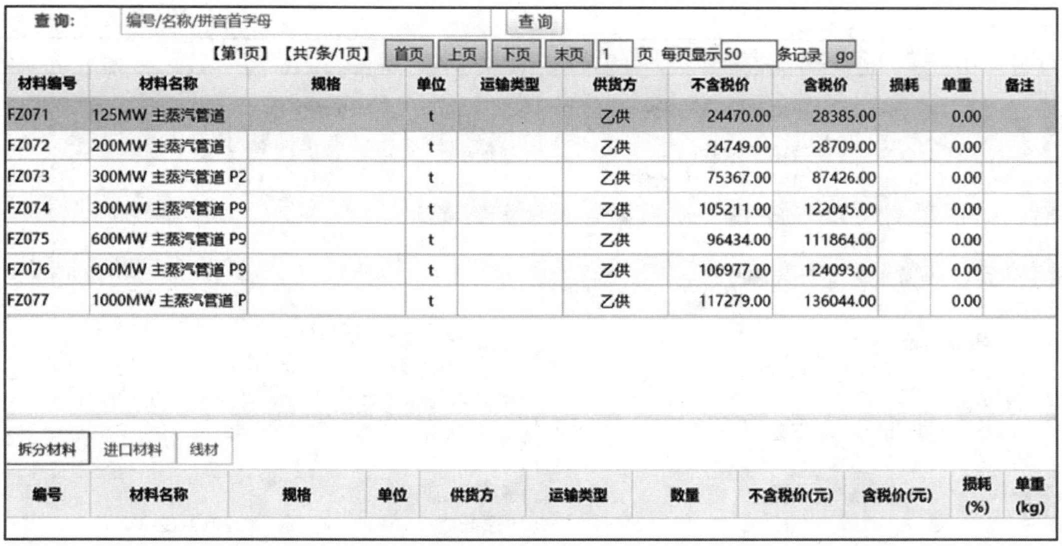

图 5-8　装置性材料库（主蒸汽管道）

七、项目库

项目库中可实现的功能有：定义汇总后各费用的基本信息；定义措施项目清单编制的基本信息；定义其他项目清单编制的基本信息；定义暂列金额清单编制的基本信息；定义专业工程暂估价编制的基本信息；定义计日工编制的基本信息；定义总承包服务费编制的基本信息；定义规费编制的清单；定义税金编制的清单；定义预算过程中的人工、材料和机械子目消耗量；定义报表的类型等。

第三节　系统应用流程

（1）进入系统的工程造价模块进行目标项目的计价工作，如图 5-9 所示是系统工程管理界面。

图 5-9　系统工程管理界面

（2）打开已有工程或者新建工程之后的主要界面包括工程信息、线路参数、工程参数及建设期贷款利息，分别如图 5-10 至图 5-14 所示，在三维设计应用中，直接导入设计模型后，相关的工程信息会自动进行匹配及输入。若有与实际情况不符之处，可以手动修改。关于建设期贷款利息系统含有两种不同的计算方法，分别是依据《电网工程建设预算编制与计算标准》和《电力建设基本管理制度及规定》，根据实际情况选择。

图 5-10　工程信息界面

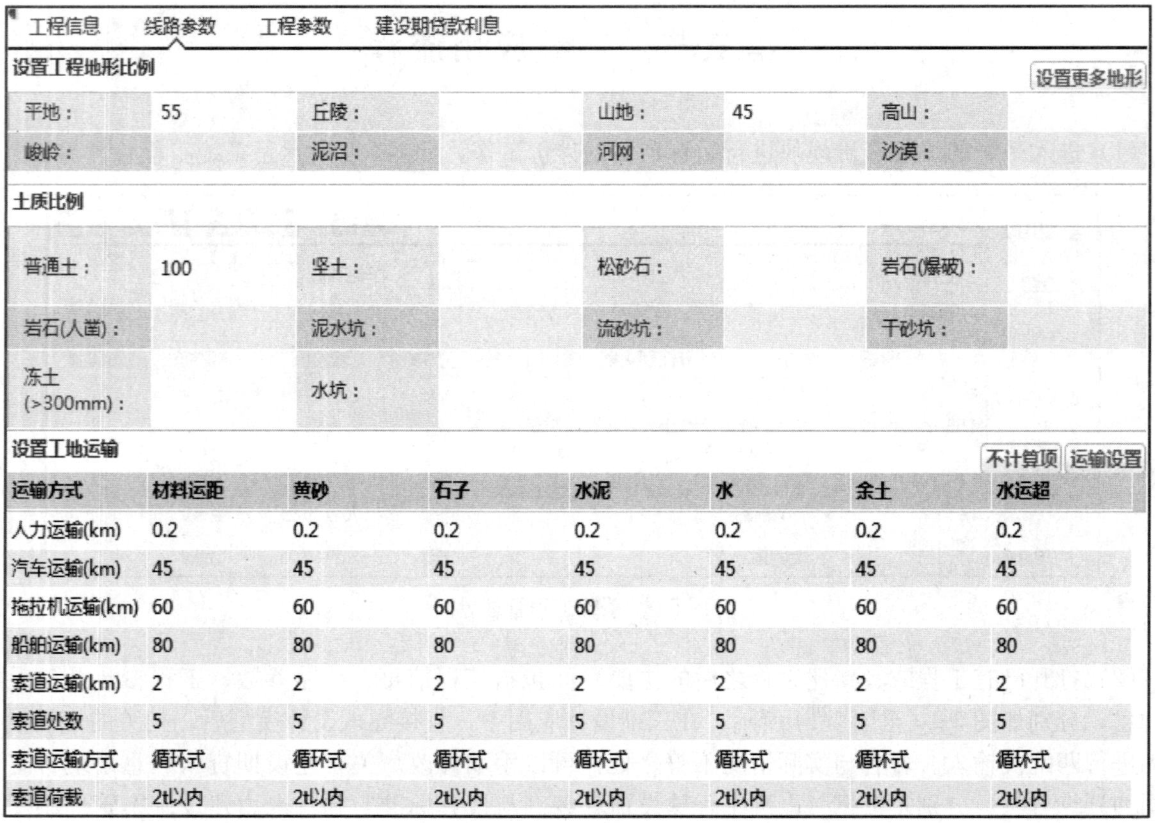

图 5-11　线路参数界面

图 5-12　工程参数界面

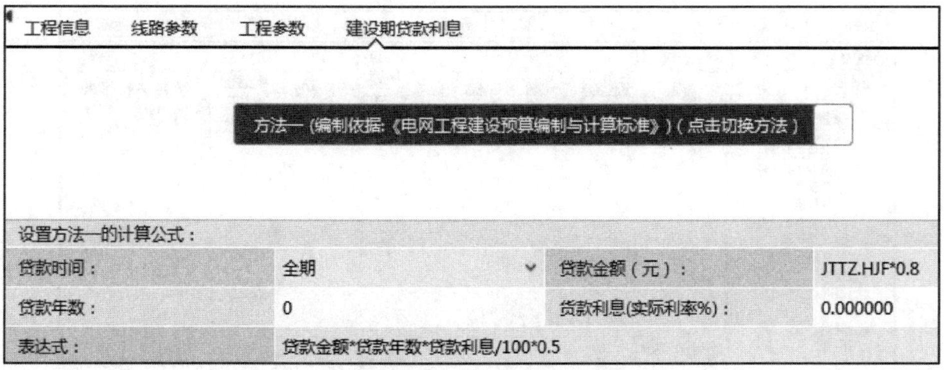

图 5-13　建设期贷款利息方法一

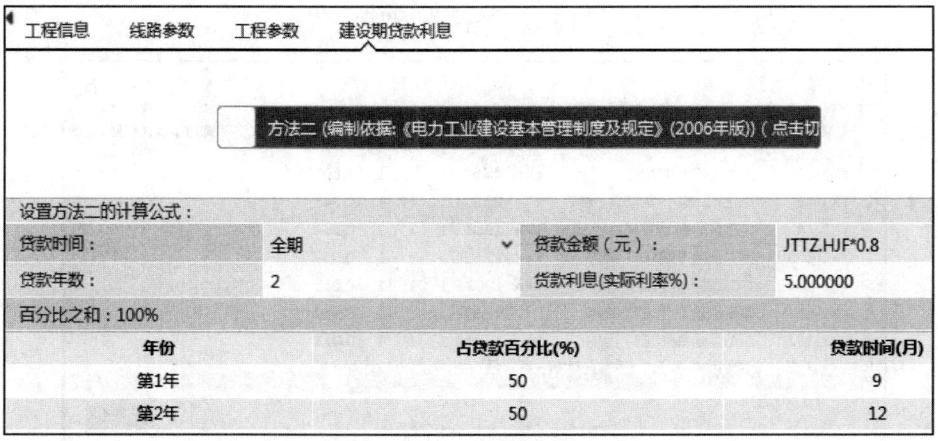

图 5-14　建设期贷款利息方法二

（3）在进行信息的导入之后，要根据线路的特征对架空线路进行分段，在工程量统计的线路特征界面进行架空线路分段，进行信息的录入。图 5-15 为架空线路的线路特征界面，图 5-16 为运输地形比例设置界面。

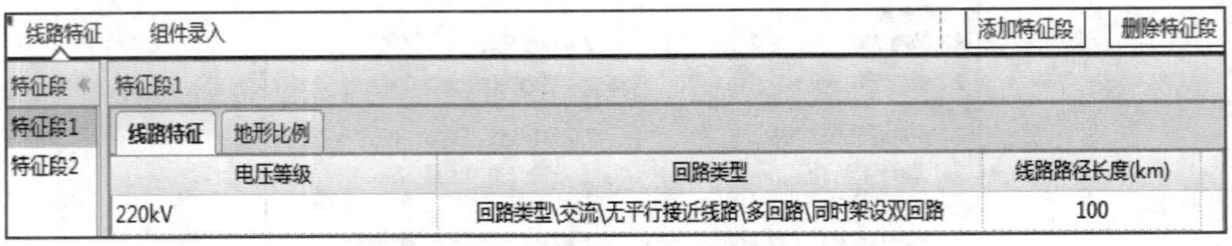

图 5-15　架空线路的线路特征界面

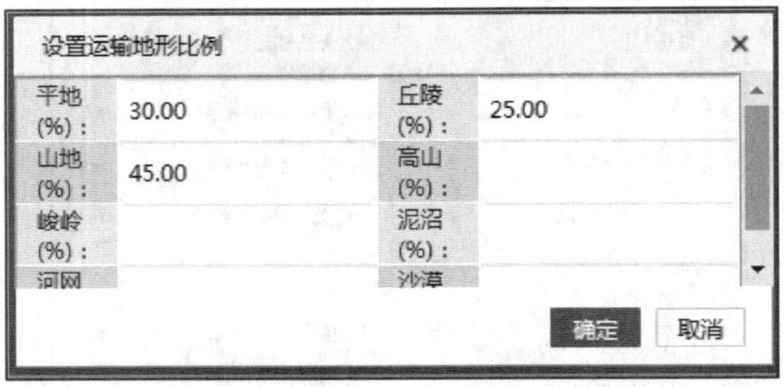

图 5-16　运输地形比例设置界面

（4）信息录入完成后，进入组件录入界面，可以进行组件信息的添加和修改，组件库中包括杆塔、接地、基础、架线、附件及其他模块，以杆塔中整根式混凝土杆组件举例，如图 5-17 所示。在该界面可以进行统计预览（图 5-18）、录入资源（图 5-19）等功能。

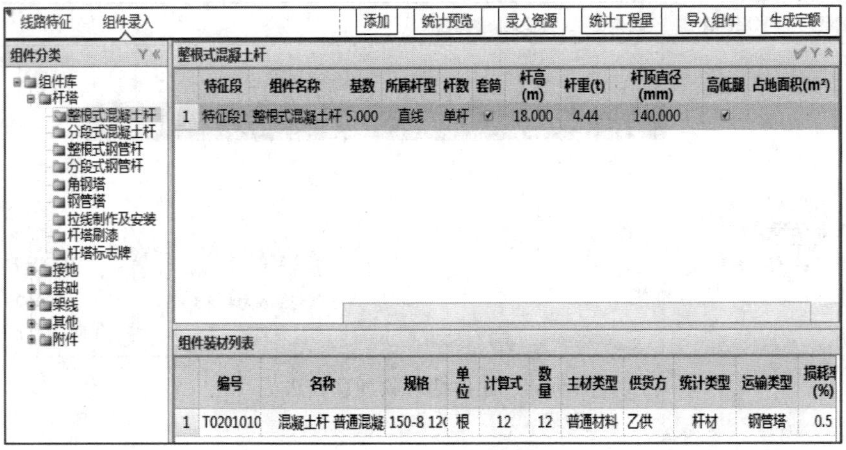

图 5-17　组件录入界面

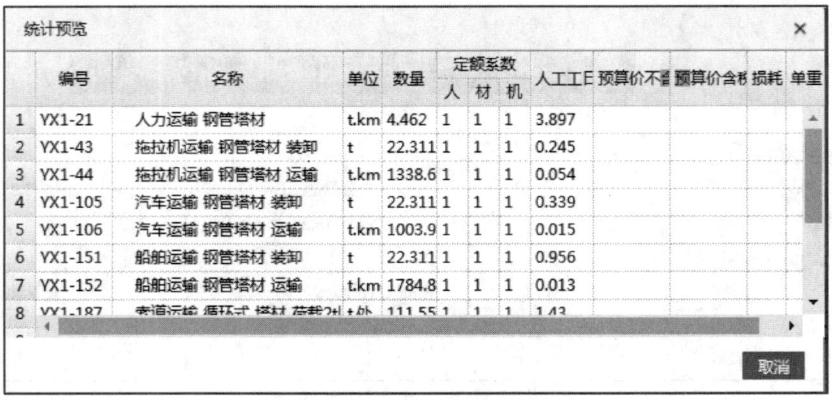

图 5-18　统计预览界面

图 5-19　录入资源界面

（5）在进行工程量统计的相关工作之后，可以对安装工程的情况进行查看和校对，图 5-20 是以基础工程为例的安装工程界面。

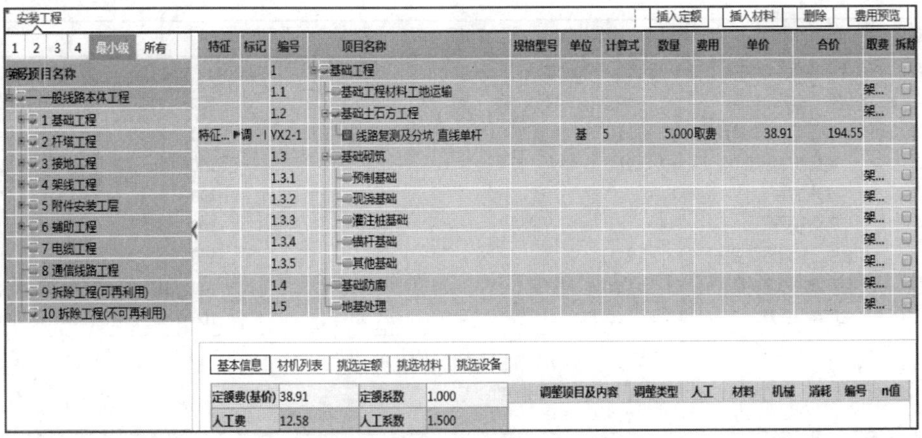

图 5-20　系统安装工程界面

（6）本系统还可以进行各分部分项工程的人工、材料、机械、主材、设备的分析，如图 5-21 所示为基础工程的人工分析界面。

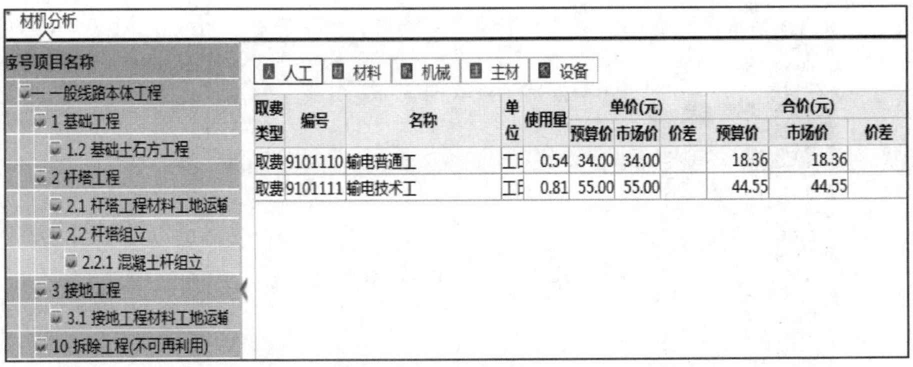

图 5-21　人工分析界面

（7）进行费用设置，对不同工程的取费要求进行设置，包括直接费、措施费、辅助费用、场地征用费、其他费用和工程费用，见图 5-22 至图 5-25。

取费设置　辅助费用　场地征用费　其他费用　工程费用

架空输电线路取费表（220kV Ⅱ类 新建工　架空输电线路拆除取费表（220kV Ⅱ类 新　大型土石方综合取费表（220kV Ⅱ类 新建工程）

序号	费用名称	代码	取费基数	费率(%)	单位	备注
一	直接费	FFZ	FFZ1+FFZ2	100	元	
1	直接工程费	FFZ1	DFZ+ZZCF	100	元	
1.1	定额直接费	DFZ	RGF+CLF+JXF	100	元	
1.2	装置性材料费	ZZCF	JZZCF+YZZCF	100	元	
2	措施费	FFZ2	DYF+YSF+SYF+TDF+LSF+ZYF+BZF	100	元	
二	间接费	FFJ	GF+GLF+TSF	100	元	
1	规费	GF	BZHF+GJJ+BXF	100	元	
2	企业管理费	GLF	定额人工费	45.05	%	
3	施工企业配合调试费	TSF	FFZ-甲供材料进项税额-甲供主材进项税额	0.27	%	
三	利润	FFR	FFZ+FFJ-甲供材料进项税额-甲供主材进项税额	5.55	%	
四	税金	FFS	FFZ+FFJ+FFR-定额甲供材料费含税-甲供主材费含税+不取费定额费-不取费定额甲供材料费不含税+不取费乙供主材费不含税	10	%	
五	合计	HJ	FFZ+FFJ+FFR+FFS+一笔性费用+不取费定额费+不取费乙供主材费不含税+不取费甲供材料进项税额+不取费甲供主材费含税	100	%	

图 5-22　取费设置界面

取费设置　辅助费用　场地征用费　其他费用　工程费用

序号	费用名称	代码	计算式	费率(%)	输出	编制依据
1	巡线、检修站工程	T1	TF1+TF2+TF3+T14	100	☑	
1.1	办公室、汽车库及仓库	TF1	11	100	☑	
1.2	巡检修站征地	TF2	111	100	☑	
1.3	室外工程	TF3		100	☑	
1.4	新增费用4	T14		100	☑	
2	巡线、检修道路工程	T2	1111	100	☑	
3	生产维护通信设备	T3	11111	100	☑	
4	生产作业工具	T4	111111	100	☑	

图 5-23　辅助费用界面

取费设置　辅助费用　场地征用费　其他费用　工程费用

序号	费用名称	代码	计算式	费率(%)	输出	编制依据
1	建设场地征用及清理费	CDZY	TD+SG+OY+YW+ZLPC+TXGL	100	☐	
1.1	土地征用费	TD	CD+LD+LM+OM+CS+JG+TD7	100	☐	
1.1.1	建设场地征用	CD		100	☐	
1.1.2	连带征地	LD		100	☐	
1.1.3	林木补偿	LM		100	☐	
1.1.4	青苗、经济作物补偿	OM		100	☐	
1.1.5	城市绿化补偿	CS	100000	100	☐	
1.1.6	建、构筑物补偿	JG		100	☐	
1.1.7	新增费用7	TD7		100	☐	
1.2	施工场地租用费	SG		100	☐	
1.3	迁移补偿费	OY	SL+DL+GD+CK+JS+SLS+OT+OY8	100	☐	
1.3.1	电力线路、通信线路迁	SL		100	☐	
1.3.2	道路迁移补偿	DL		100	☐	
1.3.3	管道迁移补偿	GD		100	☐	
1.3.4	厂矿迁移补偿	CK		100	☐	
1.3.5	军事设施迁移补偿	JS		100	☐	
1.3.6	水利设施迁移补偿	SLS		100	☐	
1.3.7	其他大额迁移补偿	OT		100	☐	
1.3.8	新增费用8	OY8		100	☐	
1.4	余物清理费	YW	JGC+DLXL+TXXL+DLSS+GDSS+CCGC	100	☐	
1.4.1	建、构筑物清理	JGC		100	☐	
1.4.2	电力线路清理	DLXL		100	☐	
1.4.3	通信线路清理	TXXL		100	☐	
1.4.4	道路设施清理	DLSS		100	☐	
1.4.5	管道设施清理	GDSS		100	☐	
1.4.6	拆除工程	CCGC	拆除工程费	100	☐	
1.5	输电线路走廊施工赔偿费	ZLPC		100	☐	
1.6	通信设施防输电线路干扰	TXGL		100	☐	

图 5-24　场地征用费界面

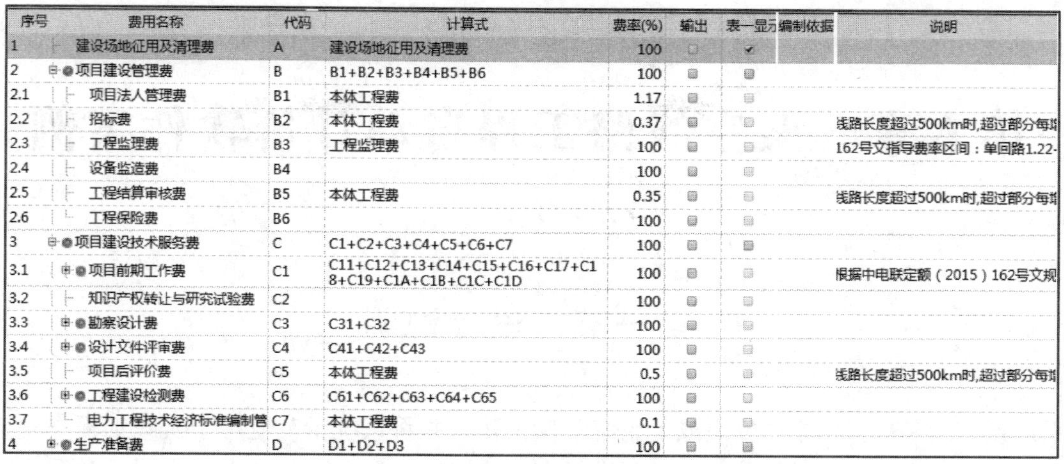

序号	费用名称	代码	计算式	费率(%)	输出	表一显示	编制依据	说明
1	建设场地征用及清理费	A	建设场地征用及清理费	100				
2	项目建设管理费	B	B1+B2+B3+B4+B5+B6	100				
2.1	项目法人管理费	B1	本体工程费	1.17				
2.2	招标费	B2	本体工程费	0.37				线路长度超过500km时,超过部分每
2.3	工程监理费	B3	工程监理费	100				162号文指导费率区间：单回路1.22-
2.4	设备监造费	B4		100				
2.5	工程结算审核费	B5	本体工程费	0.35				线路长度超过500km时,超过部分每
2.6	工程保险费	B6		100				
3	项目建设技术服务费	C	C1+C2+C3+C4+C5+C6+C7	100				
3.1	项目前期工作费	C1	C11+C12+C13+C14+C15+C16+C17+C18+C19+C1A+C1B+C1C+C1D	100				根据中电联定额（2015）162号文规
3.2	知识产权转让与研究试验费	C2		100				
3.3	勘察设计费	C3	C31+C32	100				
3.4	设计文件评审费	C4	C41+C42+C43	100				
3.5	项目后评价费	C5	本体工程费	0.5				线路长度超过500km时,超过部分每
3.6	工程建设检测费	C6	C61+C62+C63+C64+C65	100				
3.7	电力工程技术经济标准编制管	C7	本体工程费	0.1				
4	生产准备费	D	D1+D2+D3	100				

图 5-25　其他费用界面

（8）完成上述工作后即可在汇总查询页面进行各类费用的查询以及导出相应报表，如图 5-26 所示。

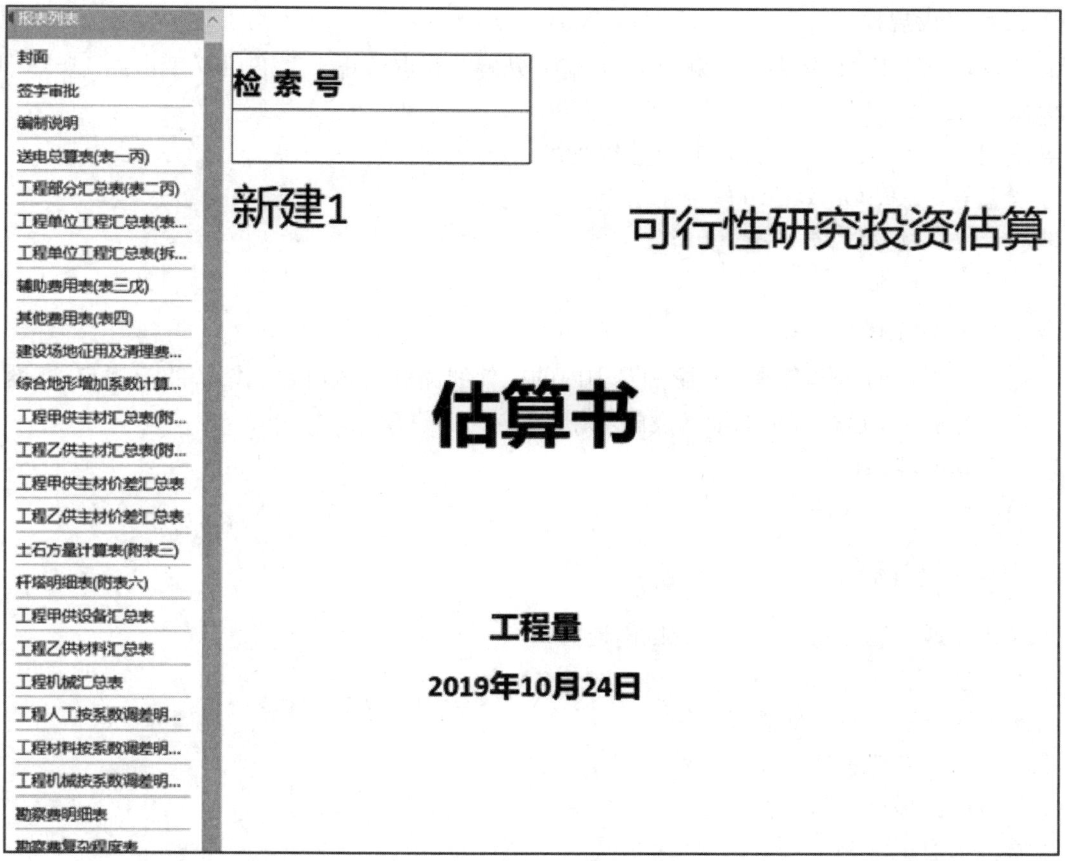

图 5-26　汇总查询界面

第六章 架空线路工程自动计价软件案例

第一节 设计说明

在系统设计的基础上，本研究完成了系统开发工作，并将系统示范应用于实际工程——某 110kV 线路工程。本章首先对示范工程的设计说明进行介绍，然后通过在示范项中的应用，对系统的主要功能进行了演示，最后，对系统示范应用的效果进行了分析。

一、工程概况

（一）工程建设规模

1. 起止点：起于某 69 号塔小号侧和 70 号塔大号侧断开点，止于某 110kV 变电站 110kV 侧；
2. 电压：110kV；
3. 导线型号：2×JL/G1A-240/30 钢芯铝绞线；
4. 地线型号：2 根 OPGW-100；
5. 线路长度：新建线路 2×4.8km；
6. 回路数：双回路。

（二）工程设计范围

1. 上述线路工程的本体设计及其影响范围内的电信线路和无线电台（站）的干扰与危险影响的保护设计、工程概算以及运行维护的辅助设施等；
2. 线路走廊清理设计；
3. 环境保护与水土保持方案设计。

二、工程基本信息

1. 工程所在地：河北张家口、承德以南地区；
2. 地区类型：Ⅱ类；
3. 特殊地区类别：一般地区；
4. 工程性质：新建；
5. 工程地形：平地；
6. 土质：普通土。

三、路径选择

路径方案的选择综合考虑工程地点的总体规划与配电网规划要求，结合工程特点，综合施工、运行、供电区域等条件进行比选，在三维设计平台上进行设计优化。路径选择原则如下：

1. 缩短线路长度，使线路路径走向经济合理；
2. 避让森林风景区、保护区、减少林木砍伐、保护自然生态环境；
3. 避让或缩短通过严重覆冰地区和不良地质地段，提高安全可靠性，降低工程造价；

4. 靠近现有公路，以改善施工、运行条件，同时应充分考虑地形、地质条件等因素对送电线路可靠性及经济性的影响；

5. 综合协调、兼顾本工程与沿线已建、规划的电力线路及其他设施关系；

6. 施工中立杆需保证足够的倒杆距离，必要时需停电施工。

第二节　系统应用

下面将对系统的主要功能进行展示，包括通过软件进行三维设计、工程信息、工程量统计、材机分析、汇总查询等。

一、三维设计

首先要进行该工程的三维设计，根据前面的介绍，在设计人员充分理解整体设计的基础上，利用本系统的三维设计部分进行工程的三维设计。图 6-1 是从系统预置典型设计库中选择设计所需的标准化模型进行工程的设计。图 6-2 至图 6-6 是工程三维设计的局部图。

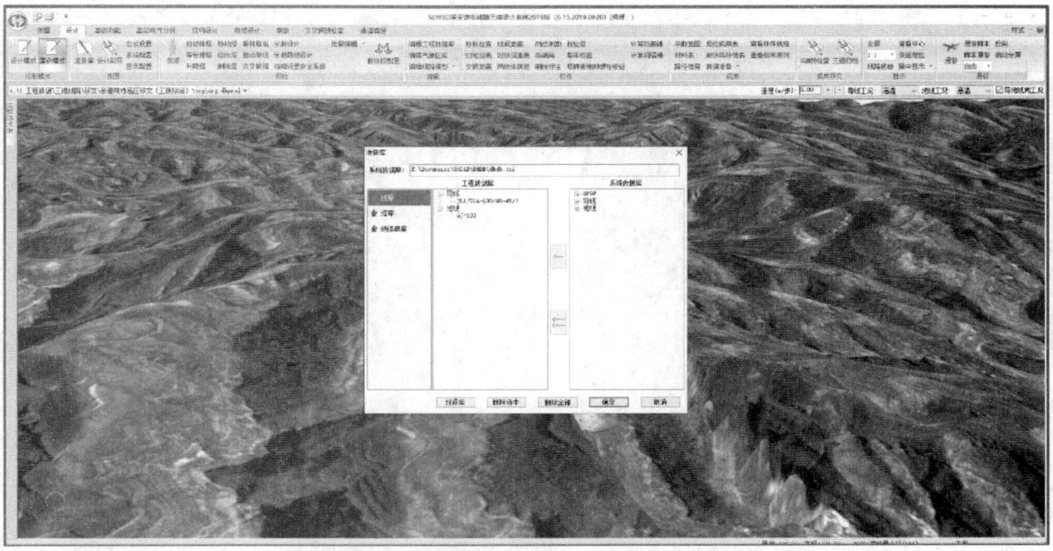

图 6-1　选取系统预置的典型设计库中的模型进行三维设计

二、数据传输

通过系统设计的三维设计与技经造价数据交互标准、格式将三维设计部分的工程数据传输到造价部分，由造价平台对传输过来的数据进行解析，将提取出来的三维设计部分的数据分成工程基本信息数据、组件信息数据以及工程相关参数数据三部分。

三、工程基本信息

通过对三维设计模型传输的数据进行处理，将工程信息数据进行梳理，自动在造价部分创建工程，将工程基本信息数据储存在工程基本信息模块，如图 6-7 所示；将工程土质、地形、运输、跨越等信息数据自动生成工程参数，储存在线路参数和工程参数模块中，如图 6-8 和图 6-9 所示，由于三维设计阶段没有相关材料价格等信息，需要在数据传输之后进行价格等信息以及建设期贷款利息等相关信息的补充，如图 6-10 所示，本案例采用方法一的编制依据即《电网工程建设预算编制与计算标准》计算建设期贷款利息。

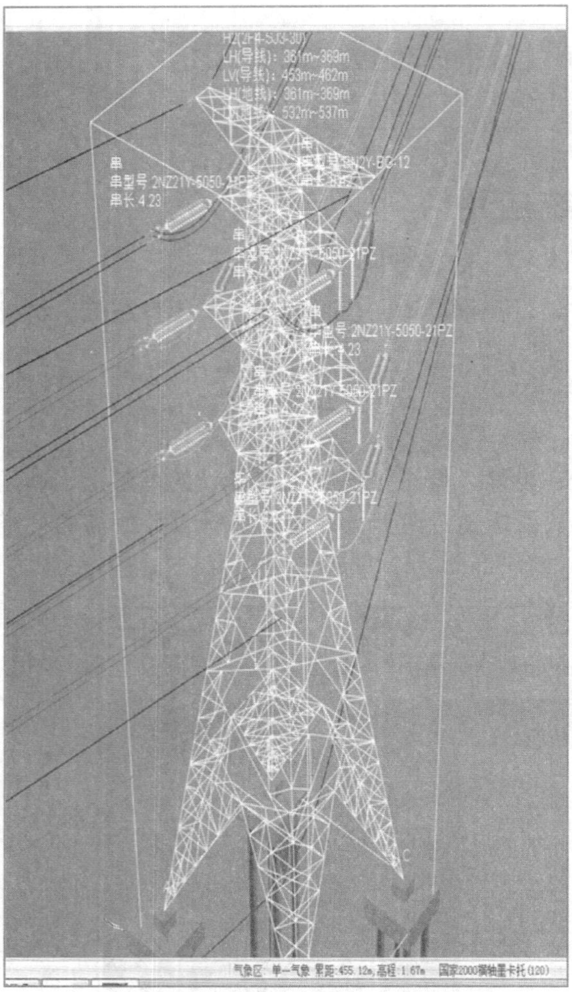

图 6-2　典型设计库中某杆塔三维模型

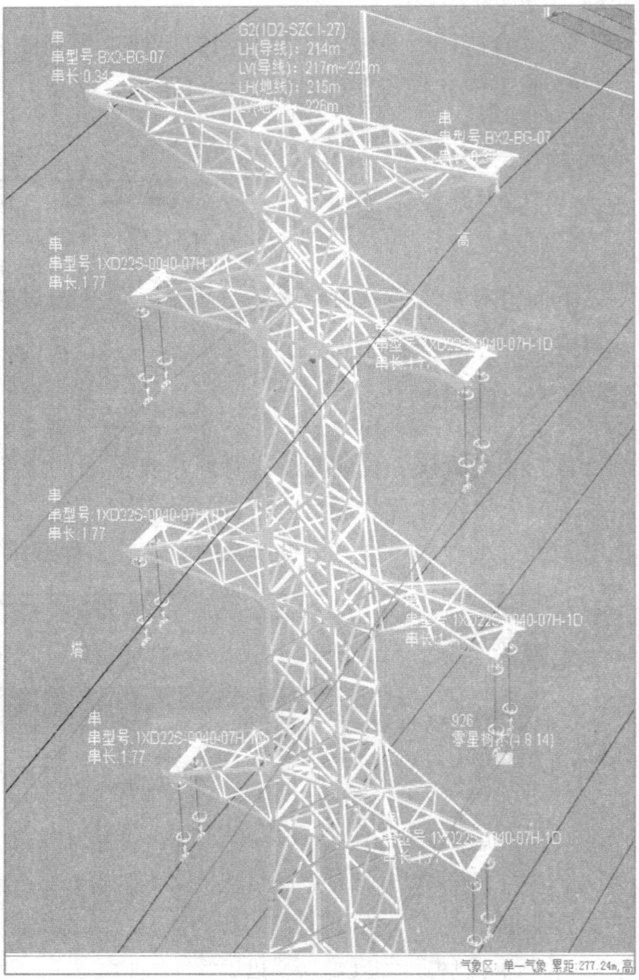

图 6-3　某杆塔三维模型细节图

图 6-4　某杆塔顶部三维模型细节图

图 6-5　某杆塔实地模拟图

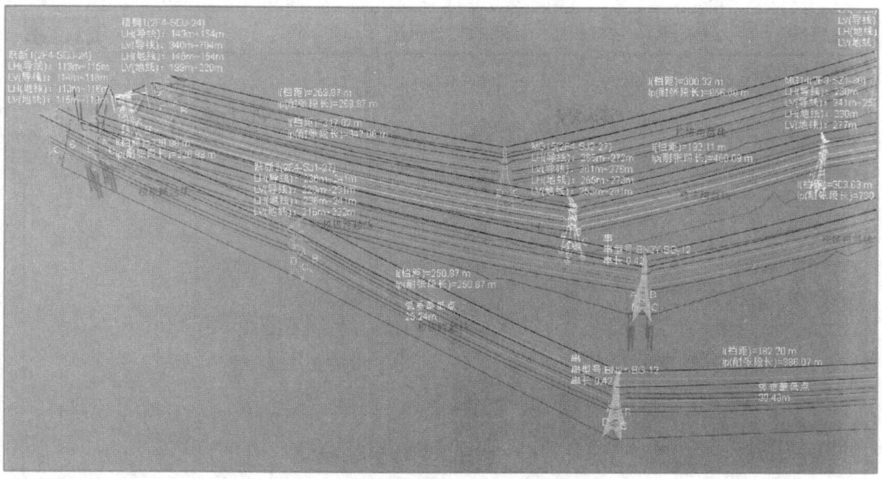

图 6-6 工程三维模型局部图

图 6-7 工程基本信息界面

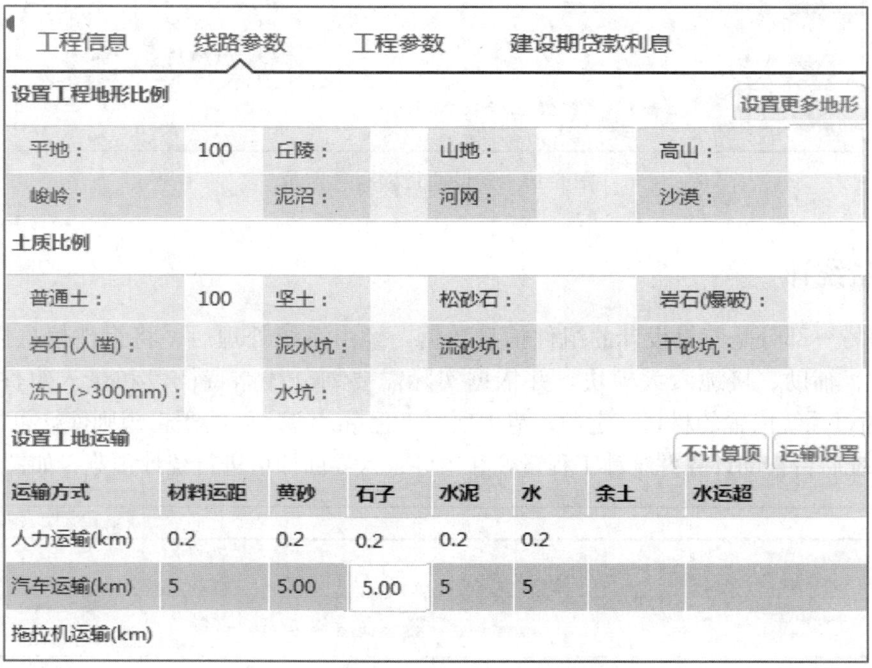

图 6-8 线路参数界面

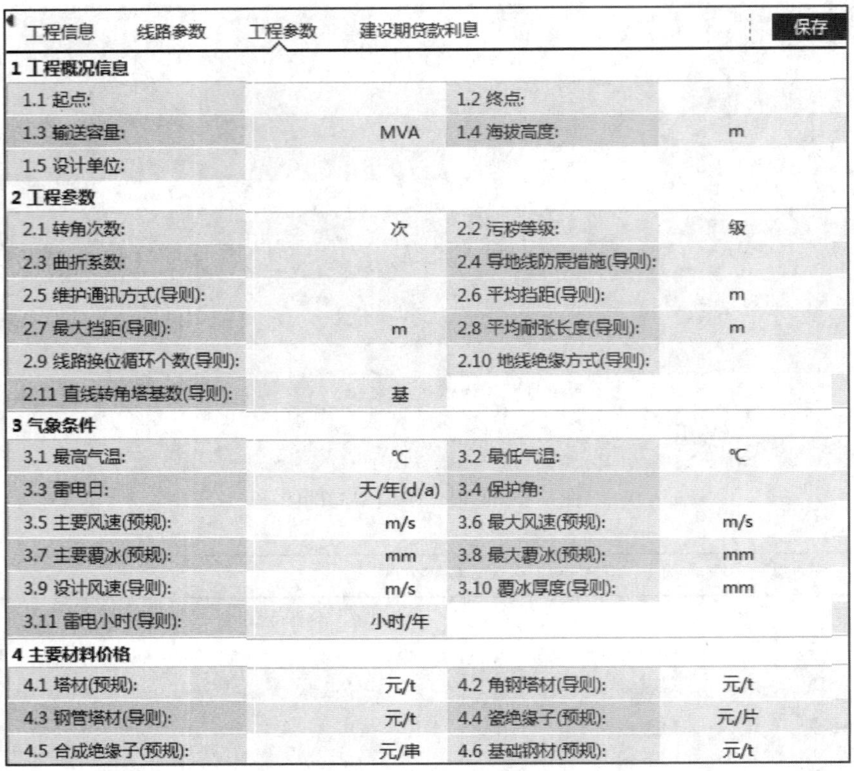

图 6-9 工程参数界面

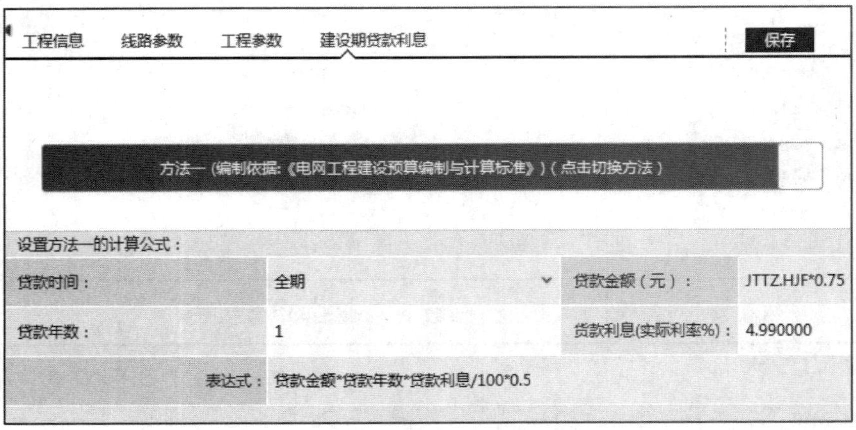

图 6-10 建设期贷款利息界面

四、工程量统计

数据传输的另一部分是三维设计的组件信息数据，经由系统处理后，将组件信息拆分为杆塔、基础、架线、附件、辅助、接地六大模块，并依据实际需要划分线路特征段和录入组件，如图 6-11 和图 6-12 所示，通过系统内置的材料、定额、清单项、工程量计算之间的逻辑规则库，可以依据模型的三维几何数据，系统后台自动计算并统计工程量，在组件录入界面即可进行统计预览，如图 6-13 所示。

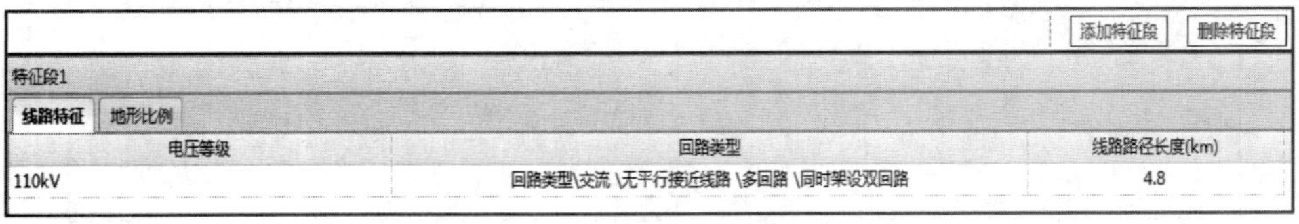

图 6-11 线路特征段界面

整根式钢管杆

	特征段	组件名称	基数	所属杆型	三联杆	杆高(m)	杆重(t)	占地面积(m²)	地形
1	J1-J5断面	1GGE2-SJG1-24	2	直线		35.600000	0.0		平地
2	J1-J5断面	门架2	1	直线		13.000000	0.0		平地
3	J1-J5断面	1GGE2-SZG1-27	9	直线		37.500000	0.0		平地
4	J1-J5断面	1GGE2-SJG4-24	2	直线		35.600000	0.0		平地
5	J1-J5断面	1GGE2-SZG2-30	15.000	直线		40.500000	0.0		平地
6	J1-J5断面	1GGE2-SZG2K-36	1	直线		46.500000	0.0		平地
7	苏渠	1GGE2-SJG4-24	1	直线		35.600000	0.0		平地
8	渠马北	1GGE2-SZG1-24	1	直线		34.500000	0.0		平地
9	渠马南	1GGE2-SZG1-21	1	直线		31.500000	0.0		平地

图 6-12　整根式钢管杆组件录入

统计预览

	编号	名称	单位	数量	定额系数			人工工日	预算价不含税	预算价含税	损耗	单重
					人	材	机					
1	YX2-1	线路复测及分坑 直线单杆	基	2	1	1	1	0.27				
2		N10	kg	2								0
3		N20	kg	2								0

图 6-13　统计预览

五、安装工程量校对

架空线路安装包括材料运输、基础施工、杆塔组立、架线、接地、线路防盗 6 道工序，在进行工程量统计的相关工作之后，可以对安装工程的情况进行查看和校对，图 6-14 是系统基础工程部分安装工程界面。

插入定额　插入材料　删除　费用预览

特征	标记	编号	项目名称	规格型号	单位	计算式	数量	费用	单价	合价	取费	拆除
		1	基础工程									
		1.1	基础工程材料工地运输								架...	
特征...		YX1...	人力运输 金具、绝缘子、...		t.km	17.2...	17.213	取费	98.35	1692.90		
特征...		YX1...	人力运输 砂、石、石灰、...		t.km	710....	710.1...	取费	85.30	60575.38		
特征...		YX1...	汽车运输 金具、绝缘子、...		t	86.0...	86.064	取费	40.83	3514.00		
特征...		YX1...	汽车运输 金具、绝缘子、...		t.km	430....	430.3...	取费	1.31	563.71		
特征...		YX1...	汽车运输 砂、石、石灰、...		t	872....	872.4...	取费	23.70	20676.35		
特征...		YX1...	汽车运输 砂、石、石灰、...		t.km	436...	4362....	取费	1.02	4449.34		
		1.2	基础土石方工程								架...	
特征...		YX2-1	线路复测及分坑 直线单杆		基	27	27.000	取费	32.62	880.74		
特征...		YX2-2	线路复测及分坑 耐张(转角...		基	6	6.000	取费	39.13	234.78		
特征...		YX2-7	线路复测及分坑 耐张(转角...		基	3	3.000	取费	79.27	237.81		
特征...		YX2...	电杆坑、塔坑、拉线坑人...		m3	547....	547.6...	取费	17.78	9737.96		
特征...		YX2...	电杆坑、塔坑、拉线坑人...		m3	228...	2287....	取费	37.51	85810.43		
特征...		YX2...	电杆坑、塔坑、拉线坑人...		m3	158....	158.0...	取费	92.65	14643.52		
		1.3	基础砌筑									

图 6-14　安装工程

六、工料机汇总及机材分析

通过单击界面中的选项卡，即可进入相应类别的汇总界面。比如单击材料表，即可进入材料汇总界面。对工料机的编辑，系统提供了主要材料筛选、材料暂估价清单编制和工料机单价修改等编辑功能，如图 6-15 至图 6-18 所示。

人工 | 材料 | 机械 | 主材 | 设备

取费类型	编号	名称	单位	使用量	单价(元)			
					预算价	市场价	价差	预算价
取费	9101110	输电普通工	工日	2537.23	34.00	34.00		86265.93
取费	9101111	输电技术工	工日	152.86	55.00	55.00		8407.56

图 6-15　材机分析——基础土石方工程人工

人工 | 材料 | 机械 | 主材 | 设备

取费类型	编号	名称	单位	使用量	供货方	单价不含税(元)			合价不含税(元)		
						预算价	市场价	价差	预算价	市场价	价差
取费	C08020102	方材红白松二等	m3	0.01	乙供	1387.14	1387.14		2455.52	2455.52	
取费	C13050101	圆钉	kg	0.03	乙供	5.56	5.56		2.00	2.00	
取费	C14010100	镀锌铁丝8号	kg	0.11	乙供	4.37	4.37		77.18	77.18	
取费	C20020101	普通磁漆	kg	0.07	乙供	8.89	8.89		6.67	6.67	
取费	C22040801	木桩	个	21.00	乙供	2.01	2.01		403.61	403.61	
取费	C22040811	竹桩	个	48.00	乙供	0.52	0.52		299.52	299.52	
取费	C99010102	其他材料费	元	1.86	乙供	1.00	1.00		74.14	74.14	

图 6-16　材机分析——基础土石方工程材料

人工 | 材料 | 机械 | 主材 | 设备

取费	J09-01-016	污水泵 出口直径 70mm	台班	80.08	116.38	116.38		9319.26
取费	J09-01-017	污水泵 出口直径 100mm	台班	25.32	153.04	153.04		3874.88
取费	J10-01-028	汽油焊机 电流 160A以内	台班	23.10	159.22	159.22		3677.64
取费	J13-01-037	机动钻机(孔径 800/1300mm)	台班	49.58	675.83	675.83		33510.25
取费	J13-01-060	机动绞磨 3t以内	台班	187.93	117.51	117.51		22083.90
取费	J13-01-061	机动绞磨 5t以内	台班	9.87	125.79	125.79		1242.07
取费	J13-01-062	手扶机动绞磨 5t以内	台班	0.41	158.46	158.46		65.42
取费	J13-01-064	机动液压压接机 100t以内	台班	1.53	57.21	57.21		87.53
取费	J13-01-065	机动液压压接机 200t以内	台班	23.24	69.02	69.02		1604.02
取费	J13-01-075	输电专用汽车式起重机 8t	台班	19.16	537.84	537.84		10303.83
取费	J13-01-077	输电专用汽车式起重机 20t	台班	11.23	1168.10	1168.10		13117.94
取费	J13-01-079	输电专用载重汽车 4t	台班	174.87	259.00	259.00		45291.30
取费	J13-01-080	输电专用载重汽车 5t	台班	183.53	295.27	295.27		54189.78
取费	J13-01-082	输电专用载重汽车 8t	台班	6.94	435.89	435.89		3025.85
取费	J13-01-084	输电专用载重汽车 15t	台班	1.78	591.63	591.63		1056.05
取费	J13-01-090	电力工程车	台班	1.34	278.41	278.41		373.07
取费	J14-03-018	交流高压发生器(50kVA以下)	台班	2.68	823.17	823.17		2206.08
取费	J14-09-027	线路参数测试仪	台班	0.54	5493.17	5493.17		2944.34
取费	J15-01-014	内切割机	台班	23.10	58.55	58.55		1352.43
取费	J15-01-053	机动船舶 5t	台班	11.40	73.64	73.64		839.24
取费	J15-01-068	功能检测分析平台(电脑)	台班	2.68	31.53	31.53		84.51
取费	J16-01-025	绝缘电阻表(数字式)	台班	1.34	14.18	14.18		19.00
取费	J18-01-001	牵引机组 一牵一	台班	5.95	1024.92	1024.92		6093.57
取费	J18-01-002	牵引机组 一牵二	台班	4.12	1917.29	1917.29		7900.76
取费	J18-01-005	张力机组 一张一	台班	5.95	870.49	870.49		5175.39
取费	J18-01-006	张力机组 一张二	台班	4.12	1842.11	1842.11		7590.95
取费	J19-01-024	手持式数字双钳相位表	台班	2.41	9.09	9.09		21.93

图 6-17　材机分析——一般线路本体工程机械

七、费用汇总及编辑

费用汇总及编辑界面如图 6-19 所示。单击进入取费设置界面即可对当前项目的取费规则进行设置，通过费用汇总及编辑功能，还可以对示范项目的辅助费用、场地征用费、其他费用、工程费用等的费率、计算方式进行修改设置，如图 6-20 至图 6-23 所示。

■人工 ■材料 ■机械 ■主材 ■设备

主材类型	编号	名称	单位	使用量	损耗率	供货方	单价不含税(元)			合价不含税(元)			单价含税(元)			合价含税(元)		
							预算价	市场价	价差	预算价	市场价	价差	预算价	市场价	价差	预算价	市场价	价差
普通		一般钢筋		6.14	6.50	乙供	3333.00	3333.00	0.00	21809.0	21809.0	0.00	0.00	0.00	0.00	0.00	0.00	0.00
普通		地脚螺栓		36.30	0.50	乙供	6034.50	6034.50	0.00	220153.	220153.	0.00						
普通		钢筋笼		40.07	6.50	乙供	3242.00	4138.00	896.0	138343.	176578.	38234						
普通	C090101	普通硅酸盐水泥 32.	t	145.97	5.00	乙供	273.50	388.00	114.5	41919.8	59469.4	17549	320.00	450.00	130.0	49046.9	68972.2	19925
普通	C090101	普通硅酸盐水泥 42.	t	390.81	5.00	乙供	329.06	413.79	84.73	135028.	169797.	34768	385.00	480.00	95.00	157983.	196966.	38982
普通	C100101	中砂	m³	509.13	15.0	乙供	54.85	106.80	51.95	32114.7	62531.5	30416	56.50	110.00	53.50	33080.8	64405.2	31324
普通	C100201	碎石 粒径15mm以F	m³	693.23	10.0	乙供	58.83	106.80	47.97	44860.8	81440.3	36579	60.60	110.00	49.40	46210.5	83880.4	37669
普通	C100201	碎石 粒径40mm以F	m³	312.90	10.0	乙供	58.83	106.80	47.97	20248.5	36759.1	16510	60.60	110.00	49.40	20857.7	37860.5	17002
普通	C210101	水	t	252.64	0.00	乙供	1.77	1.77	0.00	447.17	447.17	0.00	0.00	0.00	0.00	0.00	0.00	0.00
普通	F010201	线路 防振锤(预绞式	只	828.00	1.50	甲供	125.64	88.00	-37.6	105590.	73956.9	-3163	147.00	103.00	-44.0	123541.	86563.2	-3697
普通	F010201	线路电瓷 合成绝缘子	只	351.00	0.50	甲供	237.97	148.00	-89.9	83945.1	52207.7	-3173	276.04	173.00	-103.	97374.4	61026.6	-3634
普通	F010201	线路电瓷 瓷绝缘子	只	918.00	2.00	甲供	48.84	53.00	4.16	45731.8	49627.0	3895.	56.65	62.00	5.35	53044.7	58054.3	5009.
普通	F010201	线路电瓷 盘形瓷复合		918.00	0.50	甲供	48.84	146.55	97.71	45059.3	135205.	90146	56.65	170.00	113.3	52264.7	156840.	10457
普通	F010201	线路 接续管(钢芯铝	只	24.00	1.50	甲供	51.45	51.45	0.00	1253.32	1253.32	0.00	59.68	59.68	0.00	1453.80	1453.80	0.00
普通	F010203	线路 悬垂线夹	只	324.00	1.50	甲供	147.25	147.25	0.00	48424.6	48424.6	0.00	170.81	170.81	0.00	56172.5	56172.5	0.00
普通	F010203	线路 耐张线夹(压缩	只	204.00	1.50	甲供	92.42	92.42	0.00	19136.4	19136.4	0.00	107.21	107.21	0.00	22198.9	22198.9	0.00
普通	F010203	线路 跳线线夹	只	48.00	1.50	甲供	45.24	45.24	0.00	2204.09	2204.09	0.00	52.48	52.48	0.00	2556.83	2556.83	0.00
普通	F010203	联结金具	只	11.92	1.50	甲供	14655.0	14655.0	0.00	177293.	177293.	0.00	17000.1	17000.1	0.00	205663.	205663.	0.00
普通	FZ011	线路 间隔棒	t	210.00	1.50	甲供	55.57	28.00	-27.5	11844.7	5968.20	-5876	64.46	32.00	-32.4	13739.6	6820.80	-6918
普通	FZ013	线路 重锤及附件	t	81.00	1.50	甲供	183.62	183.62	0.00	15096.3	15096.3	0.00	213.00	213.00	0.00	17511.8	17511.8	0.00
普通	H090101	普通圆钢	t	5.40	6.00	乙供	3242.00	4138.00	896.0	18557.2	23685.9	5128.	3761.00	3761.00	0.00	21527.9	21527.9	0.00
普通	S010103	标志牌		107.00		乙供	129.31	129.31	0.00	13836.1	13836.1	0.00	150.00	150.00	0.00	16050.0	16050.0	0.00
普通	T010102	塔材 钢管杆	t	276.98	0.00	甲供	6479.00	7672.41	1193.	179455	212510	33055	7516.00	8900.00	1384.	208178	246512	38334
普通	T010102	塔材 角钢塔	t	48.57	0.50	甲供	6118.00	7672.41	1554.	298637.	374512.	75875	7097.00	8900.00	1803.	346424.	434434.	88009

图 6-18　材机分析——一般线路本体工程主材

取费设置　辅助费用　场地征用费　其他费用　工程费用

架空输电线路取费表（110kV Ⅱ类 新建工程）　架空输电线路拆除取费表（110kV Ⅱ类 新建工程）　大型土石方综合取费表（110kV Ⅱ类 新建工程）

序号	费用名称	代码	取费基数	费率(%)	单位	备注
一	直接费	FFZ	FFZ1+FFZ2	100	元	
1	直接工程费	FFZ1	DFZ+ZZCF	100	元	
2	措施费	FFZ2	DYF+YSF+SYF+TDF+LSF+ZYF+BZF	100	元	
二	间接费	FFJ	GF+GLF+TSF	100	元	
1	规费	GF	BZHF+GJJ+BXF	100	元	
2	企业管理费	GLF	定额人工费	45.05	%	
3	施工企业配合调试费	TSF	FFZ-甲供材料进项税额-甲供主材进项税额	0.27	%	
三	利润	FFR	FFZ+FFJ-甲供材料进项税额-甲供主材进项税额	5.55	%	
四	税金	FFS	FFZ+FFJ+FFR-定额甲供材料费含税-甲供主材费含税+不取费定额费-不取费定额甲供材料费不含税+不取费乙供主材费不含税	10	%	
五	合计	HJ	FFZ+FFJ+FFR+FFS+一笔性费用+不取费定额费+不取费乙供主材费不含税+不取费甲供材料进项税额+不取费甲供主材费含税	100	%	

图 6-19　取费设置界面

取费设置　辅助费用　场地征用费　其他费用　工程费用

序号	费用名称	代码	计算式	费率(%)	输出	编制依据
1	巡线、检修站工程	T1	TF1+TF2+TF3	100	☑	
1.1	办公室、汽车库及仓库	TF1		100	☑	
1.2	巡检修站征地	TF2		100	☑	
1.3	室外工程	TF3		100	☑	
2	巡线、检修道路工程	T2		100	☑	
3	生产维护通信设备	T3		100	☑	
4	生产作业工具	T4		100	☑	

图 6-20　辅助费用界面

取费设置 辅助费用 场地征用费 其他费用 工程费用

序号	费用名称	代码	计算式	费率(%)	输出	编制依据
1	建设场地征用及清理费	CDZY	TD+SG+QY+YW+ZLPC+TXGL+CDZY7+CDZY8	100		
1.1	土地征用费	TD	CD+LD+LM+QM+CS+JG	100		
1.2	施工场地租用费	SG	50000	100		
1.3	迁移补偿费	QY	SL+DL+GD+CK+JS+SLS+QT	100		
1.4	余物清理费	YW	JGC+DLXL+TXXL+DLSS+GDSS+CCGC	100		
1.5	输电线路走廊施工赔偿费	ZLPC		100		
1.6	通信设施防输电线路干扰措施	TXGL		100		
1.7	牵张场建设	CDZY7	3*8000+1*5000	100		
1.8	迁移砼机井补偿	CDZY8	3*20000	100		

图 6-21　场地征用费界面

取费设置 辅助费用 场地征用费 其他费用 工程费用 设置勘察费 设置设计费 设置监理费

序号	费用名称	代码	计算式	费率(%)	输出	表一显示	编制依据
1	建设场地征用及清理费	A	建设场地征用及清理费	100		✓	
2	项目建设管理费	B	B1+B2+B3+B4+B5+B6	100			
3	项目建设技术服务费	C	C1+C2+C3+C4+C5+C6+C7	100			
3.1	项目前期工作费	C1	C11+C12+C13+C14+C15+C16+C17+C18+C19+C1A+C1B+C1C+C1D	100			
3.2	知识产权转让与研究试验费	C2		100			
3.3	勘察设计费	C3	C31+C32	100			
3.4	设计文件评审费	C4	C41+C42+C43	100			
3.5	项目后评价费	C5	本体工程费	0.5			
3.6	工程建设检测费	C6	C61+C62+C63+C64+C65	100			
3.7	电力工程技术经济标准编制费	C7	本体工程费	0.1			
4	生产准备费	D	D1+D2+D3	100			
5	道路修筑	E5	3*20000	100			

图 6-22　其他费用界面

取费设置 辅助费用 场地征用费 其他费用 工程费用

序号	费用名称	代码	安装费(AZF)	设备费(SBF)	其他费(QTF)	合计费(HJF)	占合计(ZZJ)	单位投资(万元/km
一	架空输电线路本体工程						HJF/JTTZ.HJF*100	HJF/线路亘长
二	辅助设施工程	FZSS			辅助费用/10000	AZF+SBF+QTF	HJF/JTTZ.HJF*100	HJF/线路亘长
	小计	HJ	安装费合计+FZSS.AZF	设备费合计+FZSS.SBF	FZSS.QTF	AZF+SBF+QTF	HJF/JTTZ.HJF*100	HJF/线路亘长
三	编制基准期价差	JC	编制基准期价差/10000			AZF+SBF+QTF	HJF/JTTZ.HJF*100	HJF/线路亘长
四	其他费用	QTFY			辅助费用/10000	AZF+SBF+QTF	HJF/JTTZ.HJF*100	HJF/线路亘长
五	基本预备费	JBYBF			(HJ.HJF+JC.HJF+QTFY.HJF)*基本预备费费率/100	AZF+SBF+QTF	HJF/JTTZ.HJF*100	HJF/线路亘长
六	特殊项目费用	TSXM			6	AZF+SBF+QTF	HJF/JTTZ.HJF*100	HJF/线路亘长
	工程静态投资	JTTZ	HJ.AZF+JC.AZF+QTFY.AZF+TSXM.AZF	HJ.SBF+JC.SBF+QTFY.SBF+TSXM.SBF	HJ.QTF+JC.QTF+QTFY.QTF+JBYBF.QTF+TSXM.QTF	AZF+SBF+QTF	HJF/JTTZ.HJF*100	HJF/线路亘长
七	动态费用	DTFY				AZF+SBF+QTF		
	工程动态投资	DTTZ	JTTZ.AZF+DTFY.AZF	JTTZ.SBF+DTFY.SBF	JTTZ.QTF+DTFY.QTF	AZF+SBF+QTF		
	其中：可抵扣固定资产增	ZZS	本体工程可抵扣增值税/10000			AZF+SBF+QTF		
八	铺底流动资金	PDZJ				AZF+SBF+QTF		
	项目计划总投资	JHZZJ	DTTZ.AZF+PDZJ.AZF	DTTZ.SBF+PDZJ.SBF	DTTZ.QTF+PDZJ.QTF	AZF+SBF+QTF		

图 6-23　工程费用界面

八、报表管理

系统提供了报表的预览、打印和输出为Excel表格等功能。表6-1～表6-7为部分报表预览。

表6-1　架空输电线路工程总概算表

表1　建筑规模4.8km　　　　金额单位：万元

序号	工程或费用名称	费用金额	各项占总比（%）	单位投资（万元/km）
一	架空输电线路本体工程	749	67.54	156.04
(一)	一般线路本体工程	749	67.54	156.04
二	辅助设施工程			
	小计	749	67.54	156.04
三	编制基准期价差	94	7.57	17.5
四	其他费用	248	22.36	51.67
	其中：设施场地征用及清理费	131		
五	基本预备费	22	1.98	4.58
六	特殊项目费用	6	0.54	1.25
	工程静态投资	1109	100	231.04
七	动态费用	21		
1	价差预备费			
2	建设期贷款利息	21		
	工程动态投资	1130		
	其中：可折扣固定资产增值税额	97		
八	铺底流动资金			
	项目计划总投资	1130		

表6-2　架空输电工程取费表

表三丙

序号	费用名称	费率（%）	单位	总价
	架空输电线路取费表		元	
一	直接费		元	6149455
1	直接工程费		元	5800355
1.1	定额直接费		元	1156935
1.1.1	人工费		元	705770
1.1.2	材料费		元	62079
1.1.3	施工机械使用费		元	389086
1.2	装置性材料费		元	4643420
1.2.1	甲供装置性材料费		元	3956099
1.2.2	乙供装置性材料费		元	687321
2	措施费		元	349100
2.1	冬雨期施工增加费	5.27	元	37194
2.3	施工工具用具使用费	4.98	元	35147
2.5	临时设施费	1.9	元	99820
2.6	施工机构迁移费	3.26	元	23007

续表

表三丙

序号	费用名称	费率（%）	单位	总价
2.7	安全文明施工费	2.93	元	153932
二	间接费		元	675026
1	规费		元	341949
1.1	社会保险费	32.48	元	229236
1.2	住房公积金	13.44	元	94857
1.3	危险作业意外伤害保险费	2.53	元	17856
2	企业管理费	45.05	元	317950
3	施工企业配合调试费	0.27	元	15127
三	利润	5.55	元	348419
四	税金	10	元	321681
五	合计		元	7494581

表 6-3　其他费用概算表

元

序号	工程或费用名称	编制依据及计算说明	合价
1	建设场地征用及清理费	（建设场地征用及清理费）	1308923
2	项目建设管理费		206403
2.1	项目法人管理费	（本体工程费）×1.17%	87687
2.2	招标费	（本体工程费）×0.37%	27730
2.3	工程监理费	（工程监理费）	49500
2.5	工程结算审核费	（本体工程费）×0.35%	26231
2.6	工程保险费	（本体工程费＋编制基准期价差）×0.183%	15255
3	项目建设技术服务费		883723
3.1	项目前期工作费		394009
3.1.1	可行性研究费用		141509
3.1.2	环境影响评价费用		37500
3.1.3	建设项目规划选址费		37500
3.1.5	地质灾害危险性评估费用		30000
3.1.7	文物调查费用		
3.1.8	矿产压覆评估费用		80000
3.1.9	用地预审费用		37500
3.1.13	前期工作管理费用		30000
3.3	勘察设计费		283660
3.3.1	勘察费	（勘察费）	37000
3.3.2	设计费	（设计费）	246660
3.4	设计文件评审费		110848
3.4.1	可行性研究设计文件评审费	（可行性研究评审费）	299376

续表

序号	工程或费用名称	编制依据及计算说明	合价
3.4.2	初步设计文件评审费	（初步设计评审费）	41472
3.4.3	施工图文件审查费	（5000×5×0.16）	40000
3.5	项目后评价费	（本体工程费）×0.5%	37473
3.6	工程建设检测费		50238
3.6.1	电力工程质量检测费	（本体工程费）×0.23%	17238

表 6-4　架空线路工程甲供主材汇总表

材料名称	单位	设计用量	损耗率（%）	单价（元）	合价（元）	单重（kg）	总重（kg）
塔材　钢管杆	t	276.98		7516	2081782	1000	276980.000
塔材　角钢塔	t	48.57	0.5	7097	346425	1000	48812.850
钢芯铝绞线 JL/G1A 240/30	t	57.356	0.8	15262	882370	1000	57814.848
光缆 OPGW　24 芯	km	9.6					
线路防振锤预绞式 FDYJ-2/4	套	828	1.5	147	123542	4.5	3781.890
线路电瓷　合成绝缘子 FXBW-110/70	只	351	0.5	276.04	97374	6	2116.530
线路电瓷　瓷绝缘子 U70BP/146D	只	918	2	56.65	53045	3.8	3558.168
线路电瓷　盘形瓷复合绝缘 FU70B/146D，300，400	只	918	0.5	56.65	52265	3.8	3505.842
线路　接续管（钢芯铝绞线用）JYD-240/30	件	24	1.5	59.68	1453	1.97	47.989
联结金具	t	11.919	1.5	17000.1	205663	1000	12097.785
线路　跳线线夹 XTS-6028	件	48	1.5	52.48	2557	5	243.600
线路　耐张线夹压缩式 NY-240/30	件	204	1.5	107.21	22199	3.6	745.416
线路　悬垂线夹 XGS-10034/400	件	324	1.5	170.81	56172	3.5	1151.010
线路　重锤及附件	件	81	1.5	213	17512	20	1644.300
线路　间隔棒 FJG-220/22	件	210	1.5	64.46	13740	3.1	660.765
合计							413160.993

表 6-5　架空线路工程乙供主材汇总表

材料名称	单位	设计用量	损耗率（%）	价格（不含税）		重量（kg）	
				单价（元）	合计（元）	单重	总重
混凝土 C15	m^3	34.5					
普通硅酸盐水泥 32.5	t	10.695	5	273.5	3071	1000	11229.75
中砂	m^3	16.905	15	54.85	1066	1550	30133.16
碎石　粒径 40mm 以内	m^3	28.98	10	58.83	1875	1600	51004.80
水	t	6.21		1.77	11	1000	6210.00
混凝土 C25	m^3	334.02					
普通硅酸盐水泥 32.5	t	135.278	5	273.5	38849	1000	142041.90
中砂	m^3	136.948	15	54.85	8639	1550	244109.81

续表

材料名称	单位	设计用量	损耗率（%）	价格（不含税）		重量（kg）	
				单价（元）	合计（元）	单重	总重
碎石　粒径 40mm 以内	m^3	283.917	10	58.83	18373	1600	499693.92
水	t	60.124		1.77	106	1000	60124.00
混凝土 C30	m^3	866.534					
普通硅酸盐水泥 42.5	t	390.806	5	329.06	135029	1000	410346.30
中砂	m^3	355.279	15	54.85	22410	1550	633284.82
碎石　粒径 15mm 以内	m^3	693.227	10	58.83	44861	1600	1220079.52
水	t	186.305		1.77	330	1000	186305.00
一般钢筋	吨	6.144	6.5	3333	21809	1000	6543.36
地脚螺栓	吨	36.301	0.5	6034.5	220153	1000	36482.51
钢筋笼	吨	40.068	6.5	3242	138344	1000	42672.42
标志牌	个	107		129.31	13836	1	107.00
普通圆钢　甲沸	t	5.4	6	3242	18557	1000	5724.00
合计					687319		3586092.27

表 6-6　机械汇总表

元

编码	机械名称	单位	数量	预算单价	预算合价
J03-01-035	汽车式起重机 12t	台班	24.8355	619.239	15379.11
J03-01-036	汽车式起重机 16t	台班	1.3400	765.542	1025.826
J03-01-039	汽车式起重机 30t	台班	3.2192	1186.025	3818.052
J03-01-041	汽车式起重机 50t	台班	13.3893	2878.218	38537.32
J04-01-004	载重汽车 8t	台班	0.6700	331.003	221.772
J04-01-020	平板拖车组 10t	台班	24.8588	475.983	11832.37
J04-01-022	平板拖车组 20t	台班	3.8604	722.247	2788.162
J05-01-007	电动卷扬机（双筒快速）50kN	台班	129.1131	181.763	23467.98
J05-01-009	电动卷扬机（单筒慢速）30kN	台班	114.7316	100.337	11511.83
J06-01-021	滚筒式混凝土搅拌机 250L	台班	22.8398	83.624	1909.955
J06-01-022	滚筒式混凝土搅拌机 251L	台班	12.8004	95.982	1228.608
J06-01-052	混凝土振捣器（插入式）	台班	31.6940	12.652	400.992
J08-01-005	钢筋条直切断机 14mm	台班	4.6078	126.128	581.173
J08-01-006	钢筋弯曲机 40mm	台班	23.0975	22.06	509.531
J08-01-073	型钢剪断机 500mm	台班	2.2680	171.729	389.481
J08-01-094	管子切断机 60mm	台班	3.6720	15.637	57.419
J09-01-016	污水泵　出口直径 70mm	台班	80.0768	116.379	9319.258
J09-01-017	污水泵　出口直径 100mm	台班	25.3203	153.035	3874.892
J10-01-028	汽油焊机　电流 160A 以内	台班	23.0975	159.222	3677.63
J13-01-037	机动钻孔（孔径 800/1300mm）	台班	49.5839	675.829	33510.24

续表

编码	机械名称	单位	数量	预算单价	预算合价
J13-01-060	机动绞磨 3t 以内	台班	217.4443	117.51	25551.88
J13-01-061	机动绞磨 5t 以内	台班	9.8743	125.788	1242.068
J13-01-062	手动机动绞磨 6t 以内	台班	0.4128	158.458	65.411
J13-01-064	机动液压压接机 100t 以内	台班	2.5470	57.208	145.709
J13-01-065	机动液压压接机 200t 以内	台班	33.8579	69.022	2336.94
J13-01-075	输电专用汽车式起重机 8t	台班	19.3613	537.837	10413.22
J13-01-077	输电专用汽车式起重机 20t	台班	18.6950	1168.095	21837.54

表 6-7　编制基准期价差明细表　　元

序号	费用名称	金额
1	线路编制基准期价差	808987.26
1.1	人工价差	122239.36
1.2	材料价差	3029.32
1.3	机械价差	18987.58
1.4	装置性材料价差	664731.00
2	税金	32344.63
3	合计	841331.89

第三节　系统应用效果

系统对示范项目的应用效果如下：

(1) 利用该系统，得到了工程量清单和整体架空线路造价。结果表明，本系统提供的应用功能能够满足针对示范项目进行概算的要求，同时抛弃了传统的技经造价软件通过导入 Excel 材料信息表的方式与设计软件结合方式，制定了新的模型化、结构化的数据交互格式、交互标准，实现了与三维设计的深度融合。

(2) 相对于国内现有的概算预算软件，本系统提高了相关人员的工作效率，减少了错误发生的概率。由于系统能够自动导入三维设计结果，实现对设计数据、信息的直接利用，使得重复性的、大量的建立三维模型的工作得以避免，数据的传输在后台全部完成，技经人员无须通过看图纸进行识别、核对与计算。三维输电线路设计软件只要输出符合此规范的数据，技经造价就能自动接收，实现三维输电线路设计完成后，技经造价工程数据自动产生，从而有效地减少了相关工作人员的工作量和错误发生的概率，提高了相关人员的工作效率和预算结果的准确性。

(3) 实现了技经造价从数字造价的编辑方式到模型造价编辑方式的转变。传统的编辑方式，是拿到设计图纸，设计文件、设计提资数据等，通过导入或录入材料，再人工套取定额，使用计算工具辅助计算并录入工程量的方式进行技经造价的编辑与计算。这种模式下，设计如发生调整和修改时，技经造价需要获取提资数据，重新对应修改相应数字。本系统根据三维设计模型的特点，在技经造价端适应了三维设计软件的模型化、组件化的特点，转变了技经造价的编辑方式，实现了与三维设计的数据同步，三维设计产生后，技经造价根据三维模型信息自动产生技经造价数据，设计变更或三维设计模型修改后，技经人员无须调整，技经造价自动根据修改后的模型信息生成新的造价数据。

参考文献

[1] 中华人民共和国住房和城乡建设部，工程造价术语标准：GB/T 50875—2013［S］．北京：中国计划出版社，2013.
[2] 全国造价工程师职业资格考试培训教材编审委员会．建设工程计价（2019年版）［M］．北京：中国计划出版社，2019.
[3] 电力工程造价与定额管理总站．教材输电线路工程［M］．北京：中国电力出版社，2014.
[4] 国家能源局．电力建设工程预算定额：第四册，架空电线路工程（2018年版）［M］．北京：中国电力出版社，2020.
[5] 国家能源局．电网工程建设预算编制与计算规定（2018年版）［M］．北京：中国电力出版社，2020.
[6] 国家能源局．电力建设工程工程量清单计价规范：DL/T 5745—2016［S］．北京：中国电力出版社，2017.
[7] 国家能源局．电力建设工程量清单计算规范 输电线路工程：DL/T 5205—2016［S］．北京：中国电力出版社，2017.